El pequeño
LAROUSSE
de los consejos y secretos de las
abuelas

EDICIÓN ORIGINAL

TEXTOS
Élisabeth Andréani, Bénédicte Boudassou, Rachel Frély, Françoise Maitre, Bernard Montelh, Alessandra Moro Buronzo, Marie-Noëlle Pichard y Josette Rousselet-Blanc

DIRECCIÓN DE LA PUBLICACIÓN
Isabelle Jeuge-Maynart y Ghislaine Stora

DIRECCIÓN EDITORIAL
Catherine Delprat

EDICIÓN
Clémence Thomas, con la colaboración de Marine Chouleur

DISEÑO GRÁFICO
Jacqueline Gensollen-Bloch

CUBIERTA
Véronique Laporte

EDICIÓN EN ESPAÑOL

DIRECCIÓN EDITORIAL
Jordi Induráin y Tomás García

EDICIÓN
Àngels Casanovas y Verónica Rico

TRADUCCIÓN
Imma Estany

CORRECCIÓN
Àngels Olivera y Laura del Barrio

MAQUETACIÓN Y PREIMPRESIÓN
José M.ª Díaz de Mendívil

ADAPTACIÓN DE CUBIERTA
José M.ª Díaz de Mendívil y Lizzet González

© 2013 Larousse
© 2014 LAROUSSE EDITORIAL, S.L.
Mallorca 45, 2.ª planta
08029 Barcelona
Tel.: 93 241 35 05   Fax: 93 241 35 07
larousse@larousse.es - www.larousse.es

D.R. © MMXIV Ediciones Larousse, S.A. de C.V.
Renacimiento 180, Col. San Juan Tlihuaca, México, 02400, D.F.

ISBN: 978-84-16124-09-1 (España)
ISBN: 978-607-21-0852-3 (México)
Depósito legal: B-8447-2014
1E1I

El pequeño
LAROUSSE
de los consejos y secretos de las
abuelas

LAROUSSE

Sumario

BELLEZA

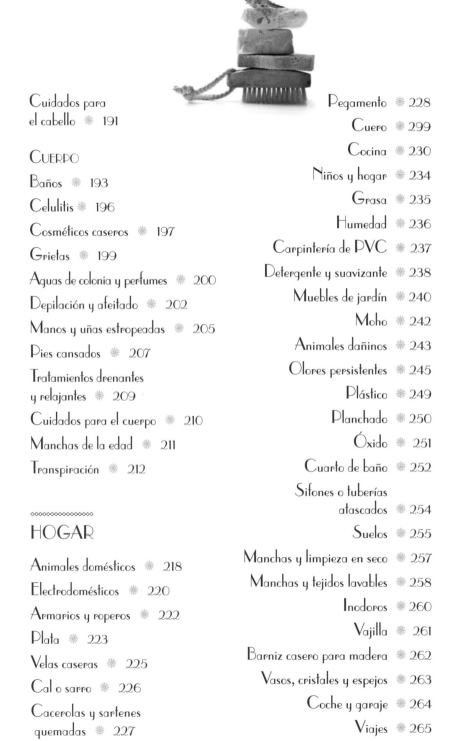

COCINA

JARDÍN

INTRODUCCIÓN

Introducción

¿Qué tienen en común la arcilla, el vinagre, la ortiga, los aceites esenciales o la levadura de cerveza? Todos estos productos, a menudo de origen natural, se emplean de múltiples maneras, y para diversos fines: algunos de ellos son útiles tanto en la cocina como en el hogar o el cuidado del cuerpo, y a veces incluso tienen aplicaciones en el jardín.

En las páginas siguientes…

¿Por qué comprar agar-agar o cloruro de magnesio, para qué sirve el bicarbonato sódico o de sodio, qué vinagre o qué aceite de oliva es mejor o cómo usar las aguas florales? Estas son algunas de las preguntas que usted tal vez se plantee, y cuyas respuestas no siempre figuran en los envases de estos productos. A lo largo del tiempo, sus múltiples cualidades a menudo se han ido olvidando. Además, las exigencias de los minoristas en cuestión de precios, gustos y conservación con frecuencia han sido responsables de la introducción de ciertos tratamientos que desnaturalizan los productos. Por ejemplo, podemos comprar miel carente de todas sus propiedades o limones repletos de pesticidas.

Las páginas siguientes le ofrecen una panorámica de las propiedades y los empleos de dieciséis productos más o menos de uso habitual, e indispensables para tratar y curar diversos males y molestias de forma natural. Evidentemente, el aceite de oliva, la miel, el vinagre o la levadura de cerveza nunca han caído en el olvido, sino que siempre han estado en nuestras estanterías, pero la actual profusión de ofertas, así como ciertas denominaciones imprecisas, pueden confundirnos.

Por ello, algunos consejos prácticos nunca están de más a la hora de comprar, utilizar o conservar mejor estos artículos. En estas páginas encontrará algunas claves para entender las etiquetas y buscar las indicaciones indispensables que deben figurar en un agua floral, un aceite esencial o una arcilla en polvo.

Los indispensables

Agar-agar

Incoloro, inodoro e insípido… Estas características, que tradicionalmente han sido las del agua, también caracterizan el agar-agar. ¿Pero por qué tanto entusiasmo por un alimento tan insípido y que además tiene muy pocas propiedades nutritivas? Pues bien, justo por estas razones y porque presenta otra particularidad mucho más interesante. Este extracto de alga roja, indispensable en Japón, pero todavía poco conocido en Europa, en realidad es un gelificante excelente que se ha impuesto en numerosos ámbitos.

Origen e historia

Es un producto transformado que resulta de un proceso de tratamiento muy complejo mediante el cual se extraen las sustancias gelificantes de algunas especies de algas. El agar-agar se obtiene de la pared celular de ciertas variedades de algas pertenecientes a la familia de las *Rhodophytae*, más conocidas como «algas rojas».

Es difícil señalar una fuente fiable de la «invención» del agar-agar. Sin embargo, se sabe que esta tuvo lugar en Japón, donde este producto recibe el nombre de *kanten*, que significa 'tiempo frío'. Según la versión más extendida, el descubrimiento de las propiedades gelificantes que posee el agar-agar inicialmente habría sido fruto del azar… y de Tarozeaemon Minoya, un posadero de Kioto de mediados del siglo XVII. Al descubrir que unas sobras de caldo de alga que había lanzado sobre la nieve al secarse al sol se había transformado en unos largos filamentos blancos, tuvo la idea de llevarlos a ebullición y, al enfriarse, se sorprendió al obtener una jalea compacta.

Otras versiones más noveladas hacen que en esta historia intervenga un señor, o incluso el emperador de Japón, que estaría de paso en la posada.

Natural, pero no ecológico

Tanto si se trata de algas «silvestres» como si son cultivadas, viven en un entorno marino «no controlado» que las priva de la calificación de «agricultura biológica» u orgánica. Inevitablemente, con el agar-agar que se obtiene de ellas sucede lo mismo. Pese a todo, este producto se vende en la mayoría de tiendas de productos ecológicos u orgánicos.

También se dice que el sabor y la textura de esta jalea eran muy apreciados por los monjes de la secta budista zen, que perfeccionaron la receta.

¿Por qué utilizarlo?

Con su poder de gelificación ocho veces superior al de la gelatina de origen animal, el agar-agar es el más poderoso de los gelificantes conocidos. Su procedencia vegetal ha contribuido a su gran éxito en la industria agroalimentaria. Puede reemplazar a la gelatina en todas las recetas tradicionales que la emplean. La gelatina contiene proteínas, ya que se obtiene a partir del colágeno que se encuentra en los tejidos animales, sobre todo en la piel, los huesos y los cartílagos de bovinos y del cerdo. Su uso supone, pues, un problema tanto para los vegetarianos como para los judíos y los musulmanes que deseen respetar los ritos y preceptos alimentarios de su religión. En cambio, el agar-agar, que se

puede consumir en todo el mundo gracias a su origen por completo vegetal, se impuso en particular durante la crisis de las vacas locas, a finales de la década de 1990. Es el aditivo alimentario conocido como E-406, y se emplea como estabilizante y gelificante en bollería o panadería, helados y yogures. Al ser insípido, no interfiere de ningún modo en los aromas de los ingredientes con los que se mezcla, de forma que se puede incorporar a todas las preparaciones.

En cuestión de salud, el agar-agar es un aliado importante si se sigue un régimen de adelgazamiento. Contiene muy pocas sustancias nutritivas, y alrededor de un 80 % de las fibras solubles que lo constituyen aumentan de volumen en el estómago cuando entra en contacto con un líquido, lo que provoca una sensación de saciedad.

Cocina molecular

El agar-agar es uno de los aditivos más destacados de la cocina molecular. Se utiliza para elaborar platos de formas y texturas inusitadas, como las perlas o esferas y los espaguetis de gel. También se incorpora en preparaciones destinadas al sifón alimentario con el fin de crear unas espumas muy ligeras.

Esta riqueza en fibras solubles presenta, además, otras ventajas. En primer lugar, facilita el tránsito intestinal. Pero no hay que abusar de él: las fibras del agar-agar por sí solas no evitan que se deban tomar otros alimentos ricos en fibras insolubles (legumbres cocidas, cereales integrales, etc.), y su acción laxante puede resultar molesta si se consume en exceso. Por lo general, se recomienda **no tomar más de 3 g de agar-agar al día.** Además, sus fibras al parecer captan una parte de las grasas y los azúcares rápidos de los alimentos que tomamos, lo que permite reducir el colesterol malo.

¿Cómo utilizarlo?

El agar-agar es el gelificante vegetal más empleado en las cocinas particulares, sobre todo porque es el más práctico. Cuando se añade a preparaciones culinarias, puede sustituir a

los aglutinantes más nutritivos (harina o huevos) o a los gelificantes de origen animal. Proporciona mayor consistencia a las salsas, jaleas, flanes, helados y terrinas de verduras, al mismo tiempo que reduce su aporte calórico. Basta con mezclarlo a una preparación más o menos líquida fría, llevarlo a ebullición dos minutos y dejarlo enfriar. La gelificación empieza por debajo de los 40 ºC. Además, el agar-agar no forma grumos, a diferencia de la harina y otros espesantes. En resumen, con él se pueden elaborar buenos platos, incluso sin tener mucha mano para la cocina.

Con las verduras: las verduras son la estrella de la cocina con agar-agar, en especial de la cocina de régimen. A partir de una misma base de verduras cocidas en agua o al vapor se pueden multiplicar las recetas sabrosas añadiéndoles muy pocas calorías: flanes, mousses, áspics o terrinas, en purés, en verduras troceadas o ambos. Sobre todo es interesante en primavera y verano, cuando abundan las verduras y apetecen más los platos fríos. Pero como el agar-agar también puede conservar su textura hasta aproximadamente los 100 ºC también permite entibiar los platos en el microondas.

Con las carnes y los pescados: cuando se cuida la línea, el problema con las carnes a menudo procede de las salsas, que son demasiado grasas. En cuanto al pescado, se aconseja consumirlo en abundancia para un buen equilibrio alimentario (escaso aporte calórico y grasas «buenas»), pero es fácil cansarse de tomarlo simplemente hervido. La solución son las terri-

nas y los áspics, en los que se mezcla pescado o carne (en particular aves magras) con verduras, ligados con una jalea aromatizada a base de agar-agar. Son unos entrantes fríos muy apreciados, sobre todo en verano.

Para preparar postres: si no es demasiado experto en materia de postres, o si teme que estos son demasiado calóricos, alégrese: ¡el agar-agar le evitará una decepción! Al igual que con las verduras, le permitirá utilizar fruta natural, cruda o cocida, y tendrá que añadir poco o ningún azúcar (o edulcorante), así como yogures y queso fresco con un 0 % de materia grasa, leches vegetales (de coco, soja o soya, o arroz, que aunque no son menos grasas que la leche semidesnatada o semidescremada, sí contienen materias grasas vegetales) y crema de soja o soya (11,5 % de materia grasa). Podrá preparar cremas originales, mousses de chocolate ligeras, jaleas y flanes especiales «de dieta».

¿Dónde encontrarlo y cómo conservarlo?

Antes solo se encontraba en tiendas de productos asiáticos, pero actualmente se vende en tiendas de alimentación natural y por Internet. También lo encontrará en farmacias, aunque más caro. Por lo general se ha solido presentar en madejas de largos filamentos blancos y ahora en copos o en polvo, más fáciles de usar. Al natural, al agar-agar es de color beige claro; su versión blanca es resultado de un proceso químico. Se conserva en un lugar seco, protegido de la luz y respetando la fecha de caducidad indicada en el envase.

También en cosmética

Cuando todavía no se ha transformado en agar-agar, el gel contenido en el alga se emplea para muchos otros usos, sobre todo en cosmética.

Lo encontramos en ciertos desmaquillantes que se denominan «naturales». Posee múltiples propiedades: se afirma que mejora la hidratación y que «revitaliza» la piel. En algunas cremas adelgazantes y aceites para masaje, se dice que favorece la liberación de ácidos grasos y que tiene una acción reafirmante de los tejidos. Por último, se usa en fitoterapia, en grageas destinadas a favorecer el tránsito intestinal.

Ajo

El ajo, conocido y cultivado desde la más remota Antigüedad, no es una planta cualquiera. Con frecuencia se le han atribuido múltiples propiedades, reales o supuestas, buenas y malas, dentro de las vertientes médicas o mágicas. Gracias a su facilidad de cultivo, se produce en todo el mundo, y sus numerosas variedades lo convierten en una delicia para los gourmets. ¿El problema? Su olor, que molesta a más de uno.

Origen e historia

Es una planta poco exigente, que se desarrolla bien en suelos pobres y que siente predilección por los climas templados o cálidos, y sus bulbos se conservan bien una vez secos. El ajo no precisa ningún tratamiento y requiere poco o ningún abono: se puede cultivar de forma ecológica con facilidad. Es originario de las vastas estepas del Asia central, desde donde habría viajado con las tribus nómadas, los conquistadores y los mercaderes desde China y la India hasta el Mediterráneo y el norte de Europa, para, por último, colonizar las Américas en el siglo XVI. Antiguamente se le atribuía un gran número de propiedades terapéuticas, aunque también otras más irracionales, como la de evitar el mal de ojo, ahuyentar las serpientes o incluso los vampiros.

En el siglo XX por fin se logró desvelar algunos de los misterios del ajo. Se sabe que es rico en vitaminas, minerales y oligoelementos (entre ellos el selenio, por lo general ausente en verduras y frutas, que es muy valioso por sus propiedades antioxidantes y antienvejecimiento de las células), pero habría que consumir grandes cantidades de ajo para que sus efectos fuesen en verdad interesantes. En cambio, se ha descubierto que contiene compuestos azufrados, alicina y sus derivados, responsables de su olor y su sabor, pero que al mismo tiempo son la base de la mayoría de sus propiedades antibacterianas, antivirales y antifúngicas.

Una gran familia

Allium, el género al que pertenece el ajo, cuenta con muchas más especies (unas 600), entre las cuales las más conocidas, cultivadas y ampliamente consumidas están la cebolla, la chalota o echalot, el puerro o poro y el cebollino o cebollín.

Más energético de lo que parece

El ajo contiene relativamente poca agua: un 64 % de media, frente a un mínimo del 85 % en la mayoría de las verduras frescas. Por el contrario, contiene un alto porcentaje de glúcidos: 27,5 %. En general, se trata de glúcidos complejos originales, en particular fructosanos, polímeros de la fructosa que sirven de azúcares de reserva para la planta y le permiten conservarse, pero que nuestro aparato digestivo solo puede asimilar parcialmente. En el ajo encontramos, asimismo, azúcares simples, como la fructosa y la glucosa, y un poco de sacarosa. Las proteínas (6 %, es decir, un 20 % de la materia seca, lo cual es mucho tratándose de una hortaliza) están compuestas sobre todo por aminoácidos azufrados. Al igual que la mayoría de las verduras, el ajo no contiene grasas (lípidos). En cuanto al 3 % de fibra alimentaria, se compone de pectina, sustancias mucilaginosas que confieren la consistencia suave del ajo cocido, y un poco de celulosa.

Debido a su elevado contenido en glúcidos, el ajo es un alimento bastante energético: 135 kcal por 100 g, lo que es excepcional en una hortaliza. Mucho más que el arroz, las pastas, las patatas o papas, las aceitunas verdes, la mayoría de pescados, el hígado, el pollo (sin la piel), ¡y tanto como el conejo! Pero aunque es bastante normal tomar todos los días varios cientos de gramos de estos alimentos, con el ajo se está lejos, ya que un diente grande pesa unos 3 g, lo que representa 4 kcal. ¡Así que no hay motivo para preocuparse!

◇◇◇◇◇◇◇

¿Por qué utilizarlo?

Los principios activos del ajo no se han identificado hasta hace poco, pero sus importantes efectos para la salud se conocen desde hace mucho tiempo. Gracias a la alicina y a sus

¡Para los animales no!

El ajo, al igual que la cebolla, el puerro o poro, la chalota o echalot o el cebollino o cebollín, son muy tóxicos para perros, gatos y también caballos, cerdos, corderos o monos. Provoca un envenenamiento de la sangre y puede causar la muerte del animal.

derivados, el ajo ejerce una acción descongestionante en las vías respiratorias y desinfectante en el aparato digestivo. También puede curar ciertos problemas cutáneos debidos a hongos. Además, tendría efectos positivos sobre la hipertensión arterial y mejoraría la elasticidad de las paredes de los vasos sanguíneos. Un consumo regular de ajo incluso contri-

buiría a la protección del organismo contra la aparición de ciertos cánceres. El único problema es, evidentemente, que se necesitaría un consumo regular y abundante, algo que no siempre es fácil. No obstante, incluso en cantidades pequeñas, los beneficios del ajo son reales… cuando se añaden a otros. Por tanto, merece un lugar en una alimentación variada y equilibrada, la única garantía real contra los excesos y las carencias.

◇◇◇◇◇◇◇

¿Cómo utilizarlo?

Fresco o seco, crudo o cocido, al natural, en polvo o en grageas, fermentado en una solución alcohólica (ajo envejecido) o en forma de aceite esencial. No faltan formas de consumir el ajo, pero no todas son iguales. Si se quiere preservar todos los principios activos de la planta es preferi-

ble no cocer los dientes. En cambio, en cocina se puede consumir indistintamente crudo o cocido para realzar o condimentar un plato.

En el plano curativo: hay quien prefiere grageas en polvo de ajo, que evitan los olores desagradables. También existe la tintura madre, el aceite esencial (bastante indigesto) y algunos suplementos alimentarios a base de ajo viejo fermentado en una solución alcohólica. Este último producto, originario de Japón, tendría las mismas propiedades que el ajo fresco, pero sin el inconveniente del olor. Por último, muchísimas recetas de las abuelas proponen decocciones o tisanas para combatir los resfriados o las infecciones digestivas. Como se verá, además de ser importante en la cocina, este pequeño bulbo posee numerosas cualidades. Su único problema es que para algunas personas sus componentes azufrados dificultan la digestión.

En el jardín: debe saber que plantar ajos junto a rosales, zanahorias o patatas o papas puede protegerlos de algunos animales dañinos.

¿Dónde encontrarlo y cómo conservarlo?

Los ajos se compran en el mercado, en una verdulería o en un supermercado; los complementos se encuentran en parafarmacias y tiendas de productos dietéticos o naturistas. En cuanto al ajo secado, elija bulbos sólidos y firmes. El ajo fresco es más compacto que el ajo seco, y su tallo debe ser ligeramente verde.

En ambos casos, se conserva de 6 meses a 1 año guardando las cabezas al aire libre, en un lugar seco y con una temperatura superior a los 18 ºC. Hay que evitar que la temperatura descienda de manera brusca, ya que un golpe de frío puede hacer desaparecer la latencia que impide que el ajo germine. ¡El lugar de conservación más indicado es, por tanto, la cocina!

Si quiere estar seguro de disponer de ajos en cualquier circunstancia, prepare ajo en polvo. Su sabor no será tan delicado como el del ajo fresco, y perderá las vitaminas, pero es una alternativa perfectamente aceptable y muy práctica. Para hacer ajo en polvo, hay que tomar ajo seco, pelarlo y poner los dientes unos minutos en el horno. A continuación, lo mejor es cortarlos en trozos, pasarlos por el molinillo para obtener un polvo grueso y luego conservarlo en un lugar seco.

Es útil saber…

Existen numerosas variedades de ajo cultivado que se distinguen por la época de plantación y de recolección, el color y el sabor. En zonas de clima mediterráneo, cuando el ajo se planta en otoño se recoge a partir del mes de abril; en temperaturas menos apacibles, se planta en febrero/marzo para cosecharlo a finales de verano. Es el ajo blanco secado que por lo general encontramos en los comercios, pero se han recuperado algunas variedades antiguas, que gozan de una etiqueta que garantiza el origen y la forma de cultivo. El ajo rosa y el ajo morado suelen ser más suaves y más perfumados que el blanco, incluso más si se consumen frescos. Pero todos ellos poseen los mismos principios activos. El ajo de oso es una variedad silvestre, mucho más pequeña, que crece entre la maleza. Aunque se usa en la cocina, se emplea más como planta medicinal.

Para librarse del olor

Para refrescar el aliento, cada uno tiene su truco: parece que funciona bastante bien masticar granos de anís, de comino o de café. Un estudio reciente muestra que habría que combinar el consumo de ajo con el de perejil, albahaca, espinacas o menta, o incluso arroz cocido, leche de vaca o huevos, algunos de cuyos componentes se afirma que degradan las moléculas responsables del olor.

Arcilla

Las arcillas no son tierras como las demás. Desde hace milenios, los animales y el hombre han aprovechado sus cualidades para cuidarse y protegerse. Pero este ha ido mucho más lejos al estudiar sus infinitas posibilidades. Maleables, permeables, refractarias y ricas en minerales... las arcillas se prestan tanto a la artesanía más tosca como a las técnicas más sofisticadas, al cuidado del cuerpo y las actividades artísticas. Se encuentran en todas partes, y las han empleado todas o casi todas las culturas. La industria aún no ha descubierto todo su potencial.

Origen e historia

En numerosas civilizaciones, los mitos dicen que el hombre surgió del barro original. Los dioses modelan su creación con la arcilla fecunda antes de insuflarle la vida. Es cierto que el hombre, por su parte, desde muy pronto esculpió el barro para representar con él a sus dioses. Hoy, la ciencia coincide con los mitos, puesto que según algunas hipótesis recientes, la arcilla habría desempeñado un papel fundamental en la aparición de la vida en la Tierra.

La historia del uso de la arcilla por parte del ser humano se remonta a los inicios de la cultura. Es uno de los materiales básicos de la Prehistoria, junto al sílex tallado o la madera. Este material maleable y rojizo, presente en todos los continentes junto a los cursos de agua y en el suelo, sirvió desde muy pronto para crear todo tipo de objetos útiles o decorativos. Hasta mediados del siglo xx, el conocimiento de este material fue aproximado, y pese a todo, se empleaba en numerosos ámbitos y en todas sus formas.

Poco a poco se van abriendo nuevos campos de aplicación de esta materia plural. ¿Sabía que la arcilla se incorpora al papel para conferirle más opacidad y cuerpo? ¿O que se mezcla con algunas pinturas para que cubran más y sean menos contaminantes? ¿Que entra en la composición de los polímeros compuestos para impermeabilizar, dar rigidez o hacer más aislantes algunos materiales? ¿Y que se transforma en tejas refractarias para los transbordadores espaciales? Las industrias petrolera, farmacéutica, cosmética, agroalimentaria o de los detergentes utilizan arcillas. Pero la investigación no se limita a eso. Se han realizado estudios sobre la producción de arcillas sintéticas con una composición y unas propiedades constantes para satisfacer las exigencias de la industria más avanzada e integrarlas en las nanotecnologías.

¿Por qué utilizarla?

Las arcillas son ricas en minerales, y su estructura cristalina les confiere unas cualidades absorbentes y adsorbentes que constituyen su mayor mérito. No obstante, estas especificidades difieren según las variedades de tierras.

Respecto a la salud: las arcillas poseen propiedades antisépticas, bactericidas, cicatrizantes, descontracturantes, remineralizantes, antiedemas, antiinflamatorias y depurativas. Su uso puede ser oral o tópico. Resultan particularmente eficaces para calmar los dolores musculares o de las articulaciones y para reducir los edemas después de un golpe; para curar diarreas y diversos trastornos gástricos e intestinales; para calmar algunos problemas dermatológicos o picaduras de insectos, o incluso para desinfectar heridas. Las cataplasmas se aconsejan para remineralizar el

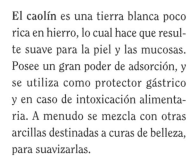

hueso cuando se retira la escayola o yeso de una fractura. Y la arcilla es asimismo adecuada para pequeñas llagas y heridas de los animales.

En cuanto a belleza: la arcilla se recomienda para purificar la piel, cerrar los poros o secar los granos. Tanto si se utiliza en forma de leche como de mascarilla, las hay para todos los tipos de piel, desde las más secas hasta las más grasas. En forma de champú o de mascarilla capilar, lava el cabello con suavidad y sanea el cuero cabelludo.

Para la casa: absorbe la humedad, las grasas y los olores, y quita las manchas (en ciertas condiciones); en la cocina puede servir de capa protectora para asar carne o pescado al horno.

En el jardín: el agua de arcilla protege los troncos de los frutales de los fitoparásitos, y las cataplasmas curan las heridas de los árboles. Por último, las bolas de arcilla expandida permiten drenar la humedad del fondo de una maceta.

Es útil saber…

En los comercios encontramos sobre todo tres variedades de arcillas: el caolín, la illita y la montmorillonita.

El caolín es una tierra blanca poco rica en hierro, lo cual hace que resulte suave para la piel y las mucosas. Posee un gran poder de adsorción, y se utiliza como protector gástrico y en caso de intoxicación alimentaria. A menudo se mezcla con otras arcillas destinadas a curas de belleza, para suavizarlas.

La illita, rica en hierro, es una tierra polivalente muy absorbente que se emplea principalmente en usos tópicos. Es cicatrizante, hemostática, antibacteriana y antiedemas. Para los cuidados de belleza, es adecuada para la piel y el cabello normales o grasos. Por lo general es de color verde, aunque también puede ser roja o amarilla.

La montmorillonita, rica en sílice, aluminio y magnesio, es muy adsorbente y medianamente absorbente. Es la arcilla para todo: eficaz en los ámbitos terapéutico y cosmético. Es remineralizante: también elimina las toxinas y sirve tanto para uso oral como tópico. Es verde, blanca o de un azul grisáceo.

El color viene determinado sobre todo por su contenido en hierro y en

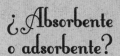

¿Absorbente o adsorbente?

La arcilla con poder absorbente succiona los gases, los líquidos o las grasas. Esta acción mecánica le permite absorber tanto los olores como el pus de una herida. Por su parte, la arcilla adsorbente atrapa en la superficie de sus partículas los gases, las bacterias o los virus. Es un proceso químico que le confiere la capacidad de eliminar tóxicos, y también de remineralizar huesos y cartílagos.

materia orgánica. No influye en las propiedades absorbentes o adsorbentes de la tierra. Para la salud, se aconsejan las arcillas verdes o blancas. Para los cuidados de cosmética, la arcilla roja, rica en óxido de hierro, es apropiada para pieles mixtas o grasas y estimula la circulación; la arcilla amarilla, más suave, regula la producción de sebo. La arcilla rosa, una mezcla de caolín blanco y de illita roja, es calmante e hidratante; es la tierra de las pieles sensibles. También existen arcillas de color gris, negro, azulado o violeta.

¿Cómo utilizarla?

La arcilla se emplea en cataplasmas, compresas, una pizca de pasta sobre un grano, mascarillas, en un baño (unas cucharadas de polvo diluidas en agua) o en leche para beber. La leche de arcilla, compuesta de un poco de polvo diluido en agua, está indicada para las diarreas o como cura remineralizante. En este caso se usa agua superficial o agua y arcilla. **Atención:** la absorción de arcilla se desaconseja en aquellos casos en los que se tenga tendencia al estreñimiento, a la hipertensión, si ha tenido una oclusión intestinal, si toma otros medicamentos (la arcilla puede detener su absorción) o si ingiere mucha grasa (la arcilla puede evitar su eliminación). En cualquier caso, la ingesta de arcilla por vía oral debe hacerse con moderación. En dosis altas endurece la mucosa intestinal y puede impedir la buena asimilación de los nutrientes. Asimismo, la leche de arcilla, más rica en principios activos,

Algunos consejos

Si prepara su propia pasta, emplee recipientes e instrumentos de cristal grueso, de gres, porcelana o madera, ya que no alteran las propiedades de la tierra. No reutilice nunca una arcilla que ya ha usado, ya que está cargada de toxinas. No recaliente las cataplasmas en el horno normal o microondas, puesto que desnaturalizan la arcilla. Opte por un baño María suave, el sol o por colocar el recipiente cerca de un radiador.

también puede provocar problemas de este tipo.

¿Dónde encontrarla y cómo conservarla?

La arcilla se comercializa en tiendas de productos ecológicos u orgánicos, en parafarmacias o tiendas naturistas, farmacias y por Internet. Pero no adquiera tierras para cerámica o para modelar. En la etiqueta debe aparecer si la tierra es pura y sin coadyuvantes, secada al sol y no ionizada.

La arcilla seca se vende en trozos o en polvo. Como el polvo puede estar triturado de forma más o menos fina, la ideal para un uso oral y para pieles delicadas es la arcilla micronizada o ultraventilada, ya que es más fina.

La arcilla húmeda responde a las mismas indicaciones terapéuticas o cosméticas que la seca, pero su precio suele ser más elevado. Viene envasada en tubos de 100 a 500 g o en sacos de 1 kg. Es útil para usos puntuales o urgentes, para llevarla cuando se va de viaje o si no tiene tiempo o ganas de prepararla usted mismo. Sin embargo, tenga cuidado con las mascarillas de belleza preparadas, ya que las arcillas a menudo están mezcladas y «enriquecidas» con extractos de plantas u otros coadyuvantes.

Conserve la arcilla en polvo en un lugar seco; si está húmeda, déjela secar al sol o cerca de un radiador.

Bicarbonato

El bicarbonato sódico o de sodio, conocido en el antiguo Egipto en su forma natural (natrón), no se fabricó industrialmente hasta el siglo XIX. Este polvo de múltiples usos quedó relegado a un segundo plano en los años de la «química para todo», aunque hoy en día ha recuperado su protagonismo. Sus numerosas propiedades son todo un aliciente, y, además, presenta la ventaja de ser por completo biodegradable. Al ser útil y no contaminante, el bicarbonato solo tiene ventajas.

Origen e historia

A menudo leemos que el bicarbonato es un producto del todo natural, lo cual es cierto y a la vez falso, por lo que estas afirmaciones merecen una explicación. El bicarbonato de sodio o sódico ($NaHCO_3$ es su fórmula química) en realidad no se encuentra en estado puro en la naturaleza. Una parte de la producción se obtiene a partir del natrón, del que existen yacimientos en África y en América del Norte. Este mineral, compuesto sobre todo por carbonato de sodio y bicarbonato de sodio, se obtiene de la evaporación de unos lagos en los que abunda la sal, pero también existe en forma de depósitos fósiles. Otra parte de la producción es de origen químico; en este caso, el carbonato y el bicarbonato se generan a partir de cloruro de sodio (es decir, sal) y creta. Se trata, pues, de una sustancia que debe ser refinada tras su extracción o bien sintetizada, pero que, a diferencia de muchas otras, es por completo biodegradable.

El natrón era muy conocido en el antiguo Egipto, donde los súbditos del faraón recogían este depósito blanco y cristalino. En el proceso de momificación, servía para secar el cuerpo y los órganos, pero este uso ocultaba muchos otros empleos. Los egipcios lo utilizaban también para lavarse, blanquear telas, preparar el cuero, conservar la carne, levar masas, curar diversas enfermedades y fabricar cristal (mezclándolo con arena y cal).

Nombres, propiedades y usos

El bicarbonato se conoce bajo un gran número de nombres. El más corriente es el empleado en los comercios, bicarbonato de soda o de sodio. El sodio (componente principal de nuestro polvo milagroso) no se aisló y analizó hasta el año 1807. Recibe los nombres de bicarbonato ácido de sodio, carbonato ácido monosódico o *baking soda* en los países anglosajones, sal de Vichy en Bélgica o «vaquita» en Quebec (por el dibujo que figura en el envase), pero siempre se trata de la misma sustancia, más o menos refinada. Entre sus propiedades cabe señalar que es inodoro, soluble en agua pero no en alcohol, ligeramente abrasivo, que evita el desarrollo de los hongos, los mohos y las micosis, y que es ininflamable.

En contacto con ácidos produce dióxido de carbono (CO_2). De hecho, esta es la reacción que hace levar las masas. Con ingredientes ácidos como

el limón, la leche, el yogur, la miel o la melaza, libera burbujas de gas que hacen que leven el pan y los pasteles y que burbujee la mezcla de vinagre y bicarbonato.

Estabiliza el pH de las soluciones. El pH (potencial de hidrógeno) mide el valor ácido, neutro o básico (alcalino) de un medio. El suyo se sitúa entre 8 y 8,5 en una escala que va del 0, el más ácido, a 14, el más alcalino. El bicarbonato, que está presente en la sangre de los seres vivos, es un antiácido natural del organismo. Esta propiedad también le permite calmar el ardor de estómago, eliminar impurezas (a menudo constituidas por ácidos grasos) o neutralizar los malos olores. Por último, cuando se diluye en agua, la suaviza al impedir la formación de cal, lo que aumenta el poder limpiador de jabones y detergentes.

◇◇◇◇◇◇

¿Por qué utilizarlo?

Es soluble en agua, pero no en alcohol, y es ligeramente abrasivo, inflamable y totalmente biodegradable. Puede sustituir a la levadura o hacer que los zumos o jugos burbujeen cuando se mezcla con ácidos, ya que produce dióxido de carbono (CO_2). Es ideal para que leven los pasteles, pues cuando se mezcla con limón, yogur, miel o vinagre libera unas burbujas de gas. Asimismo, la mezcla de vinagre y bicarbonato produce espuma.

El bicarbonato se puede emplear para estabilizar el pH de las soluciones en las que se incluye (el pH mide el grado de acidez o alcalinidad de un

medio). Gracias a ello, es un remedio eficaz para calmar la acidez gástrica, eliminar la grasa, neutralizar los malos olores o hacer que un agua que es demasiado calcárea no lo sea tanto. También evita el desarrollo tanto de hongos como de mohos.

En cuanto a la salud: alivia el ardor de estómago; las aguas de Vichy, ricas en bicarbonato, tienen la misma propiedad. Desinfecta el tracto gastrointestinal en caso de diarrea. También puede atenuar las micosis, detener la proliferación bacteriana y reequilibrar el pH de la piel en caso de tener acné o granos.

Para la higiene y la belleza: cuando se añade a un baño (2 o 3 cucharadas en una bañera) suaviza el agua, tiene un efecto descontracturante y aumenta el poder limpiador del jabón o el champú. En pasta, elimina con suavidad las callosidades. Cuando se mezcla con una crema o aceite permite realizar un *peeling* en la cara o el cuerpo. Asimismo, se aconseja como dentífrico, pero no de forma habitual.

En el hogar: este es el ámbito en el que el bicarbonato resulta indispensable. Solo, con vinagre de alcohol o jabón negro líquido, limpia, desengrasa, desinfecta y disuelve la cal. En el baño puede impedir la aparición de moho en las juntas de los azulejos o en la cortina de la ducha. En la lavadora desinfecta la ropa en profundidad y aumenta el poder limpiador de los detergentes, lo cual evita usar una mayor cantidad de estos productos. Por último, puede limpiar en seco ciertas manchas en tejidos y moquetas o alfombras. No obstante, evite fregar con él las cacerolas de aluminio, lavar los suéteres de lana o la ropa interior de seda. Estas son, quizás, las únicas precauciones en cuanto a su uso doméstico.

En el jardín: cuando se diluye en agua para pulverizar evita la aparición del oídio y del mildiu; asimismo, ahuyenta los parásitos y hace que reverdezcan las hojas.

En la cocina: una pizca de bicarbonato añadida al agua de cocción de algunas verduras absorbe los olores, acelera la cocción y las hace más digestivas. En compotas y confituras neutraliza la acidez de ciertas frutas, e incluso de la salsa de tomate y de salsas a base de vino blanco. Por último, en pastelería, una pizca de bicarbonato hace que la masa pueda levar. Sin embargo, la receta debe incluir un elemento ácido, como leche, yogur o miel, para que pueda despren-

derse el gas carbónico. Debe saber, sin embargo, que el bicarbonato sódico o de sodio tiene un ligero sabor amargo y salado.

◇◇◇◇◇◇

¿Cómo utilizarlo?

En polvo sirve para limpiar en seco o para desodorizar; la pasta se emplea cuando se desea un efecto ligeramente abrasivo, y diluido en agua es útil para lavar. Para usos culinarios, las cantidades son mínimas, y variarán en función de las recetas. Su empleo no presenta ninguna contraindicación, salvo si usted decide usarlo en gran cantidad o de manera regular, lo cual nunca es recomendable.

◇◇◇◇◇◇

¿Dónde encontrarlo y cómo conservarlo?

Existen varias calidades de bicarbonato, que corresponden a diferentes grados de pureza: «técnico» para el hogar, bricolaje y jardinería; «alimentario» para cocina, higiene y belleza; y «farmacéutico» (el más refinado y controlado) para un uso médico o como dentífrico. Lo encontra-

mos en los supermercados (en la zona de la sal o la harina), en droguerías, en tiendas de productos biológicos u orgánicos, en farmacias o por Internet. Los precios varían en función de estas especificidades, pero en ningún caso es un producto caro.

El bicarbonato se conserva en un lugar seco y a temperatura ambiente, en su envase cerrado o en un tarro de cristal, para evitar que absorba olores. No lo guarde en un bote de plástico ni en el refrigerador. Para comprobar que se mantiene en buen estado, vierta un poco de vinagre o de zumo o jugo de limón. Si forma espuma, es que conserva sus propiedades.

Cloruro de magnesio

Las propiedades del cloruro de magnesio se conocen desde hace un siglo, gracias a los trabajos del profesor Pierre Delbet. El cloruro de magnesio es, sobre todo, un remedio capaz de «allanar el terreno». En otras palabras, permite reforzar nuestro sistema inmunitario y así combatir mejor un gran número de afecciones. Este remedio tan simple y económico, con un amplio espectro, aunque de sabor poco agradable, tiene un uso preventivo y curativo. No es, en absoluto, la panacea, pero es muy útil a diario y para toda la familia.

Origen e historia

Se encuentra en estado natural en la sal marina no refinada, así como en algunos suelos y plantas. No todos los suelos contienen la misma cantidad de cloruro de magnesio, de manera que algunos son mucho más ricos que otros. Las verduras que crecen en tierras ricas contendrán más magnesio que las que proceden de suelos pobres o empobrecidos por ciertos tipos de cultivo.

Por tanto, consumimos esta sustancia de forma natural, pero según los naturópatas, no en cantidad suficiente para cubrir nuestras necesidades. Sobre todo porque su contenido difiere dependiendo de los terrenos. El cloruro de magnesio puro es producto de diferentes operaciones químicas. El nigari es una forma natural de cloruro de sodio que se obtiene filtrando una pequeña cantidad de agua a través de una gran cantidad de sal marina gris. El agua se carga de cloruro de magnesio en un 80 o un 95 %, y el resto está constituido sobre todo por sulfato de magnesio. Los japoneses lo han utilizado tradicionalmente para hacer coagular la leche de soja o soya necesaria para la fabricación del tofu. *Nigari* deriva de una palabra japonesa que significa «amargo». El nigari, que se extrae de la sal marina, la cual procede de un medio no controlable, puede gozar del distintivo «ecológico» u orgánico.

¿Para qué sirve el magnesio?

El magnesio es uno de los once «macroelementos» del organismo (un macroelemento es un elemento químico cuya concentración es superior a 1 mg/kg de peso corporal). Entre los elementos minerales se sitúa en quinta posición, por detrás del calcio, el potasio, el sodio y el cloro. Nuestro cuerpo contiene entre 20 y 30 g de magnesio.

En el interior de las células, el magnesio interviene como cofactor enzimático. Un cofactor es un elemento químico indispensable para el funcionamiento de ciertas enzimas. Así, el magnesio interviene en más de 300 reacciones químicas distintas, asociadas directa o indirectamente a procesos tan esenciales y diversos como la producción de energía en las células, la regulación de la glucosa, el transporte de oxígeno, la contracción de los múscu-

los o del corazón, el metabolismo del calcio, los intercambios iónicos a nivel de las membranas celulares, el equilibrio ácido-básico de la sangre, el mantenimiento del aporte hídrico, la síntesis del ADN en las células y la de ciertos lípidos importantes del organismo. Además, el magnesio contribuye a reforzar las defensas naturales del cuerpo, desempeña un papel en la regulación térmica, y también tiene una función antioxidante, al mismo tiempo que combate el estrés, interviene en la transmisión del impulso nervioso, en la fijación del calcio en los huesos, en la coagulación de la sangre… ¡Es evidente, pues, hasta qué punto el magnesio es esencial para el funcionamiento de nuestro organismo!

¿Cloruro de magnesio o nigari?

La composición de estos dos productos es muy parecida. Según los puristas, el nigari, que es un producto natural, se tolera mejor. Además, podría ser preferible al cloruro de magnesio porque también contiene oligoelementos que no se encuentran en el producto refinado. Con todo, los excelentes resultados obtenidos por el profesor Delbet y el doctor Neveu corresponden al cloruro de magnesio. Si pensamos en el bolsillo, la balanza se inclina a favor del nigari, que es mucho más económico que el cloruro de magnesio. En cambio, si valoramos su presencia en los comercios, encontramos con más facilidad el cloruro de magnesio, disponible en todas las farmacias, donde se vende sin receta médica.

Una carencia de magnesio puede dar lugar a un gran número de manifestaciones orgánicas, como cansancio, cefaleas, náuseas, nerviosismo, ansiedad, depresión, insomnio, espasmos, caída del cabello, cólicos, falta de memoria y de concentración. El cloruro de magnesio o el nigari son un remedio sencillo, económico y eficaz. No solo proporcionan el magnesio indispensable para evitar carencias, sino que también ejercen una acción tonificante y estimulante en el organismo. Aumentan la vitalidad de las células y permiten curar o ayudar a superar un gran número de afecciones. Actúan como prevención y también como remedio. Si se padece fati-

ga, estrés o depresión es ideal, al mismo tiempo que puede emplearse para ayudar a combatir las infecciones invernales. También puede acabar con el acné, tanto en uso tópico como oral.

¿Por qué utilizarlo?

El nigari o cloruro de magnesio puede ejercer una acción tonificante y estimulante en el organismo. Actúan a modo preventivo y curativo. Se recomienda su uso para tratar la fatiga, el estrés o la depresión, y para ayudar a combatir las infecciones invernales. Es ideal para eliminar el acné.

También puede usar el cloruro de magnesio para curar a sus mascotas (perros y gatos).

¿Cómo utilizarlo?

Diluya 20 g de polvo en 1 litro de agua (en una botella de cristal para que se conserve mejor) y tome un vaso de 125 ml al día. Se trata de una dosis media para un adulto, que puede variar en función de las necesidades. Las curas no deben superar los 20 días. También se puede emplear en enjuagues bucales o en compresas húmedas para tratar granos o quemaduras superficiales.

¿Su inconveniente? Tiene un sabor muy desagradable. Es amargo y a la vez salado. Incluso disuelto en agua provoca una mueca en casi todas las personas que lo prueban. Hay quien se habitúa pronto a este sabor inesperado; otros, en cambio, deben usar algún truco para poder tomarse esta

Contraindicaciones

El cloruro de magnesio puede provocar diarreas. Está contraindicado para las personas que sufren insuficiencia renal o tienen propensión a padecer cálculos renales, así como en los enfermos de nefritis, hipertensión arterial o hemofilia. Aunque este producto se vende sin receta médica, conviene utilizarlo con precaución y no usarlo de forma continuada.

bebida. Se aconseja mezclarlo con zumo o jugo de fruta, con una sopa de verduras espesa o con miel, o incluso añadir el zumo o jugo de medio limón a la solución de cloruro de magnesio. Recuerde que también lo puede usar en la cocina para sustituir la sal de vez en cuando.

¿Dónde encontrarlo y cómo conservarlo?

El cloruro de magnesio puro se encuentra en las farmacias, las parafarmacias o las tiendas de productos ecológicos, orgánicos o naturistas, envasado en bolsas o en botes. El nigari, más económico que el cloruro de magnesio, se vende en tiendas de productos asiáticos o dietéticos, y también por Internet. Lo encontramos envasado en bolsas de 100 g o de 1 kg.

Se conserva en un lugar seco y alejado de las fuentes de calor. Cuando diluya el polvo en agua, conserve la botella en el refrigerador y consúmalo pronto.

Limón

El limón, un fruto de color amarillo intenso o verde en México y Latinoamérica, actualmente ocupa un lugar destacado en el panteón de los productos naturales de incontables virtudes. Durante mucho tiempo estuvo relegado a un simple ingrediente culinario, pero hoy en día estamos descubriendo, o redescubriendo, todas sus cualidades. Es rico en vitamina C, pero no solo eso, sino que también es muy beneficioso para la salud y la belleza. En la cocina, este cítrico mejora todo cuanto entra en contacto con él. En el hogar limpia, desinfecta y desodoriza tanto y de forma más sana que los productos comerciales. ¡Pruebe el limón y ya no podrá prescindir de él!

Origen e historia

El limonero (*Citrus limon* y *Citrus aurantofolia* para los botánicos) pertenece a la gran familia *Rutaceae* y al género *Citrus*, que incluye, entre otros, el cidro, el naranjo, la lima, el mandarino o el pomelo. A este pequeño árbol espinoso de hoja perenne le gustan los climas cálidos y soleados, pero precisa mucha agua y no soporta bien las heladas. A diferencia de otros frutales, florece durante todo el año y produce flores y frutos al mismo tiempo cuando las condiciones son las adecuadas. Esta característica, junto con las numerosas variedades y la diversidad de procedencias, le permite estar presente sin interrupción en los puestos de los mercados. Un limonero adulto puede producir de 1 000 a 2 000 frutos, que se recolectan entre 6 y 10 veces al año. Junto con la naranja, es uno de los cítricos más cultivados del mundo.

Al igual que sus congéneres de la familia *Citrus*, el limón tiene su origen en el sureste asiático. Varios milenios atrás se desarrollaba silvestre en la India, en las laderas orientales del Himalaya, y en el sur de China. En esas zonas se ha cultivado desde hace mucho tiempo, pero su introducción en la zona mediterránea fue progresiva. La leyenda cuenta que fueron los ejércitos de Alejandro Magno, en el siglo IV a. C., los que trajeron de su expedición a la India el cidro (*Citrus medica*), emparentado con el limonero. En realidad, el cidro, sin duda, se extendió por el mediterráneo gracias a los intercambios comerciales y a las migraciones de población.

¿Pero cómo nos llega el limonero? Al parecer, este árbol surge de una hibridación espontánea entre el cidro y otro cítrico. Las caravanas provenientes de Asia lo habrían introducido en los países de Oriente Medio hacia el siglo X de nuestra era junto

con la naranja amarga (*Citrus aurantium*) y la lima o limón verde. Hacia aquella época, los árabes desarrollan su cultivo hasta Andalucía, conjuntamente con el de la caña de azúcar; el azúcar atenúa el sabor ácido del zumo o jugo de limón. Al mismo tiempo, los progresos de la destilación permitieron extraer de las flores, e incluso de las hojas, unas esencias fragantes muy apreciadas en perfumería.

A partir de aquella época, el fruto aparece en los tratados de medicina y de horticultura árabes. Se le reconocen propiedades diuréticas, febrífugas y antiespasmódicas, y también se aconseja como contraveneno y para ahuyentar a los insectos.

Con las Cruzadas, Occidente aprende a conocer los cítricos. Entonces se plantan limoneros en Sicilia, Córcega, en Italia, el sur de Francia y Portugal.

tugal. Pero debido a la lentitud de los medios de transporte, esta fruta sigue siendo escasa y cara fuera de las zonas meridionales hasta inicios del siglo XIX.

Hasta las primeras décadas del siglo XX, los cítricos en general, y el limón en particular, están lejos de ser productos de consumo habitual en los países no productores. Hasta el momento en que los medios de transporte adquieren rapidez, no resulta fácil el envío y la distribución de artículos perecederos y lejanos. Pero sobre todo tras el descubrimiento de la vitamina C y de su función indispensable en la alimentación humana, durante la década de 1930, los cítricos ganan una mayor consideración y se imponen en las mesas occidentales.

◇◇◇◇◇◇◇

¿Por qué utilizarlo?

Para la salud, la belleza, en la cocina o incluso en usos domésticos, el limón puede ser eficaz en muchos ámbitos.

Para la salud: la vitamina C y los flavonoides contribuyen a combatir el envejecimiento celular y estimulan la vitalidad. Mejoran la circulación sanguínea y la elasticidad de los vasos, y pueden contribuir a la prevención de enfermedades cardiovasculares y del colesterol «malo». El limón tiene propiedades antivirales y antibacterianas, muy útiles en caso de resfriado o de diarreas. Cuando se toma como cura, es un excelente remedio antifatiga. Favorece la digestión y estimula la producción de jugos gástricos. Al parecer también tiene una acción beneficiosa contra el reúma y podría contribuir a prevenir la osteoporosis. Por último, puede calmar las picaduras de los insectos.

Para la belleza: el limón (diluido en agua) tiene un efecto tonificante en la piel, purifica la tez y ayuda a comba-

Algunas precauciones

El limón no presenta contraindicaciones en particular. Sin embargo, no hay que dejar que los bebés y los niños pequeños lo ingieran o beban su zumo o jugo en exceso. Su organismo puede no estar preparado para soportar o transformar el ácido cítrico. Las mujeres embarazadas y los niños deben emplear con precaución el aceite esencial, muy concentrado en principios activos. Además, es fotosensibilizante, es decir, provoca manchas si se aplica sobre la piel antes de una exposición al sol.

tir el acné. Vuelve rubio el pelo claro y sanea el cuero cabelludo. Unas gotas de su aceite esencial enriquecen cremas, mascarillas y champús caseros.

En la cocina: combina tanto con el dulce como con el salado, y realza el sabor ácido de pasteles, pescados, carnes y verduras. Es particularmente apreciado en la cocina oriental, y se conserva en aceite, azúcar, sal o vinagre. Por último, el zumo o jugo de limón es una bebida ideal que se puede tomar tanto caliente como fría y que combina tanto con la gaseosa como con el grog, bebida invernal elaborada con agua, un destilado como ron, coñac o whisky, azúcar y limón.

El limón: no tan ácido

El limón no provoca ardor de estómago. Al contrario, el organismo transforma sus ácidos naturales y estos contribuyen a neutralizar los reflujos de ácido clorhídrico responsables de esta molestia. Esta propiedad solo está presente en la fruta fresca, no en los zumos o jugos pasteurizados.

En el hogar y el jardín: el limón elimina los malos olores, hace desaparecer ciertas manchas, quita el óxido del acero, elimina el sarro y blanquea el esmalte dental. Un cuarto de limón enmohecido aleja las hileras de hormigas y el limón pulverizado sobre las plantas ahuyenta a las hormigas e impide las invasiones de pulgón.

¿Cómo utilizarlo?

¡Del limón, todo es bueno! Tanto si se utiliza crudo, como cocido o confitado, en zumo o jugo, para la piel, en rodajas o en gajos, ofrece un amplio abanico de posibilidades. Existen unas botellitas de zumo o jugo concentrado que nos sacan de apuros para aromatizar un plato o preparar una limonada. En cambio, para usos relacionados con la salud y la belleza, use siempre limones frescos y ecológicos u orgánicos, o bien el aceite esencial extraído de su piel.

Unas gotas bastan para perfumar o desinfectar el ambiente, combatir el mareo y para muchos otros usos. La industria no se queda a la zaga: recurre al aceite esencial para aromatizar numerosos productos, desde el yogur hasta el detergente, sin olvidar los cosméticos y los medicamentos.

◇◇◇◇◇◇

¿Dónde encontrarlo y cómo conservarlo?

Por lo general es más abundante en invierno, la estación de cosecha en los países mediterráneos. Hoy en día esto va cambiando, ¡ya que su producción está implantada desde Sudáfrica hasta Argentina! Si usted prevé consumir la cáscara o la membrana blanca, o hacer una cura de limón, opte por frutas procedentes de la agricultura ecológica u orgánica, ya que los pesticidas y otros contaminantes se concentran en la corteza y en su membrana.

Elija ejemplares pesados y firmes pero flexibles. Si la piel de los amarillos estuviera demasiado clara o moteada, indicaría que no está maduro. Los de color verde se van volviendo amarillos cuando están demasiado maduros, de ahí la acidez. Una corteza fina suele indicar que el fruto es jugoso.

El limón se conserva unos diez días a temperatura ambiente, o quince en el compartimento de las verduras del refrigerador. No los amontone, sepárelos bien para evitar que se desarrolle moho. Un limón empezado, cortado por la mitad o pelado pierde sus propiedades. Para conservarlo mejor, cúbralo con film transparente y guárdelo en el frigorífico. ¿Otros métodos? Unte la superficie con vinagre, que actúa como conservante, o dispóngalo con la cara cortada sobre un platillo lleno de sal o vinagre. También puede congelar el zumo o jugo en bandejas de cubitos. El zumo debe consumirse recién exprimido, ya que las vitaminas desaparecen con rapidez en contacto con el aire y la luz. Para obtener el máximo zumo o jugo posible, sumerja el limón entero en agua caliente durante unos minutos, o hágalo rodar con la mano por una superficie dura, para ablandarlo y romper los pequeños alvéolos que contienen el líquido.

◇◇◇◇◇◇

Es útil saber…

Como todos los cítricos, el limón es rico en ácido ascórbico (o vitamina C) y en ácido cítrico, que le da su sabor ácido. Pero también contiene calcio, magnesio, fósforo, betacarotenos, vitaminas B5 y PP y fibra soluble como la pectina, sobre todo en las pepitas y la corteza, así como flavonoides. El zumo o jugo y la pulpa están repletos de vitaminas, minerales y oligoelementos, pero los flavonoides y la fibra soluble solo se encuentran en la membrana blanca y en la corteza propiamente dicha.

Aguas florales

El agua floral es un producto que se obtiene de la destilación de los aceites esenciales. El vapor de agua, que arrastra los compuestos volátiles de la planta, más tarde vuelve al estado líquido en la cubeta de enfriamiento cargado de moléculas de aceite. Estas se mantienen en la superficie, así que es fácil separar el agua de destilación que contiene las sustancias florales hidrosolubles y muy poco aceite esencial.

¿Por qué utilizarlas?

Las aguas florales, o hidrolatos, están perfumadas, pero presentan una menor concentración en principios activos que los aceites esenciales. Se emplean, pues, puras, sin ninguna precaución en particular, y son aptas tanto para bebés como para adultos. Son tónicas, calmantes o astringentes para la piel, y se pueden utilizar como desmaquillante, limpiador o tónico con un algodón, en compresa o vaporizadas. Incluso se pueden añadir a una crema o a un aceite para el cuidado de la piel. También se pueden usar en la cocina para aromatizar pasteles, helados o sorbetes.

¿Cómo utilizarlas?

Existen numerosos hidrolatos. A continuación se indican algunos ejemplos y sus usos.

Agua floral de aciano: es antiinflamatoria, descongestiona y calma los ojos fatigados e hinchados. Para pieles mixtas.

Agua floral de manzanilla: calma los enrojecimientos cutáneos y descongestiona los ojos. Para pieles mixtas, secas y sensibles.

Agua floral de azahar: calmante y suavizante. Para todo tipo de pieles. También aromatiza pasteles y otros postres.

Agua floral de hamamelis: antiinflamatoria y calmante, es el agua de las pieles irritadas y propensas a las rojeces. Para pieles mixtas, secas y sensibles.

Agua floral de menta: fresca y tónica, cierra los poros y limpia las pieles grasas.

Agua floral de rosas: tonificante, reafirmante e hidratante, ideal para el rostro y para todo tipo de pieles. También aromatiza postres.

¿Dónde encontrarlas y cómo conservarlas?

Los hidrolatos solo contienen agua de destilación floral, sin ningún tipo de aditivo. Opte, sobre todo, por productos etiquetados como biológicos u orgánicos, que garantizan unas materias primas libres de pesticidas. Los encontrará en tiendas dietéticas, parafarmacias o tiendas naturistas, farmacias y por Internet. Pero compruebe las etiquetas, ya que las aguas de rosa y de aciano con frecuencia contienen conservantes. Las aguas florales se conservan en su recipiente original, protegidas de la luz. Para un efecto más tónico y para que se conserven durante más tiempo, puede introducirlas en el refrigerador. Pero evite dejar los frascos abiertos, y compruebe la fecha de caducidad, dado que los hidrolatos no contienen conservantes.

Aceite de oliva

El cultivo del olivo es uno de los cultivos arborícolas más antiguos: el hombre descubrió muy pronto todo lo que le podía aportar este pequeño árbol, ya sea para alimentarse o curarse. El consumo de aceite de oliva, durante mucho tiempo limitado a los países mediterráneos, está extendido por todo el mundo desde finales del siglo XX.

Muela, prensa, molino, tierra… cuando se habla de aceite de oliva, surge todo un vocabulario que traduce muy bien el gusto de nuestro tiempo por los productos naturales y por el saber artesanal. A todo el mundo le encanta, sin duda también porque está asociado a regiones de la zona mediterránea que nos hacen soñar.

Origen e historia

Los restos arqueológicos más antiguos de la presencia del olivo son huesos de aceituna de unos 19 000 años de antigüedad descubiertos en Palestina. Los relativos al cultivo del árbol se remontan en torno a 5000 a. C., pero a pesar de las investigaciones realizadas sobre sus orígenes, no es fácil averiguar cómo se extendió este cultivo por todo el mundo mediterráneo.

La tesis admitida durante mucho tiempo según la cual el origen del cultivo del olivo se situaría en el Mediterráneo oriental (Palestina, Israel, Siria y Turquía), y que más tarde se habría extendido hacia Grecia e Italia a través de Anatolia, y luego hacia Egipto, se ha cuestionado recientemente. Ahora parece más verosímil que se desarrollase al mismo tiempo en diversos lugares. Solo una cosa es segura, y es que la historia de su expansión se confunde con la de las civilizaciones del mundo mediterráneo.

El olivo también se encuentra en el centro de numerosos mitos fundadores, y es símbolo de paz, prosperidad o eternidad en todas las religiones del Mediterráneo; pero, sobre todo, es valorado como fuente de alimenta-

ción. Su fruto es tan apreciado porque proporciona un aceite que sirve tanto para iluminar como para preparar ungüentos y perfumes. Entre los hebreos, tiene un carácter sagrado, puesto que el aceite se emplea, asimismo, en los sacramentos. Los egipcios, por su parte, le atribuyeron una diosa, Isis, encargada de enseñar las virtudes.

El cultivo del olivo finalmente se extendió por todo el Mediterráneo gracias a los comerciantes fenicios, pero su exportación a finales del siglo XVI a países cuyo clima permitía este cultivo (Argentina, Chile o México) se debió a los conquistadores y a los misioneros portugueses y españoles (existe una variedad de aceituna denominada «misión»). El olivo se aclimató, asimismo, a California, y en fechas aún más recientes, a Australia, el África austral e incluso China.

Al mismo tiempo que se extendía el cultivo del olivo, los hombres buscaron la manera de extraer con más facilidad el aceite de su fruto. Los

primeros métodos de extracción según parece surgieron en la Edad de Bronce en Oriente Medio. Mucho antes que los trituradores y las prensas hidráulicas que conocemos hoy, a lo largo del tiempo se emplearon numerosos sistemas: la rudimentaria maza de piedra, una gran tela llena de aceitunas trituradas que se retorcía con la ayuda de unas varas colocadas en los extremos, la muela de piedra horizontal y más adelante la muela que giraba en perpendicular al plano sobre el que se extendían las aceitunas. La prensa de tornillo, inventada probablemente hacia el siglo I a. C., y accionada por dos hombres, aparece representada a menudo.

¿Por qué utilizarlo?

A este compuesto esencial del famoso régimen cretense se le atribuyen numerosas propiedades para la salud y posee unas cualidades nutricionales excelentes. Es rico en antioxidantes y en vitamina E (que se destruyen cuando se superan los 40 ºC), así como en ácidos grasos beneficiosos para la fluidez de la sangre y para la prevención de las enfermedades cardiovasculares. Pero está compuesto únicamente por lípidos, de modo que se recomienda consumirlo con moderación y mezclarlo, cuando se pueda, con otros aceites vegetales para variar los soportes.

¿Cómo utilizarlo?

En la cocina: su aroma y sus cualidades se conservan muy bien cuando lo degustamos crudo como aliño o sobre un pescado, un plato de pasta o un poco de pan tostado. Para mantenernos dentro de un presupuesto razonable, podemos comprar aceite «virgen» para las cocciones corrientes y reservar el uso de un aceite de mayor calidad («virgen extra») para acompañar platos crudos o preparaciones más sofisticadas.

Para la higiene y la belleza: desde la Antigüedad, el aceite de oliva se ha utilizado en los países mediterráneos para la fabricación de jabones y de

Aceitunas verdes y aceitunas negras

No tiene sentido querer degustar el fruto recién recolectado; tanto si se come entera como machacada, la aceituna debe someterse siempre a lavados y baños en salmuera para que atenúen su amargor. Su color, que va del verde al negro pasando por diversos tonos violeta, depende de su grado de madurez (el envero), siendo los frutos negros los más maduros. El periodo de recolección variará según el clima, la altitud y las variedades, pero por lo general se extiende de septiembre a octubre en el caso de las aceitunas verdes, y de diciembre a febrero cuando la cosecha es más tardía.

productos para el cuidado de la piel. En el ámbito médico, lo que más se aprecia son las hojas de olivo, por sus efectos (antifúngico, diurético, antioxidante, etc.), pero el aceite de oliva también tiene algunas utilidades en absoluto desdeñables: cremas hidratantes para el rostro o las manos, leche corporal, bálsamo para el contorno de ojos, cremas para después del afeitado, jabones para el cuerpo o las manos, gel para el cuerpo y el cabello, sérum para los ojos, bálsamo para los labios, etc. Todo el mundo elogia las propiedades emolientes, suavizantes y antioxidantes del aceite de oliva. Pero el aceite también puede nutrir a las plantas verdes o dar lustre a sus hojas. Sus méritos son múltiples, así que ¿por qué privarse del aceite?

¿Dónde encontrarlas y cómo conservarlas?

Grandes superficies o supermercados, tiendas especializadas, mercados o pequeños productores: las posibilidades son diversas y los precios también.

La calidad de un aceite de oliva oscila en función de la variedad de las aceitunas, del suelo y de las condiciones climáticas, pero también depende del momento de la cosecha, de la selección de las aceitunas, de la forma de extracción, etc. La calidad media de los aceites que encontramos ha mejorado en cierta medida gracias a la regulación europea. Pero la gama también se ha ampliado bastante, hasta el punto de que al consumidor le puede costar entender a qué responden unas diferencias de precio que pueden ir del 1 al 10. Para un aceite de calidad excelente y característico (preferiblemente para consumir crudo), elija tiendas especializadas o un productor que ya conozca. Los aceites de los supermercados por lo general son de buena calidad, pero menos sabrosos, ya que son resultado de mezclas.

Si usted vive o pasa las vacaciones en una zona oleícola, le será más fácil encontrar a auténticos productores que vendan unos aceites muy específicos de una región, o cooperativas que ofrezcan productos de buena calidad. La mayoría tienen página web, que le permitirá realizar pedidos una vez haya seleccionado los productos de su elección (pero tenga cuidado, ya que hay que estar seguro de que el transporte y la entrega se realizaran en las condiciones adecuadas, puesto que el aceite de oliva es un producto particularmente delicado).

En cambio, preste más atención a lo que puede encontrar en los mercados o en las ferias. Aquí existe el riesgo de adquirir aceites mediocres o con una fecha de consumo preferente cercana.

El aceite de oliva es frágil. Para preservar sus cualidades hay que conservarlo protegido del aire, de la luz y del calor, si es posible en una botella de cristal oscuro. En caso de calor intenso, consérvelo en el refrigerador; no ocurre nada si se solidifica, ya que cuando vuelva a estar a temperatura ambiente recuperará su estado líquido.

A diferencia del vino, el aceite no mejora al envejecer, sino que es preferible consumirlo pronto. En principio, se puede consumir durante dos años

«Primera prensada en frío», una precisión obsoleta

«Primera prensada en frío» era una mención comercial que un tiempo atrás había que buscar en las etiquetas cuando se quería comprar un buen aceite de oliva. Desde hace varios años, esta denominación ha dejado de tener interés, puesto que, aunque los aceites de oliva de primera prensada en frío pueden ser excelentes, existen otros métodos de elaboración mediante los cuales se obtienen también aceites de gran calidad.

a partir de la fecha de prensado, aunque en la actualidad los productores no están obligados a indicar esta fecha en sus etiquetas. La fecha que suele aparecer es la de envasado o una fecha de consumo preferente.

Una vez abierta la botella, es mejor consumirla en 5 o 6 meses. Si va a utilizar muy poco, opte por botellas pequeñas de 50 cl (500 ml), aunque en proporción su precio sea más elevado.

Aceites esenciales

Los aceites esenciales despiertan pasiones desde hace unos años.
Es cierto que sus usos abarcan varios ámbitos: bienestar, salud,
cocina y hogar, y que su gama es muy extensa,
pero algunos son más indispensables que otros.

¿Por qué utilizarlos?

Estos aceites son extractos de la esencia que segregan las células de algunas plantas. ¿Cómo se obtienen? Destilando tallos, hojas, flores, raíces o madera con vapor o mediante prensado en frío en el caso de las cortezas de los cítricos. En ambos casos se obtiene un aceite aromático muy concentrado y rico en principios activos diversos.

Los aceites esenciales son particularmente útiles para combatir las enfermedades invernales (resfriados, bronquitis, faringitis…) y los dolores musculares o articulares, así como los problemas digestivos o para tonificar la circulación. También sirven para cuidar y mejorar la piel y el cabello, relajar la mente e inducir el sueño.

¿Cómo utilizarlos?

Se utilizan por vía oral o tópica, preferentemente diluidos. Puede poner de 15 a 30 gotas en la bañera o usar 30 cl (300 ml) de aceite vegetal para masaje, o bien unas gotas en un tratamiento para el rostro, en arcilla para una mascarilla, en una cataplas-ma, en un poco de agua para una compresa, en inhalación, en un difusor ambiental, en elixir bucal, para gargarismos e incluso en una tisana o una cucharada de miel. También puede ponerse una gota pura sobre un grano; en las muñecas o las sienes en caso de dolor de cabeza o náuseas, o unas gotas para inhalar en un pañuelo. Se emplean solos o con otros aceites esenciales que complementan o potencian su poder.

¿Dónde encontrarlos y cómo conservarlos?

En parafarmacias o tiendas naturistas, tiendas de productos ecológicos

¡Atención!

No todos los aceites esenciales son comestibles, e incluso cuando lo son, ciertos estómagos delicados no los toleran. Además, algunos son muy irritantes para la piel y las mucosas (orégano, canela, pimienta negra…) y únicamente deben emplearse diluidos.

u orgánicos, herboristerías y por Internet. Debe saber que los aceites son caros, algunos más que otros, debido a la escasez de la materia prima o a las cantidades necesarias para su fabricación. Lea bien la etiqueta y compruebe el contenido del frasco para asegurarse de lo que compra.

El etiquetado debe precisar si el aceite es puro y no desnaturalizado por productos añadidos o transformaciones. Cuando sea posible, elija un producto ecológico u orgánico. Deben figurar, asimismo, el nombre de la planta en castellano y el de la especie botánica en latín, la designación internacional que permite conocer la planta utilizada sea cual sea el país o el fabricante, el órgano productor destilado, ya que algunas plantas producen varios aceites, dependiendo de si lo que se emplea es la flor, la hoja o el fruto, y por último las principales moléculas bioquímicas que definen las cualidades del aceite, una información muy útil en el caso de las personas alérgicas.

Se conservan en su frasco de cristal de color, bien cerrado, a temperatura ambiente y protegidos de la luz.

Algunos aceites y sus usos

Lavanda (*Lavandula angustifolia*): aceite para todos los usos, antiséptico, antiinflamatorio y relajante; favorece el sueño, calma los dolores musculares y articulares, cicatriza y regenera la piel y desinfecta las vías respiratorias. Se emplea en difusión, inhalación, sauna facial, baño, masaje y mezclado con cremas o mascarillas. Se aplica puro o diluido para desinfectar un grano, una pequeña herida o una quemadura superficial, o bien sobre una picadura de insecto.

Menta piperita (*Mentha piperita*): remedio ideal para los trastornos digestivos, las náuseas y el mareo. Calma las cefaleas, tonifica la circulación, despeja las vías respiratorias y purifica el aliento. La menta se emplea para enjuagar la boca, en inhalación, en gargarismos y para masaje, así como en unas gotas sobre un terrón de azúcar o para inhalar en un

Contraindicaciones

No se recomienda el uso de aceites esenciales en el caso de las mujeres embarazadas o que dan el pecho, en bebés y en niños de menos de 12 años. Las personas alérgicas o en tratamiento médico es preferible que consulten a un médico antes de usarlo.

pañuelo contra el mareo, por su olor, o en tisana si se padecen problemas digestivos.

Naranja dulce (*Citrus sinensis*): tiene efecto relajante. Calma la ansiedad, favorece el sueño y alivia los trastornos digestivos. Es muy suave, se emplea tanto tópica como oralmente, e incluso puede aromatizar platos y pasteles. La única precaución que debe tomarse cuando se utiliza para masaje es no tomar el sol en las horas siguientes, ya que es fotosensibilizan-

te. Garantiza una gran calma cuando se mezcla con lavanda.

Pino (*Pinus sylvestris*): antiséptico de las vías respiratorias y antiinflamatorio. Ayuda a curar resfriados, tos y dolor de garganta, al mismo tiempo que calma los dolores musculares, articulares y reumáticos, y tonifica la circulación. Se recomienda en particular para masaje, inhalación y baño. En difusión es muy eficaz cuando se mezcla con lavanda y eucalipto.

Romero (*Rosmarinus officinalis*): tonifica la circulación, estimula el crecimiento del cabello, combate las afecciones invernales y proporciona un fuerte estímulo físico e intelectual. Se utiliza en masaje, baño, cuidados cosméticos, difusión, inhalación, gargarismos o como elixir. Puede ser tóxico en dosis altas.

Árbol del té (*Melaleuca alternifolia*): este aceite antiviral y bactericida es ideal para afecciones invernales, resfriados, rinitis o problemas cutáneos. Se emplea en inhalación, elixir y para gargarismos, así como en masajes, baño y también puro, sobre una pequeña superficie de piel.

Tomillo (*Thymus vulgaris*): antiséptico y bactericida; es el aceite que permite resistir las enfermedades invernales. Refuerza el sistema inmunitario y estimula la circulación. Es, asimismo, un excelente desinfectante que se puede incorporar a los productos de «cuidado del hogar». Se usa en masaje, baño, compresa, difusión, inhalación, para gargarismos o como elixir. También se puede emplear en la cocina para realzar un plato.

Aceites vegetales

Esta denominación reúne los aceites vegetales alimentarios y aquellos
(a veces los mismos) destinados a tratamientos, masajes o a un uso cosmético.
A diferencia de los aceites esenciales, todos ellos se extraen por presión
en frío de semillas o frutos (hueso o pulpa) oleaginosos.

¿Por qué utilizarlos?

Los aceites vegetales tienen múltiples aplicaciones, y entre ellas las más habituales son las culinarias. Los aceites de oliva, cacahuete o cacahuate, girasol o colza se emplean básicamente en cocina, aunque también se elogian sus propiedades en materia de salud. Otros aceites, más difíciles de extraer, menos comestibles o dotados de principios activos específicos, están reservados sobre todo para un uso cosmético, masajes o ciertos tratamientos en particular: antiarrugas, regeneradores, calmantes, nutritivos o suavizantes. Poseen múltiples propiedades.

Aceites portadores o de base

El término «aceite portador» se emplea en ocasiones para designar a los aceites vegetales que sirven para diluir los aceites esenciales, que están demasiado concentrados para utilizarlos solos.

¿Dónde encontrarlos y cómo conservarlos?

Deben ser de primera prensada en frío, preferiblemente ecológicos u orgánicos, sin ningún aditivo ni edulcorante. Por último, compruebe que el nombre botánico en latín de la especie vegetal figure en la etiqueta, lo cual no sucede en el caso de los aceites de mesa. Se compran en parafarmacias, tiendas de productos ecológicos, orgánicos o naturistas o por Internet, y a menudo su precio es elevado. Como aceite portador o para un uso cosmético se puede usar un aceite alimentario virgen y extraído en frío (ecológico u orgánico). Se conservan en su frasco original, a temperatura moderada y protegidos de la luz.

Algunos aceites y sus usos

Aceite de almendras dulces (*Prunus amygdalus*): es el más habitual; compruébelo bien, puesto que a menudo está desnaturalizado porque se le han incorporado aceites más económicos. Al ser calmante y suavizante, es ideal para bebés.

Aceite de argán (*Argania spinosa*): este aceite importado de Marruecos, rico en vitamina E, es famoso por su acción protectora, regeneradora y antiarrugas. Es ideal para el rostro, y se le puede añadir aceite esencial de geranio o de palo de rosa.

Aceite de borraja (*Borago officinalis*): es muy rico en ácidos grasos insaturados raros, y se aconseja para pieles con arrugas y secas, mezclado con aceite de almendras dulces.

Aceite de jojoba (*Simmondsia chinensis*) y **aceite de hueso de albaricoque o chabacano** (*Prunus armeniaca*): son poco grasos y la piel los absorbe bien. Son excelentes aceites de base para masajes con aceites esenciales, al igual que los aceites de girasol o de caléndula.

Lavanda

La lavanda, ya conocida por los romanos para perfumar el baño o la ropa, a partir de la Edad Media se utilizó en la fabricación de perfumes y medicamentos. Su cultivo, sin embargo, no se desarrolla hasta el siglo XIX, sobre todo con el auge de la perfumería. Hoy en día esta planta milenaria se emplea en numerosas formas y resulta útil en campos tan diversos como la salud, la belleza, el cuidado del hogar o incluso la cocina.

Origen e historia

Existen unas cuarenta especies de lavanda y más de doscientas variedades e híbridos distribuidos por los países mediterráneos, norte, noreste de África, suroeste de Asia, y hasta el centro y sur de la India. Al igual que el romero, la ajedrea, la menta, la salvia o el tomillo, la lavanda es una planta herbácea aromática que pertenece a la familia *Lamiaceae* (las labiadas), las cuales se distinguen por tener el tallo cuadrado y unas flores cuya corola está dividida en dos labios. Las flores están dispuestas en lo alto de un pedúnculo floral y se agrupan en verticilos, formando unas espigas cilíndricas. A las abejas les gustan todas las lavandas, ya que son plantas melíferas.

La lavanda es fácil de cultivar. Se adapta a todos los jardines, sin apenas riego. Su forma redondeada y sus hojas argentadas animan el jardín incluso en invierno. Es una planta de mantenimiento fácil, poco exigente y a la que le gusta una tierra ligera y bien drenada, pero también se desarrolla bien en un suelo árido, pedregoso, seco y calcáreo, con la excepción de *Lavandula stoechas*, que prefiere los suelos silíceos. Normalmente resiste bien el frío, pero en invierno no le gusta la humedad persistente ni soporta un exceso de agua continuado.

El cultivo de la lavanda es un saber ancestral. A comienzos del siglo xx, con la «fiebre del oro azul», su cultivo se empezó a mecanizar. En la actualidad la recolección se efectúa en gran medida de manera mecánica, salvo en el caso de algunos ramilletes, que todavía se cortan de forma tradicional, a mano, con una hoz.

La cosecha de la lavanda obedece a unas normas climáticas muy precisas. Depende de la higrometría. De modo general, la recolección se rea-

liza durante la floración, que se prolonga desde el mes de junio hasta finales de agosto, y a veces hasta principios de septiembre. Además del clima, la recolección también varía en función de las especies y de la altitud.

¿Por qué utilizarla?

Usada desde hace siglos por sus múltiples propiedades, la lavanda es una aliada valiosa en ámbitos tan diversos como la salud, la belleza, el hogar o la cocina. Las cimas florales son las que sirven de base para las diversas preparaciones.

En el siglo I d.C., Dioscórides y Plinio el Viejo ya mencionan en sus obras la lavanda por sus propiedades medicinales: estimulante, estomacal, carminativa o tónica. Hoy en día esta planta perfumada se considera imprescindible en nuestro botiquín.

Además de oler muy bien, la lavanda es en realidad la planta que hay que tener siempre a mano. Esta planta melífera utilizada en diversas terapias naturales, sobre todo en fitoterapia, homeoterapia e hidroterapia, ejerce numerosas acciones terapéuticas. Es sedante, antiespasmódica y calmante, está indicada en el ámbito psíquico, en caso de estrés, cansancio, espas-

mofilia, dificultades para conciliar el sueño, ansiedad o nerviosismo… Cuando se toma en tisana o cuando se añade al baño en forma de aceite esencial, solo unas gotas de lavanda relajan los músculos, favorecen la relajación y calman el dolor de cabeza. Es antiséptica y cicatrizante, y se recomienda también en uso tópico para aliviar heridas y quemaduras superficiales, quemaduras del sol, picaduras de insectos, medusas u ortigas, o para aliviar los dolores musculares o articulares debidos al frío o a la humedad, las rampas o los calambres y las agujetas o dolor muscular debido a la actividad física extenuante. Se emplea, además, para prevenir o eliminar los piojos o ciertas micosis. Unas gotas de aceite esencial de lavanda en un pañuelo o bajo la almohada ayudan a respirar mejor.

¿Cómo utilizarla?

Procedente del Mediterráneo occidental, la lavanda simboliza la Pro-

venza, el aroma mediterráneo y el sol. Se viene cultivando desde hace siglos por su fragancia, y también por sus virtudes medicinales, y perfuma campos enteros del sur de Francia. Sus usos son diversos y variados: como simple ramillete ornamental, en cosmética (agua de colonia, jabón, gel de ducha…), en aromaterapia (las propiedades de su aceite esencial son bien conocidas) y también como ambientador o aromatizante, en la composición de detergentes, jabones o velas, o incluso en cocina, para aromatizar platos y postres.

En cosmética: la lavanda es de uso común tanto en perfumería como en cosmética. Con su fragancia suave y fresca, se incorpora en cremas, tratamientos capilares, jabones, geles de ducha, productos para el baño, desodorantes, leches corporales, aceites de masaje, y también en aguas florales o perfumes. Es apta para todas las pieles, incluso para las más delicadas, tanto para el rostro como para el cuerpo. El agua de lavanda, muy suave, es muy agradable y refrescante. La encontramos en bote de aluminio, en vaporizador o en frasco de cristal. Los hombres también pueden usar el agua de lavanda como loción para después del afeitado.

Existen diferentes especies de lavanda, indicadas según el tipo de piel. Si tiene la piel normal o madura, opte por la lavanda fina (*Lavandula angustifolia*) para preparar sus mascarillas caseras, sérums y cremas. Es ideal para relajar los rasgos

faciales fatigados o para atenuar el envejecimiento cutáneo. Si tiene la piel grasa o con tendencia al acné, opte por el espliego común o alhucema (*Lavandula spica*) o el lavandín (*Lavandula x intermedia*), que depuran la piel y calman los picores. Acuérdese de la lavanda fina (*Lavandula angustifolia*) como cicatrizante y calmante cutáneo.

En la cocina: proporciona un toque provenzal a los platos. Desde los entrantes hasta los postres, es apreciada por su fragancia sutil. ¡Un auténtico rayo de sol en la cocina! Permite elaborar jarabes, infusiones, licores y también helados. Da una nota aromática a numerosas recetas de pasteles o de tartas saladas. Aromatiza un queso de cabra, una macedonia de frutas o una tarta con albaricoques o chabacanos, o melocotones. Realza, asimismo, el sabor de carnes asadas como el pollo, el tocino o el cordero. Por último, acentúa el sabor de una jalea de membrillo o de manzana, o

Contraindicaciones

Por vía oral, pida siempre consejo a su médico de cabecera o a un fitoterapeuta. Incluso por vía tópica, tenga siempre cuidado con el aceite esencial de lavanda o de lavandín, en particular si está embarazada o da el pecho. No lo utilice en niños menores de 6 años, y evite el contacto del aceite esencial con los ojos y las mucosas.

de una mermelada de albaricoque o chabacano.

En el hogar: esta flor de olor típicamente provenzal perfuma la casa de una manera agradable: en bolsas, que podrá guardar en armarios y cómodas, en mezclas florales, ramilletes de lavanda seca, ambientadores o aromatizantes, velas… e incluso dentro de la bolsa de su aspirador. Es un excelente repulsivo. Unas gotas sobre un algodón ahuyentan las polillas. En un platillo, una esponja impregnada con tres gotas de aceite esencial de lavanda aleja las moscas. Es uno de los principales componentes de nuestros detergentes, jabones, suavizantes y otros productos del hogar. Unas gotas de esencia de lavanda en la lavadora sirven a modo de suavizante y perfuman agradablemente la colada o la carga de ropa.

¿Dónde encontrarla y cómo conservarla?

No siempre es fácil tener lavanda fresca a mano. Si no tiene balcón ni

jardín o si no tiene la posibilidad de conseguir lavanda directamente de la naturaleza, sepa que encontrará lavanda fresca o seca en herboristerías, tiendas de productos ecológicos u orgánicos, o algunos salones o mercados. Se comercializa en numerosas formas: polvo total seco (micronizado, preferiblemente criotriturado); en grageas, de uso fácil, más concentrado, más práctico para llevar y tomar; como flores secas o flores frescas; en extracto seco (a menudo en forma de nebulizado); aceite esencial; agua floral; extracto alcohólico; tintura madre o infusión.

Cuando se guarda en un lugar seco, protegida del calor y de los rayos solares, la lavanda se conserva varios meses, e incluso años, aunque al cabo de un tiempo pierde su aroma. Cuelgue los ramilletes cabeza abajo sobre un papel de periódico. Y retire las flores sobre una bolsa de papel kraft (nunca de plástico, ya que se estropearía). Compruebe que los tallos estén bien secos antes de desmenuzar las flores.

Levadura de cerveza

La levadura, utilizada desde hace 2 000 años en la elaboración de la cerveza,
y más tarde en el pan y el vino, no se consideró un organismo vivo (un hongo
microscópico) hasta a partir de la década de 1830, justo antes de que
Louis Pasteur desvelase los misterios de la fermentación alcohólica.
Es excepcionalmente rica en vitaminas del grupo B, en proteínas y minerales.
Y en su forma «viva» es también muy apreciada por su efecto probiótico.

Origen e historia

Su nombre científico es *Saccharomyces cerevisiae*. *Saccharo* significa «azúcar», *myces* «hongo» y *cerevisiae* deriva de *cervoise*, el nombre galo de la cerveza, como bien saben los lectores de Astérix. De ahí su denominación, «levadura de cerveza». ¿Por qué «levadura»? Lo veremos un poco más adelante. Por su parte, la referencia a la cerveza denota una larga historia.

La cerveza es la bebida alcohólica más antigua que se conoce. Se obtiene por fermentación de cereales en agua, y quizás sea contemporánea de los inicios de la agricultura, en el Neolítico, hace unos 10 000 años, en el «creciente fértil», aunque las primeras pruebas formales de su existencia no se han documentado hasta alrededor del año 4000 a. C. en Sumeria, Mesopotamia.

La responsable de esta fermentación es una levadura, un hongo microscópico de 6 a 8 milésimas de milímetro que se alimenta de azúcar. Posee una capacidad de adaptación muy interesante: cuando está en contacto con el aire, respira, se desarrolla y se multiplica muchísimo; mientras que si no hay oxígeno (anaeróbico) fermenta, transformando gran parte del azúcar en alcohol y en gas carbónico –que proporciona la espuma a la cerveza– y luego muere.

Los primeros panes eran unas tortas sin levadura (es el caso, por ejemplo, del pan ácimo tradicional de la religión judía, del que derivan las hostias católicas). Probablemente en Egipto, también alrededor de 4000 a. C., se descubre la acción que puede tener la levadura, aunque sin conocerla. De hecho, el primer pan se habría levado de forma natural, por fermentación natural de una mezcla de harina y agua que se dejó tal cual durante unos días. Así es como se elabora la levadura, una simbiosis de levaduras y de bacterias lácticas. Pero sabemos que los egipcios, al igual que los sumerios, conocían la cerveza. Y tampoco podemos descartar que fuese un accidente culinario –un poco de cerveza en proceso de fermentación que cae de manera accidental sobre la masa–. En lo que sí se coincide es en que esta propiedad «mágica» parece bien conocida desde la Antigüedad. Se cuenta que los galos, en el primer siglo de nuestra era, elaboraban su pan con espuma de cerveza, es decir, con la levadura que subía a la superficie durante la fermentación. Y se sabe con seguridad que, hasta el siglo XIX, todas las levaduras de panadería provenían de cepas procedentes de las cervecerías cercanas.

En 1838, el físico y químico Charles Cagniard de Latour identifica las levaduras como organismos vivos responsables de la fermentación, y a partir de 1858 Louis Pasteur explica su mecanismo. De este modo allana el camino para el cultivo a gran escala de *Saccharomyces cerevisiae*, que abastecerá las primeras grandes panaderías industriales.

Pero aunque todas las levaduras utilizadas pertenecen a esta misma especie, poco a poco las cepas se han ido especializando. Aunque las buenas levaduras para la fermentación del vino se encuentran de forma natural en las uvas, con la cerveza no ocurre lo mismo. Las que presentaban las propiedades adecuadas se fueron seleccionando poco a poco de forma empírica a lo largo de los siglos, y el éxito de un cervecero depende en gran medida de su habilidad para obtener una buena cepa y conservarla sin que se contamine. Aunque son naturales, las levaduras de cerveza son un producto de la experiencia del hombre, al igual que las plantas cultivadas.

¿Por qué utilizarla?

La levadura de cerveza contiene un gran número de nutrientes esenciales que la convierten en un complemento alimentario de calidad. Es rica en buenas proteínas, en oligosacáridos, en vitaminas y en minerales. En cuanto a los microorganismos que la componen, pueden tener un efecto probiótico, al reconstituir, por ejemplo, la flora intestinal.

Gracias a la presencia de ciertas proteínas y a los oligosacáridos, al parecer tiene una función antioxidante en las células y puede reforzar el sistema inmunitario. Pero el interés de la levadura también reside en su riqueza en vitaminas del grupo B. Son vitaminas que, como es sabido, son indispensables para el buen funcionamiento del sistema nervioso, la renovación celular, la regulación del sueño y de la ansiedad, así como para la belleza de la piel, el cabello y las uñas.

Por último, contiene una cantidad considerable de minerales, como calcio, hierro, magnesio, fósforo y potasio, que también están presentes en los productos de origen animal. Por tanto, la levadura es un complemento alimentario imprescindible para los vegetarianos o para quienes consumen poca carne o productos lácteos.

¿Para qué y cómo utilizarla?

La levadura activa *boulardii* se aconseja sobre todo por sus efectos probióticos. Se recomienda para prevenir la diarrea del viajero o para tratar diarreas infecciosas, en caso de gastritis o asociada a la toma de antibióticos. La levadura fresca posee las mismas propiedades y permite elaborar panes y brioches de pasta ligera y esponjosa.

La levadura de cerveza inactiva es un complemento alimentario excelente que puede contribuir a reforzar el sistema inmunitario en general y a combatir el estrés y la fatiga. Pero sus propiedades destacan en el campo de la belleza y la salud de la piel, el cabello y las uñas. En cuanto a la levadura enriquecida, debe emplearse con precaución, y siempre para satisfacer una necesidad específica.

Para el bienestar o la salud, se puede espolvorear sobre los alimentos o tomarla en forma de comprimidos o grageas, como cura de uno o dos meses al año, en los cambios de estación.

La levadura boulardii

Se trata de una cepa de levadura en particular, aislada en 1923 por el microbiólogo francés Henri Boulard, de ahí el nombre de *Saccharomyces boulardii*. Debido a sus importantes propiedades probióticas, se utiliza en caso de diarrea o para restituir la flora intestinal.

En los adultos se aconseja un aporte de 5 a 10 g al día de levadura inactiva, y de 2 a 3 g al día de levadura activa.

¿Dónde encontrarla y cómo conservarla?

La levadura fresca activa se encuentra en panaderías, en algunas tiendas de productos biológicos u orgánicos y en supermercados; la levadura seca activa también se vende en farmacias y parafarmacias o tiendas naturistas. La inactiva se puede comprar en los mismos comercios, ¡salvo en las panaderías!

La levadura fresca se conserva en el refrigerador unos días, o durante meses congelada. En cuanto a la levadura seca activa o inactiva, se conserva mucho tiempo en un lugar seco y templado.

Es útil saber…

La levadura de cerveza se puede encontrar bajo diversas denominaciones.

La levadura activa: la levadura de panadería, que se compra en pequeños bloques de pasta prensada, es un organismo vivo. Cuando se mezcla con harina y agua, esta multitud de microorganismos empiezan a trabajar en el proceso de fermentación. Pero bajo esta forma su conservación es limitada. Para prolongar su duración se seca a baja temperatura, reducida a polvo y envasada en bolsitas, en forma de grageas o comprimidos, lo cual le permite conservar todas sus propiedades. Una vez absorbidas por el organismo o en contacto con la masa, los hongos vuelven a la vida.

Estas presentaciones se comercializan con el nombre de levadura «viva», «activa» o «revivificable». Leva el pan, y como posee una acción probiótica, también se utiliza para restituir la flora intestinal castigada tras tomar antibióticos.

La levadura inactiva: la encontramos en forma de comprimidos, y de forma más habitual en escamas, que se espolvorean sobre los alimentos. Cuando se secan a alta temperatura, los hongos mueren y pierden su capacidad de fermentación. A menudo se trata de residuos que proceden de la fabricación de cerveza, o de levaduras

¿Siempre activa?

Para comprobar si unas grageas viejas de levadura activa siguen siendo eficaces, vierta el polvo en un poco de agua. Si la mezcla aumenta de volumen al cabo de media hora, es que los hongos están vivos.

criadas en un sustrato económico, como melaza de remolacha, un derivado de la industria azucarera, al que se suelen añadir aditivos, no siempre de gran calidad. Por tanto, es preferible optar por una levadura ecológica u orgánica (denominación autorizada desde el año 2009), criada sobre una base de cereales garantizada sin OGM y sin otros aditivos, ya que los cereales son más nutritivos para estos hongos que la melaza.

La levadura enriquecida: algunas levaduras están cultivadas en un entorno rico en un mineral específico (cromo, selenio o magnesio) para que los microorganismos se nutran del mismo; en este caso, el mineral se integra en la levadura. Al estar amalgamado con las proteínas, el organismo absorbe con más facilidad este mineral. Esta levadura se vuelve inactiva tras el secado a alta temperatura. No debe confundirse con los comprimidos en los que los minerales simplemente se han añadido a la levadura.

Luna

Nuestro satélite nos acompaña desde tiempos inmemoriales. Debido a esta complicidad impuesta, hemos realizado múltiples observaciones sobre los diversos influjos que la Luna ejerce sobre la Tierra y sobre los seres vivos. Símbolos, leyendas y normas de vida se han asociado a ella a lo largo del tiempo y de las civilizaciones, de modo que hoy conviene revisarlos a partir de nuestros progresos científicos. En la actualidad está demostrado que la Luna actúa de muchos modos sobre nuestra vida, aunque aún no se han descubierto todos sus efectos, así que convertirla en un aliado puede facilitar las cosas.

Una influencia bien conocida

Desde siempre, la Luna ha influido en la vida de los hombres, que se han habituado a referirse a sus ciclos para situarse en el tiempo. Nuestra semana de 7 días tiene como base la duración aproximada de 7 días de un cuarto de luna, 91 días forman una estación y las 4 estaciones constituyen un año. No obstante, el ritmo solar primó en el momento de establecerse nuestro calendario, ya que la duración entre dos lunas nuevas es de solo 29 días y medio. Es por ello por lo que existe un calendario lunar en cierto sentido distinto del solar, que todos conocemos.

Antiguamente, la Luna era uno de los elementos que se observaba de manera sistemática en el campo para decidir los periodos de cultivo y de recolección, para secar la ropa o para cortarse el cabello. Esta observación daba lugar a unas reglas que se seguían a diario, del mismo modo que se observaba la forma de las nubes o la floración del diente de león para conocer el tiempo en los días siguientes. Luna, Sol, viento, nubes, migración de los animales y plantas proporcionaban unas indicaciones bastante precisas que permitían a los humanos organizar mejor sus vidas. Pero a medida que se fue urbanizando el campo, estas referencias estacionales y diarias se fueron perdiendo, al mismo tiempo que las observaciones que se efectuaban de ellas iban quedando obsoletas en la vida urbana.

Pese a todo, la Luna sigue influyendo en la misma medida en nuestro humor. Y ello sin contar que la tendencia al retorno a la naturaleza, junto con una voluntad cada vez más manifiesta de respetar el entorno, hoy nos conduce de nuevo hacia estos conocimientos ancestrales.

Las constelaciones y los elementos

Todo el mundo sabe que la atracción que ejerce la Luna sobre los líquidos tiene un gran influjo en las mareas, ya que su fuerza es tal que incide en la masa de los mares y los océanos, del mismo modo que lo hace la fuerza de atracción del Sol. Ambas fuerzas aunadas crean el fenómeno de la marea: la superficie del mar se deforma por su efecto, pero es la Luna la que atrae más a las masas, porque es la más cercana. Cuando se sitúa en el punto más cercano a la Tierra, las mareas son más fuertes. Estas constataciones empíricas efectuadas hace ya milenios se han observado científicamente, de modo que no se pueden refutar. Esta atracción tan visible en los líquidos existe también en los sólidos, aunque de forma menor, pero se aprecia en la corteza terrestre.

Así pues, ¿los efectos de la Luna se pueden advertir en los seres vivos? ¿Estamos nosotros también ligados a este astro satélite? Sí, dado que nuestro cuerpo está constituido en su mayor parte por agua. Y constatamos una correlación sorprendente, por citar solo una, entre la duración del ciclo menstrual de las mujeres y la del ciclo mensual de la Luna.

En la Antigüedad ya se habían establecido correlaciones entre la rotación de la Luna y su paso por delante de las diferentes constelaciones de estrellas. Expresadas en signos zodiacales, estas constelaciones actúan sobre nuestro carácter y sobre la forma en que nos comportamos en las diferentes situaciones de la vida.

A cada revolución alrededor de la Tierra, la Luna pasa unos dos días y medio en las constelaciones sucesivas, que a su vez están en relación con los cuatro elementos que constituyen nuestro universo: tierra, agua, aire y fuego, determinando el carácter básicamente frío, húmedo, volátil o seco de las materias. Las investigaciones recientes en biodinámica han concluido que existe un vínculo real entre estos elementos y las fases lunares: estas transmiten con más o menos intensidad la cualidad de cada elemento correspondiente a la constelación asociada a este último. Por ejemplo, los días en que la Luna pasa por un signo de agua se ve favorecida la difusión de los elementos líquidos, y todo lo que contiene agua, como nuestro cuerpo y las hojas de las plantas, también se ve favorecido. Según nuestro signo zodiacal y según la influencia de la Luna en el momento de nuestro nacimiento, tendremos más o menos tendencia a mostrar un carácter en relación con estos elementos.

Las constelaciones del elemento tierra expresan el frío y lo seco, y son: Tauro, Virgo y Capricornio.

Las constelaciones del elemento agua expresan el frío y la humedad, y son: Cáncer, Piscis y Escorpio.

Las constelaciones del elemento aire expresan el calor y la humedad, y son: Géminis, Acuario y Libra.

Las constelaciones del elemento fuego expresan el calor y lo seco, y son: Aries, Leo y Sagitario.

Las fases lunares

Ascendente o descendente: tome una referencia fija cerca de su casa. Observe la Luna durante 2 o 3 días seguidos: cuando asciende en el cielo, cada noche estará un poco más alta en relación con el punto de referencia. Esta trayectoria ascendente de la Luna en el cielo dura 13 días y medio. A continuación le parecerá que baja y

Beneficiarse del astro lunar

Todo el mundo puede aprovechar las influencias positivas de la Luna sin un gran esfuerzo, basta con recordar algunas reglas en el momento adecuado. Cuente con la luna creciente para sus preparativos para viajes. Haga dietas y curas y sométase a intervenciones quirúrgicas en luna menguante, ya que el cuerpo se depura mejor y la intensidad del dolor es menor. La mente también es más proclive a calmarse. Las finanzas pueden descender en signos de agua. Evite la luna llena para tomar decisiones importantes. La luna nueva aporta renovación, y permite plantearse y reflexionar con calma sobre lo que uno desea.

que se acerca de nuevo al suelo. Es la luna descendente, de nuevo durante un periodo de 13 días y medio. El recorrido de la Luna es diferente según los periodos del año y el lugar de la Tierra donde uno se encuentre.

Creciente o menguante: de la luna nueva a la luna llena, la parte iluminada del astro adopta formas de hoz abierta hacia la izquierda. Entonces se dice que está en cuatro creciente, puesto que poco a poco vemos cómo se va engrosando la hoz hasta convertirse en un disco. Por el contrario, al pasar de luna llena a luna nueva, el disco se va convirtiendo en una hoz que poco a poco se va afinando. Entonces se dice que está en cuarto menguante.

Para situarse, hay un truco: colocar un dedo delante de las puntas de la hoz. Si su dedo y la media luna forman una «p», la luna es creciente, ya que pasa por el primer cuarto. Si su dedo, más la hoz, forman una «d», la luna es menguante, ya que llega al último cuarto.

La luna llena: es el momento en que se ve el disco de la Luna completamente iluminado. Esta cara se nos muestra porque la Luna está en el punto más alejado del Sol, y este ilumina del todo la parte que nosotros vemos. La fase de luna llena dura una noche, pero a menudo tenemos la sensación de que está llena durante 3 días. La luna llena influye de forma importante en los seres vivos de la Tierra, es el periodo en que las emociones y las reacciones son más fuertes. Ello dio origen a numerosas leyendas en tiempos antiguos, en particular sobre transformaciones físicas de humanos en animales. Estos cambios también pueden ser positivos, ya que dan una gran energía.

La luna nueva: también llamada luna negra porque no se ve, se encuentra entre la Tierra y el Sol. Este solo ilumina la cara lunar que nos queda oculta, por ello la Luna nos parece «negra». Pero a diferencia de la luna llena, tiene una influencia calmante y siempre ha servido para los rituales de curación.

Los nodos lunares: la trayectoria de la Tierra alrededor del Sol recibe el nombre de eclíptica, y cuando la Luna la corta dos veces al mes, entonces se habla de nodos lunares. Estos periodos se consideran muy desfavorables, tanto para la jardinería como para las actividades físicas en general.

El perigeo y el apogeo: cada 14 días, la Luna se sitúa en el punto más alejado de la Tierra en su órbita, o bien en el más cercano, puesto que su rotación se efectúa sobre una elipse. Su situación en el punto más alejado es el apogeo, y en el punto más cercano, el perigeo. Ambas posiciones se consideran, asimismo, muy desfavorables dentro del ciclo lunar, en particular en la jardinería.

Los eclipses de Luna: durante el tiempo en que la Luna, el Sol y la Tierra están alineados en un mismo plano, podemos asistir a eclipses solares o lunares. Este fenómeno se puede observar a simple vista sin ningún riesgo (a diferencia de los eclipses de Sol) un día de luna llena.

La «luna roja»: forma parte de los ciclos lunares, aunque en nuestras latitudes solo afecta a la jardinería. A partir de Pascua, las temperaturas comienzan a ascender, pero las noches todavía son muy frescas y se pueden producir heladas. Estas son particularmente peligrosas cuando no hay nubes y, por tanto, cuando la Luna es bien visible. Estas heladas secan las plántulas, las plantas jóvenes y los brotes nuevos, dándoles un tono rojizo. Esta es la razón por la que recibe esta denominación.

Miel

Azúcar, agua y sustancias vegetales... la miel contiene todos estos ingredientes.
Parece muy sencillo y, sin embargo, el hombre es incapaz de elaborarla.
Lo único que puede hacer es quitársela a las abejas. En tiempos no tan
lejanos, y todavía en el siglo XIX, el apicultor intervenía muy poco.
En la actualidad, al igual que todo productor moderno, procura aumentar
el rendimiento y/o la calidad. Pero hoy en día, como ayer, la miel sigue
siendo el fruto exclusivo de la labor de las abejas.

Un producto de la colmena

Las abejas producen miel, polen, jalea real, cera y propóleos para su alimentación, la de las larvas y de la reina, así como para mantener la colmena. La miel, un concentrado del néctar de las flores digerido por la abeja, es su alimento para el invierno. Para sustentar a las larvas, las abejas utilizan una mezcla de polen, miel y saliva; en cuanto a la jalea real, una sustancia blanquecina rica en proteínas y en vitamina B5, es segregada por las abejas jóvenes y nutre a las larvas de las obreras durante tres días, y a la reina durante toda su vida. La cera, un material hidrófobo y antibacteriano, que procede de las glándulas y del abdomen del insecto, sirve para cerrar los alveolos que contienen la miel. El propóleos es una mezcla a base de resina de yemas, saliva y cera que las abejas emplean para colmatar los intersticios de la colmena y también para envolver los cadáveres de los intrusos. Esta «masilla» también es antibacteriana, rica en vitaminas, oligoelementos y antioxidantes.

Los humanos (al igual que los animales) se interesaron desde muy pronto por la miel –lo demuestran diversas pinturas rupestres de la Prehistoria–. Muy pronto, la miel fue no solo un alimento, sino un alimento de calidad, y particularmente valioso, porque era más o menos difícil conseguirlo. Desde la más alta Antigüedad, cuando no se conocía el azúcar, permitía satisfacer el más antiguo y el más común de los rasgos humanos: la gula. No obstante, ya en épocas remotas tenía otros usos. Los mesopotámicos, en 2700 a. C., veían en la miel un alimento, a la vez que un remedio. Los egipcios compartían este punto de vista, y la aconsejaban, además, para suavizar la piel o embellecer el cabello. Hoy en día, ciertos usos antiguos de la miel, como la conservación de carnes, casi han desaparecido. Pero este valioso néctar sigue ocupando un lugar destacado en la cocina, en la salud y en la belleza, por ejemplo.

¿Por qué utilizar la miel?

En la cocina es un buen sustituto del azúcar, más digestivo, pero no menos calórico. Es ideal para los sabores agridulces, permite preparar marinadas para carnes, desglasar salsas y, por supuesto, es útil en pastelería, en particular en el famoso pan de especias. Los platos asociados con más frecuencia a la miel son los crustáceos, el conejo y las aves, en particular el pato o las codornices. Un mismo plato tendrá un sabor distinto si se utiliza una miel u otra. En general, las mieles de romero o de tomillo combinan bien con las recetas de carne o de pescado, y las de brezo con los postres. Pero hay muchas otras asociaciones posibles. Desconfíe, sin embargo, de las mieles bastante amargas, como la de castaño, o que recuerden un poco al caramelo, como la de pino. Los néctares de gustos muy marcados no combinan con todos los sabores.

En cuanto a salud, la miel presenta múltiples propiedades: refuerza las defensas naturales, alivia la tos y los dolores de garganta, ayuda a combatir el cansancio y facilita el esfuerzo. Tiene cualidades antisépticas y regeneradoras (algunos hospitales la utilizan como cataplasma para mejorar la cicatrización de heridas). Los apiterapeutas recomiendan tomar miel de manera regular, o incluso sustituir el azúcar por miel a diario. Todos coinciden en un punto: abusar de la miel no es peligroso para la salud, aunque, por supuesto, está contraindicada para los diabéticos. La idea de que la miel engorda menos que el azúcar de caña es errónea. Por el contrario, se digiere mejor, ya que contiene unos glúcidos que pasan directamente a la sangre, y con sus enzimas también favorece la asimilación de los demás alimentos. Al parecer, ayuda, asimismo, a fijar el calcio, indispensable para la solidez de los huesos, de ahí su interés para los niños y las personas mayores.

¿Qué miel elegir y cómo conservarla?

La cuestión de si una miel monofloral (tomillo, lavanda, etc.) también presenta las cualidades curativas de la planta de la que proviene sigue siendo objeto de vivos debates. Unos consideran que el origen floral tiene poca importancia, y que no sirve de nada optar por una miel u otra en función de la enfermedad. Otros, por el contrario, afirman que una miel monofloral contiene los principios activos de la planta de origen. Por ejemplo, aconsejan miel de brezo contra el cansancio, miel de pino contra los dolores de garganta, miel de trébol para mejorar la resistencia de un deportista, miel de lavanda en caso de una quemadura o picadura de insecto, etc. Tanto si esta teoría algún día es confirmada como si no, tan solo se trata de una cuestión de grado de eficacia, ya que todas las mieles son beneficiosas para todas las afecciones menores citadas en esta obra.

Conserve la miel en un armario, protegida de la luz, entre 15 y 20 °C. Evite el refrigerador, ya que hace que se cristalice. La fecha de consumo preferente es indicativa, ya que la miel no se estropea. Ahora bien, para que conserve sus principios activos, es mejor consumirla durante los dos primeros años. La jalea real debe estar envasada y conservarse a 5 °C para que mantenga sus propiedades. Si no se está seguro de respetar estas condiciones, es preferible comprarla liofilizada.

Es útil saber…

Colores y texturas: según las especies vegetales en las que han libado las abejas, la miel puede adoptar tonalidades que van del rubio dorado al tostado.

Su consistencia varía también de líquida a sólida, pasando por estados más o menos cremosos, pero más tarde o más temprano, todas las mieles terminan por solidificarse. Solo la miel de acacia se mantiene líquida por lo menos dos años. Lo cierto es que todas cristalizan al cabo de determinado tiempo.

Sabores: en el mercado, todas las mieles proceden de mezclas pensadas para conferirles un sabor neutro que guste. En cambio, las mieles de una región o de plantas en particular tienen unos aromas más característicos. Las más dulces provienen de flores de acalia, limonero, tilo o trébol blanco. A continuación están las mieles de brecina, castaño, lavanda, pino, tomillo o romero, con unos sabores más pronunciados y más perfumadas. Se suelen recomendar por sus propiedades curativas.

Envasado y origen: actualmente existen normas que regulan el etiquetado de los productos, los cuales pueden variar de acuerdo a la legislación de cada país. Para facilitar la elección, en la etiqueta deben figurar los datos del productor, vendedor y envasador, e identificar el origen geográfico o botánico del producto en cuestión. Los productos

Elija los pequeños productores

Las mieles económicas y mezcladas a menudo se han calentado a altas temperaturas o incluso se han pasteurizado, lo cual las priva de todas sus propiedades beneficiosas. Por tanto, es preferible comprar la miel a un pequeño productor o, si no fuera posible, elegir mieles con el certificado AB (agricultura biológica) u orgánico.

ecológicos u orgánicos cuentan con certificaciones internacionales que garantizan un pliego de condiciones específicas en cuanto al manejo, el cultivo, la extracción y el envasado. Procure corroborar la procedencia de la miel, pues existen en el mercado la denominación «miel», sin más precisión, o bien, en algunos casos se pueden encontrar referencias al origen floral o vegetal (por ejemplo, miel de acacia, de pino, de garriga o de bosque), así como a su origen regional.

¿Y los demás productos de la colmena?

En la colmena, además de miel, hay muchos otros productos beneficiosos para el hombre.

El polen, rico en aminoácidos y en vitaminas, que debe congelarse tras la recolección para que conserve todas sus propiedades, se utiliza para reforzar las defensas naturales y para aliviar la artrosis y las infecciones intestinales. La jalea real estimula y mejora el tono general, y ayuda a combatir el cansancio y los estados depresivos leves. El propóleos es antibacteriano y antiinflamatorio. Lo encontramos en forma de goma de mascar contra los dolores de garganta o las aftas, pero también existe en forma de pomada o incluso en aerosol. Por último, la cera sirve sobre todo para el cuidado de la madera o el cuero, y también para fabricar velas de calidad o para la depilación.

Ortiga

La ortiga está presente en todas las zonas templadas del planeta. Por ser invasora, y sobre todo muy urticante, esta planta tiene mala reputación. Pese a todo, se ha usado desde hace milenios por sus numerosas propiedades. La ortiga es multiusos: resulta útil en ámbitos tan diversos como la salud, la belleza, el jardín o incluso la cocina. Después de haber quedado relegada a un segundo plano durante un tiempo, esta planta vuelve a estar de moda, en nuestro beneficio. Pero hay que saber identificarla, ya que algunas especies pueden resultar engañosas.

Una gran familia

Las ortigas urticantes, u ortigas verdaderas, forman parte de la familia de las urticáceas, una familia que engloba a unos cincuenta géneros, entre los que se incluyen, por ejemplo, *Urtica* (las ortigas) y *Parietaria* (las parietarias). Todas las especies de esta familia tienen unas características botánicas en común: un tallo cuadrangular, hojas opues-

tas de dos en dos y flores pequeñas sin corola y con un fruto llamado aquenio. La particularidad de la ortiga reside en el hecho de que sus hojas y sus tallos (robustos y erguidos) están cubiertos de un vello urticante visible a simple vista, particularmente abundante a nivel del peciolo.

¿Por qué utilizarla?

Dos médicos griegos de la Antigüedad, Dioscórides (siglo I d. C.) y Galeno (siglo II d. C.), ya mencionaban las propiedades medicinales de la ortiga. La consideraban diurética, expectorante, antidiabética, emenagoga, depurativa, astringente, cicatrizante, hemostática o incluso afrodisíaca. «Las semillas tomadas en vino caliente cocido incitan al juego del amor», decía Galeno, que la aconsejaba contra la impotencia en una dosis de una cucharadita de semillas reducidas a polvo y mezcladas con una cucharadita de miel. En cuanto a salud, belleza, cocina u hogar, la or-

tiga posee numerosas cualidades que la hacen muy interesante en varios ámbitos.

Para la salud: tiene un efecto calmante y remineralizante. Es un fortificante que se receta para combatir los accesos de fatiga o el agotamiento. Es muy eficaz en caso de dolores articulares o reumáticos y de problemas musculares. Está indicada para prevenir la osteoporosis, y aparece en la composición de numerosos complementos alimentarios destinados a mejorar la salud de huesos y cartílagos.

También se utiliza para combatir las inflamaciones urinarias, y sería interesante para los trastornos de la próstata. Es un depurativo excelente que estimula las funciones digestivas; por último, se cree que podría ayudar a evitar la diabetes.

Para la belleza: es famosa por su efecto depurativo del cuero cabelludo. Regula la producción de sebo,

reduce la caspa y estimula el crecimiento del cabello. Además, la ortiga es uno de los componentes de numerosos champús, fortificantes para uñas y cabello (que son del mismo tipo) y de algunos tratamientos para el rostro.

En la cocina: los brotes tiernos de ortiga fresca se preparan como los de espinacas o la acedera, en ensaladas, sopa, puré con patatas o papas y en tartas saladas o quiches. Puede estar tranquilo: una vez escaldada o cocida, la ortiga no pica.

En el jardín: nadie ignora la eficacia del purín de ortigas, que se prepara dejando fermentar las plantas en agua de lluvia o mineral. Al ser rico en nitrógeno, es un buen fertilizan-

te y un insecticida ecológico. Evidentemente, hay que utilizar una materia prima libre de contaminantes.

En el hogar: su composición y la firmeza de sus hojas hacen de ella un excelente limpiador para los utensilios de aluminio, aunque es imprescindible llevar guantes.

Sensible a la contaminación

La ortiga absorbe con facilidad todos los contaminantes presentes en el suelo (en particular los pesticidas y los metales pesados), de modo que es preferible comprar solo plantas procedentes de la agricultura ecológica u orgánica, o plantarlas uno mismo para estar seguro de su calidad.

También para los animales resulta beneficiosa. La ortiga mezclada en la comida de las gallinas, por ejemplo, activa la puesta. Todavía hoy, en algunas granjas de caballos se añade ortigas a la avena en los pesebres de los caballos para que tengan el pelaje más lustroso. Encontramos la ortiga, asimismo, en diferentes especialidades veterinarias.

¿Cómo utilizarla?

En fitoterapia: se emplean las raíces y las partes aéreas (hojas y flores) frescas o secas. Pero si no tiene vocación de herborista, en los comercios (parafarmacias, herboristería o tiendas de productos biológicos, orgánicos y naturistas) encontrará hojas secadas y un gran número de

preparaciones que satisfacen todas las necesidades. Se vende extracto de raíces, tintura madre o zumo o jugo fresco; grageas que contienen polvo, cápsulas, comprimidos, preparaciones para cataplasmas o bolsitas para tisana. También existen unos gránulos homeopáticos de *Urtica urens*, recomendados para las picaduras de insectos, los picores o los dolores que cursen con escozor o ardor.

En la cocina, en la jardinería o el hogar: necesitará ortigas frescas. Si dispone de jardín o tierras no contaminadas cercanas, es perfecto, pero sin duda le costará hallar ortigas en una verdulería, en grandes superficies o en supermercados.

Contraindicaciones

Como toda planta medicinal de propiedades activas, la ortiga presenta algunas contraindicaciones. Se desaconseja en los niños menores de 12 años, mujeres embarazadas y personas que sigan un tratamiento a base de inmunodepresores o que sufran problemas cardíacos, renales o edemas. En cualquier caso, no la consuma más de cuatro semanas seguidas.

¿Dónde encontrarlas y cómo conservarlas?

Existen numerosas variedades, pero las que se suelen utilizar como plantas medicinales o comestibles son la ortiga dioica (*Urtica dioica L.*), también llamada ortiga mayor u ortiga común, y la ortiga pequeña o menor (*Urtica urens L.*), que se suele utilizar como planta medicinal o en el huerto. La ortiga dioica se puede encontrar en suelos húmedos y ricos en nitrógeno desde Asia hasta Europa y Norteamérica, especialmente en las regiones altas de los Pirineos y los Andes. Prolifera entre escombros, alrededor de espacios no cultivados o abandonados, ya que las zonas cultivadas han recibido un exceso de abono, y en baldíos. Al contrario que la ortiga dioica, la ortiga pequeña crece de manera es-

pontánea en ciertos cultivos de huerta y gusta también de las tierras ricas en nitrógeno. Para conservarla con todas sus propiedades, seque la ortiga a la sombra en un lugar ventilado y guarde las hojas secas en un recipiente hermético.

Si se anima a recogerlas, evite los márgenes de las carreteras y los solares industriales, ya que esta planta suele concentrar las sustancias tóxicas. Pero puede cultivarla en su jardín o en un balcón, tomando precauciones para evitar su invasión. Sepa que la ortiga grande es una planta vivaz, mientras que la pequeña es anual.

Para recogerlas sin molestias, sujételas por la base del tallo, la única parte que no tiene pelos urticantes. Lo ideal es recogerlas cuando llueve, dado que la ortiga es mucho menos urticante cuando está mojada. Si no, es mejor ponerse guantes y utilizar tijeras de jardinería para cortar los tallos.

En caso de roce, basta con recoger hojas frescas de acedera, de llantén de hoja ancha o de menta verde, arrugar una hoja y frotarla suavemente sobre el roce de ortiga para atenuar la irritación. En farmacias también encontrará cremas calmantes para aplicarlas sobre el roce de la planta.

Si no puede conseguir ortigas directamente de la naturaleza, no se preocupe. En herboristerías, en algunas farmacias o tiendas de productos ecológicos u orgánicos encontrará ortiga en forma sólida o líquida, ya sea fresca (flores y hojas frescas), seca (flores, hojas o raíces secadas), o incluso semillas. Si recoge usted mismo ortigas frescas, y desea secarlas, piense que es un proceso delicado. Póngalas a secar en un lugar oscuro y consérvelas en un sitio fresco y bien ventilado.

Vinagre

Utilizado en Mesopotamia a partir del año 5000 a. C, el vinagre experimentó un gran auge en la Edad Media gracias a su fabricación en la ciudad francesa de Orleans, donde su elaboración estaba reservada al gremio de los vinagreros. Su producción adquirió dimensiones industriales a mediados del siglo XIX gracias a los trabajos de Pasteur. Hoy el vinagre se elabora a partir de zumo o jugo fermentado de diversos ingredientes (frutos, cereales, miel, etc.), de modo que presenta infinidad de sabores.

Origen e historia

El vinagre (o vino agrio) es fruto de una doble fermentación. En un primer momento, el azúcar contenido en el zumo o jugo de fruta, de cereales o la miel son transformados en alcohol. Es el mismo proceso que permite obtener el vino, la sidra o la cerveza. En un segundo momento, el alcohol es transformado en ácido acético por acción de una bacteria presente en el ambiente, la acetobacter. El grado de ácido acético –no de alcohol, puesto que el vinagre contiene muy poco o ningún alcohol– aparece en las etiquetas. La media es de 5º en el vinagre de sidra, más suave, y de 6º en el de vino. Con frecuencia se expresa en porcentaje por litro.

Ya sea tinto, dorado o blanco, el vinagre nos resulta tan familiar que ni siquiera solemos preguntarnos por su origen. De hecho, debe su existencia al azar, puesto que este «vino agrio» (del latín *vinum acer*) que se ha documentado entre los romanos o los griegos, inicialmente, tan solo era un vino que se había agriado. Así, no existe un inventor del vinagre, sino múltiples usos que han evolucionado bastante a lo largo de los siglos.

Por supuesto, es imposible saber con precisión a cuándo se remonta este feliz azar que permitió al hombre descubrir el vinagre, pero algunos datos históricos nos informan un poco acerca de sus orígenes. Las menciones más antiguas de un líquido similar al vinagre se han hallado en Mesopotamia, y datan de hace unos 5 000 años. Los sumerios, y más tarde los babilonios, que elaboraban vino con dátiles, empleaban el vino que se había agriado como condimento, y también para la conservación de alimentos, ya que habían observado que evitaba la descomposición. En cuanto al antiguo Egipto, se descubrieron restos de vinagre, que se habría obtenido de cebada malteada, en unas urnas fechadas de 3000 a. C. En el Antiguo y el Nuevo Testamento se indica que el vinagre se empleaba por sus propiedades terapéuticas y como base para una bebida refrescante.

Hipócrates (460-h. 377 a. C.), el célebre médico de la Antigüedad, recetaba a sus pacientes vinagre de sidra mezclado con miel para aliviar todo tipo de males, entre ellos la tos y las infecciones respiratorias. En la Edad Media, las cualidades antisépticas del vinagre permitieron reducir el contagio durante las grandes epide-

mias de peste; los prisioneros que eran obligados a enterrar a los muertos se protegían bebiendo grandes cantidades de vinagre macerado con ajo.

En Orleans, en Francia, la fabricación del vinagre se cree que se remonta a la ocupación romana; los legionarios habrían enseñado a unos habitantes de Orleans a prepararlo con vino. Pero no se conoce ninguna referencia escrita de esta elaboración anterior a 1394, fecha en la que Jean de Folleville, preboste de los mercaderes, concede sus primeros estatutos a los vinagreros, taberneros, salseros y mostaceros de Orleans. En 1580, Enrique IV elevó esta corporación a la categoría de *jurande* (grupo profesional francés del antiguo régimen compuesto por miembros unidos por un juramento), y le encargó que velara por los métodos de fabricación y por la calidad del producto. La *jurande* agrupaba a vinagreros y apotecarios, puesto que el vinagre se utilizaba como condimento y como remedio. Los vinagreros, a diferencia de los apotecarios, no tenían

tienda, sino que vendían el vinagre desplazándose por las ciudades o por el campo; algunos grabados los muestran acompañados de un asno cargado con uno o dos toneles.

¿Para qué utilizarlo?

La primera respuesta es evidente: en la cocina. Pero el vinagre también sirve para el hogar, el aseo y la higiene, o incluso para aliviar pequeñas molestias. Existen vinagres de vino más o menos refinados, de sidra o de alcohol, pero no todos sirven para todos los usos. El vinagre no contiene ningún nutriente, pero se le reconocen propiedades antioxidantes y antibacterianas. En Europa se ha utilizado desde la Edad Media para desinfectar, para lavarse y para curar múltiples males.

Para la higiene y la belleza, se aconseja el vinagre de sidra, más suave, y que tiene la ventaja de no manchar. Ningún estudio científico corrobora las cualidades que se le atribuyen, en particu-

lar en lo que concierne a las curas remineralizantes o adelgazantes. Por tanto, se impone cierta prudencia. Y aún más porque contiene sulfitos, fuente de alergia o de intolerancia en numerosos organismos; por ello es preferible comprarlo ecológico u orgánico. Se puede utilizar puntualmente en gargarismos o inhalándolo para curar un catarro; en compresas para calmar picores, picaduras de insectos o quemaduras solares leves, así como para eliminar callos, callosidades o verrugas.

En cuanto a belleza, su eficacia para limpiar y calmar la piel está demostrada. Unas cucharadas suavizan un agua de baño demasiado calcárea y dan brillo al cabello en el momento del aclarado.

En el hogar, el vinagre blanco es un excelente desinfectante y desengrasante, elimina el sarro, las manchas e incluso el olor, y puede reemplazar muy bien los productos del hogar. Se usa en las conservas; se añade al agua de lavado de las ensaladas para eliminar las babosas y las orugas, o para devolver la frescura a las hojas.

¿Cómo conservarlo?

Protegido de la luz, entre 20 y 25 °C y, sobre todo, evitando guardarlo entre productos de limpieza del hogar, productos químicos o botellas de vino. Las emanaciones del vinagre pueden producir reacciones indeseadas

¿Grado o porcentaje?

Contrariamente a una idea bastante extendida, el vinagre no contiene alcohol (o casi), sino ácido acético. La cifra que aparece en la etiqueta es el valor de esta acidez: el grado acetimétrico, que puede variar de 5 ° (vinagre de sidra, por ejemplo) a 12 °, y, en general, se sitúa en torno a 6 °, el mínimo exigido a un vinagre de vino. Pero algunos fabricantes prefieren presentar esta cifra como «porcentaje de acidez» (7 % de acidez, por ejemplo).

con ciertas sustancias (en particular, el amoniaco), y agriar el vino.

Debido a su acidez, el vinagre es un buen conservante que se conserva bien; por ello, en su etiqueta no aparece ninguna fecha de consumo preferente.

∞∞∞∞∞

Es útil saber…

Tanto si provienen del vino como de la sidra, los vinagres que encontramos en el mercado son sobre todo de fabricación industrial. La rápida fermentación a menudo se completa con un envejecimiento de unos meses en barrica de roble para reforzar el sabor y atenuar la acidez. Los vinagres producidos tradicionalmente fermentan con una madre desde el principio en barricas de roble, lo que les confiere un sabor más afrutado y menos ácido.

El vinagre de vino: tinto o blanco, más o menos envejecido, producido a la antigua o de forma tradicional,

¡El vinagre tiene una madre!

La fermentación genera en la superficie del líquido una película grisácea constituida por las bacterias que se van aglomerando poco a poco, formando una masa gelatinosa. Esta masa de bacterias recibe el nombre de *madre*, y es lo que permite la transformación del alcohol en ácido acético.

es el más utilizado. A menudo se le han añadido sulfitos para su conservación, lo cual no sucede con el vinagre ecológico u orgánico.

El vinagre balsámico de Módena: procede de Italia, y es extremadamente caro si goza de la Denominación de Origen Protegida (DOP) que garantiza su procedencia y sus métodos de producción. Algunos tienen más de 25 años. Su aroma es muy intenso, así que solo se usan unas gotas en un plato. El vinagre balsámico estándar goza de una Indicación Geográfica Protegida (IGP). Es mucho menos refinado y concentrado que el anterior, y a menudo se le ha añadido ca-

ramelo para conseguir su color y su sabor dulce.

El vinagre de Jerez: se obtiene de vides de la zona de Cádiz, y también se elabora según los métodos tradicionales que le dan derecho a una DOP, aunque existen versiones más económicas. Puede sustituir al vinagre de Módena.

El vinagre de sidra de manzana: es más suave que el vinagre de vino, y a menudo el organismo lo tolera mejor. También se elabora una versión ecológica u orgánica del mismo. Tiene usos en cocina, pero se emplea más en recetas de belleza y para la salud.

El vinagre blanco: también llamado vinagre de alcohol. Es incoloro, y se produce a partir de alcohol de remolacha o de maíz. Su contenido en ácido acético es más elevado, y sirve sobre todo para la preparación industrial o artesanal de conservas y para el hogar.

SALUD

Información útil

❋ LAS CATAPLASMAS: si debe utilizar un producto o una preparación casera en forma de cataplasma, aplíquela directamente sobre la piel o, según su consistencia y su forma de preparación, introdúzcala entre dos paños para formar una especie de cojín, que colocará sobre la zona que va a tratar. Las cataplasmas a menudo se aplican calientes (entre 35 y 40 °C), pero pueden usarse tibias o frías cuando la parte afectada está aquejada de un dolor intenso. Para quitar una cataplasma, retire el exceso de producto de la piel, si lo hay, empleando un trozo de papel absorbente. Si desea reutilizar la tela, ráspela bien con la hoja de un cuchillo antes de lavarla y deseche el producto que ha retirado. Evite enjuagar la tela bajo la ducha o en un lavabo, ya que el producto utilizado (sobre todo la arcilla) podría acumularse en los desagües y obstruirlos.

❋ LOS ENJUAGUES: introduzca el líquido tibio en la boca a pequeños sorbos. De este modo bañará las zonas afectadas (garganta, mucosas, amígdalas, etc.). Luego debe desecharlo, nunca tragarlo. Los enjuagados en general se efectúan después del cepillado de los dientes.

❋ LOS ACEITES ESENCIALES: se obtienen por destilación de una planta aromática en agua o por extracción mediante vapor de agua. Tenga cuidado, ya que por su alta concentración en principios activos, son muy potentes. Úselos con precaución, dado que su abuso puede resultar peligroso.

¿Qué productos naturales utilizar?

El ajo, la arcilla, el bicarbonato sódico o de sodio, el limón, la ortiga o incluso el vinagre son productos naturales con numerosas propiedades beneficiosas que les permiten combatir diversos problemas leves. Por ello aparecen de forma recurrente a lo largo de estas páginas, en muchas de las afecciones descritas. Consulte la primera parte de esta obra para familiarizarse con sus principales propiedades y para saber dónde encontrarlos, cómo utilizarlos y cómo conservarlos.

❋ LAS INFUSIONES: para preparar una infusión, según los casos, puede verter agua hirviendo sobre la planta o bien introducirla en un recipiente que ya contenga agua hirviendo. Luego deberá tapar y dejar en reposo el tiempo indicado.

▯ ¡ATENCIÓN!: las afecciones que se tratan en esta obra por lo general no son graves; sin embargo, algunas pueden constituir el síntoma de problemas más graves, y no deben tomarse a la ligera. En caso de duda, o si los síntomas persisten, es indispensable consultar a un médico. Y si usted ya sigue un tratamiento médico en particular, asegúrese, en todo caso, de que es compatible con el uso de los productos que se describen en esta obra.

Salud

Abscesos, forúnculos y panadizos

Se trata en todos los casos de infecciones provocadas por una bacteria de tipo estafilococo o estreptococo. En los abscesos cutáneos, es un poro de la piel que se ha infectado; en los forúnculos, la inflamación se halla en la base del vello, y los panadizos también son abscesos, pero situados en un dedo de la mano o del pie.

Forúnculos y abscesos pueden aparecer más o menos por todo el cuerpo. Una astilla, una espina, una pequeña herida, un roce, una higiene insuficiente, un grano de pus son algunas de las causas posibles. La infección en ocasiones puede provocar fiebre, en cuyo caso se debe acudir al médico.

Algunos consejos

Hay que eliminar el pus, drenar perfectamente la herida y retirar las sustancias blanquecinas para evitar su reaparición. Evite hurgar en un grano, presionarlo o reventarlo y, con mayor motivo, un forúnculo o un panadizo, ya que puede extender la infección a otras partes del cuerpo o empeorar el absceso.

¿Qué es el pus?

Es un líquido espeso y amarillento que se forma a raíz de una inflamación. Básicamente está constituido por glóbulos blancos (que el organismo envía a millones para combatir la infección), bacterias y tejidos necrosados.

Una cataplasma de arcilla

Gracias a sus propiedades absorbentes, antibacterianas y cicatrizantes, la arcilla puede extraer el pus, combatir la infección y acelerar la cicatrización de los tejidos. Se recomienda utilizar illita en primer lugar para absorber el pus y limpiar la zona, y luego montmorillonita para eliminar por completo las bacterias y regenerar los tejidos, aunque también puede emplearse solo una de ellas.

CÓMO PROCEDER: prepare una cataplasma fría con una arcilla verde extrafina en polvo o emplee una pasta ya lista. ✱ Ponga una nuez de pasta sobre una compresa y aplique el lado de la arcilla sobre la piel. ✱ Sujete la cataplasma con una venda o un esparadrapo microporoso y renuévela cuando se caliente, hasta que el pus haya desaparecido.

Para aumentar su acción desinfectante, puede agregar a la pasta 1 o 2 gotas de aceite esencial de árbol del té y de tomillo diluidas en un poco de aceite de argán o de caléndula. ✱ A continuación, sustituya la illita por montmorillonita con 2 gotas de aceite esencial de lavanda. ✱ Aplique la cataplasma durante 1 hora tres veces al día. → Entre aplicación y aplicación, deje el absceso descubierto o con una compresa ligera para protegerlo del roce.

Cloruro de magnesio

Al estimular las defensas, el cloruro de magnesio contribuye a resolver con más facilidad los problemas de abscesos. Aplique compresas de cloruro de magnesio directamente sobre la parte afectada, repitiendo la operación varias veces al día. Siga, asimismo, una cura durante 3 semanas, tomando 1 o 2 vasos de cloruro de magnesio al día.

Ampollas

Las ampollas se asemejan a pequeñas quemaduras. Un roce repetido irrita la piel, hace que esta enrojezca y la capa superior de la epidermis se desprende, formando una bolsa llena de un líquido seroso que se acumula entre la epidermis superficial y la epidermis profunda.

Bicarbonato

Diluya 2 cucharadas de bicarbonato sódico o de sodio en una palangana con agua tibia (4 o 5 litros) o 1 cucharadita en un cuenco y sumerja los pies o el dedo durante unos quince minutos. Séquelos bien, sin frotar, y no dude en poner un apósito que proteja y alivie. Repita este baño durante 2 o 3 días. El bicarbonato acelera el secado de la ampolla y su curación.

Propóleos puro

Hay que amasar bien a mano un fragmento o una tableta de propóleos puro y aplicarlo sobre la zona afectada, como si fuese plastilina. Una capa de 2 o 3 mm de grosor es suficiente. El calor de su piel mantendrá el propóleos en su sitio, con la ayuda de un pequeño apósito y esparadrapo. El emplasto debe renovarse cada 2 días, pero el callo o la callosidad debería reducirse con bastante rapidez. Quizás usted dude en aplicar propóleos sobre una ampolla cuando la bolsa se haya roto y exista una pequeña herida. Pero no debe preocuparse, ya que esta re-

sina no hace más que favorecer la cicatrización. Tan solo hay que limpiar bien la herida con un antiséptico antes de aplicar el propóleos. Esta es la única diferencia respecto al método anterior.

Alumbre

Haga como los marineros, consiga alumbre en polvo para diluirlo en agua y sumerja las zonas afectadas, o si compra una piedra de alumbre, friccione las ampollas con la piedra mojada.

Lavanda

Las ampollas pequeñas pueden tardar hasta una semana en cicatrizar. Aplique esta mezcla en una compresa sobre la ampolla después de pincharla: 20 gotas de aceite esencial de lavanda (*Lavandula angustifolia*) en 25 ml de aceite vegetal (tipo aceite de almendras dulces o aceite de sésamo). También puede aplicar directamente sobre la ampolla un trozo de gasa mojado con 2 gotas de aceite esencial de lavanda.

Una pasta de arcilla

La arcilla seca el líquido seroso de la ampolla gracias a su poder absorbente. Su frescor calma las molestias, y sus minerales y oligoelementos aceleran la cicatrización y regeneran la piel. Cubra 1 cucharadita de arcilla con la misma cantidad de agua. Deje que repose al menos 1 hora, al sol si es posible, para obtener una pasta blanda y consistente. Aplique una nuez de pasta sobre la ampolla y cubra con una gasa o con un pañuelo de papel. Puede mantener esta cataplasma toda la noche y cambiarla durante el día.

Anginas

Las anginas son una enfermedad inflamatoria aguda de la faringe,
por lo general de origen viral y, a veces, bacteriano. Una prueba diagnóstica
rápida permite distinguir cuál es su origen.

Los principales síntomas de las anginas son los siguientes: garganta irritada, hormigueo en el fondo de la garganta, molestias y un dolor constrictivo durante la deglución que irradia hasta los oídos, fiebre intermitente, ganglios hinchados a nivel del cuello, escalofríos, cefaleas, un fuerte cansancio.

Con independencia del origen de las anginas, hay que hacer reposo, beber mucha agua, comer poco, hacer bajar la fiebre, calmar el dolor y desinfectar la garganta. Las anginas bacterianas requieren antibióticos, ya que pueden ocasionar complicaciones graves, mientras que las virales no los precisan. En cualquier caso, es necesario un tratamiento local para desinfectar y calmar el dolor.

¡Atención!

Algunas anginas pueden ser bacterianas y ocasionar complicaciones graves en los niños. En caso de la menor duda, es preferible consultar a un médico, sobre todo porque en la actualidad existe una prueba rápida para determinar el origen de este tipo de patología.

Una infusión de ortiga

La ortiga es bien conocida por sus propiedades tónicas. Sus hojas tienen fama de reforzar las defensas inmunitarias, vigorizar y combatir la fatiga producida por las anginas. Una infusión de hojas de ortiga o un zumo o jugo de hojas frescas (exprima las hojas en una centrifugadora) calma el dolor de garganta. Indicaciones para la infusión: ponga 25 g de hojas frescas de ortiga en 1/2 litro de agua mineral a punto de ebullición (no hirviendo), deje en infusión 10 minutos y luego cuele el líquido. Al principio de unas anginas, beba esta infusión tibia, unas 2 o 3 tazas al día.

Un gargarismo con miel y limón

Combinado con la miel y ciertos aceites esenciales, el limón tiene propiedades calmantes, antivirales y antisépticas. Haga 3 gargarismos al día con 1 cucharada de miel (tomillo o limón) diluida en un vaso de agua muy caliente que dejará enfriar antes de añadirle el zumo o jugo de 1 limón. La miel y el limón tienen propiedades calmantes, antivirales y bactericidas. Sin duda, es la forma más eficaz de calmar la inflamación y de desinfectar, aunque es poco aplicable a los niños. Sepa que los gargarismos deben durar el máximo tiempo posible, haciendo bajar el líquido por la garganta (¡no siempre es fácil!). Deben hacerse preferentemente después de las comidas y una vez se haya lavado los dientes.

Limón y cubitos

A menudo se aconseja tomar bebidas muy frías, lo cual anestesia y descongestiona la garganta. Diluya 1 cucharada de miel líquida en 1/2 vaso de agua tibia, deje enfriar y añada el zumo o jugo de 1 limón y 2 o 3 cubitos de hielo. Tome la preparación poco a poco, con una caña o popote.

Aftas

Las aftas son pequeñas úlceras redondeadas y blanquecinas
en la lengua, las encías y la boca. Tienen el contorno rojo y un poco inflamado.
Las aftas son dolorosas al tacto o en contacto con la lengua. La mayor parte
desaparecen de manera espontánea al cabo de unos diez días. Pero mientras
duran, estas pequeñas llagas en la boca nos amargan la vida.

Algunas personas prácticamente no tienen aftas, otras las tienen raras veces y las más sensibles las sufren con frecuencia. Su origen todavía está poco definido. Pueden tener una causa alimentaria, por una alergia a ciertos alimentos (como el chocolate, las nueces, las almendras, los plátanos o algunos quesos), o bien pueden ser de origen viral o psíquico. El abuso del tabaco, de bebidas demasiado calientes o de especias también puede facilitar su aparición. Lo mismo sucede con ciertas enfermedades infecciosas del hígado, la vesícula biliar o los riñones. Asimismo, la falta de vitaminas (en particular B6 y C) pue-

de propiciarlas. En algunas ocasiones, la afta puede aparecer después de morderse sin darse cuenta un labio o al darse un golpe fuerte con el cepillo de dientes. Por último, una caries dental o una gingivitis (inflamación de las encías) pueden provocar aftas. ¡No olvide sus visitas al dentista!

Cloruro de magnesio

Es difícil señalar la causa exacta de la aparición de las aftas. A menudo se habla del estrés y el cansancio. En aplicación tópica, la solución de cloruro de magnesio puede limpiar lo-

calmente. Por vía oral, actúa a otro nivel: sobre el estrés y el sistema inmunitario. Enjuáguese la boca 3 o 4 veces al día con cloruro de magnesio. Mantenga el agua unos minutos en la boca antes de sacarla. Aplique compresas de cloruro de magnesio directamente sobre la parte afectada, repitiendo esta operación varias veces al día. Y realice una cura de 3 semanas tomando 1 o 2 vasos de una solución de cloruro de magnesio al día.

Propóleos

Mascar propóleos es una de las soluciones sencillas para librarse de las aftas bucales. Hay quien recomienda tan solo mascar de 1 a 3 g de goma de propóleos durante al menos 30 minutos 3 veces al día. Para una curación más rápida, otros aconsejan enjuagarse la boca después de cada comida con agua arcillosa tibia que contenga el zumo o jugo de 1/2 limón y luego masticar 1 g de propóleos en trozos durante al menos 2 horas.

En los tratamientos citados se usa el propóleos puro en trozos, tal como lo

vende el apicultor, pero usted puede adaptar estas recomendaciones según el producto que encuentre en su tienda de dietética, su farmacia o parafarmacia o tienda naturista: tabletas para masticar, espray con una solución para pulverizar sobre las aftas o una solución para enjuagues bucales.

Gargarismos a base de ortiga

Prepare una infusión: triture con la batidora 2 puñados grandes de hojas frescas de ortiga. Ponga las ortigas trituradas en un recipiente que contenga 1 litro de agua mineral a punto de ebullición, y deje en infusión durante 15 minutos. Cuele, deje enfriar y luego use esta infusión para los gargarismos, 3 o 4 veces al día, para eliminar las aftas. Los gargarismos

Consejos

Además de mantener una buena higiene bucodental, insista en la alimentación rica en vitamina C o en vitaminas del grupo B, que tienen un efecto beneficioso sobre las aftas.

con esta infusión de hojas frescas también se recomiendan en caso de gingivitis.

Regaliz en rama

Aunque está un poco olvidado, el regaliz es un excelente cicatrizante, reconocido por la farmacopea europea. Puede mascar unas ramas, aunque sin excederse, ya que si se toma durante periodos muy prolongados, el regaliz hace que suba la tensión arterial.

Enjuagues con arcilla

Los enjuagues son la solución tanto para las aftas como para la gingivitis. Vierta 2 cucharaditas de montmorillonita ultraventilada en 50 cl (500 ml) de agua el día anterior. Al día siguiente, añada 2 cucharaditas de sal marina gris gorda no refinada y 2 gotas de aceite esencial de limón y de árbol del té.

Haga gargarismos con esta solución 2 o 3 veces al día después de las comidas, una vez se haya cepillado los dientes. Conserve el líquido en la boca el máximo tiempo posible. Sepa que es preferible añadir los aceites esenciales en el último momento, ya que se evaporan con mucha rapidez.

Bronquitis

La bronquitis consiste en una inflamación aguda de la membrana de los bronquios. Normalmente es de origen viral, de manera que no requiere tomar antibióticos. En ocasiones aparece tras un catarro o un proceso gripal, pero también puede estar provocada o puede agravarse por sustancias irritantes: contaminantes, humos, mohos.

Fatiga, accesos de tos expectorante, a veces fiebre o laringitis son los síntomas habituales de esta afección. Siempre es preferible consultar a un médico, sobre todo si los síntomas persisten.

Algunos consejos

Para evitar la bronquitis y la tos, lávese las manos a menudo para impedir el contagio. Si es posible no fume. Tome frutas y verduras ricas en vitamina C y antioxidantes, e hidrátese bien. Desinfecte y purifique el ambiente difundiendo o vaporizando aceites esenciales (limón, árbol del té o eucalipto blanco), y utilice humidificadores para paliar la sequedad ambiental, que irrita los bronquios.

Para calmar la irritación de los bronquios y la tos

Mezcle en una taza de agua caliente 1 cucharada de miel (de tomillo o pino) y el zumo o jugo de 1 limón. Debe tomar esta mezcla varias veces al día, lentamente, a pequeños sorbos. Alterne con una infusión de tomillo, limón y raíz de regaliz, que es expectorante y antiinfecciosa. Para prepararla deje durante 5 minutos en 25 cl (250 ml) de agua hirviendo 1 cucharadita de raíz de regaliz en polvo y 1 cucharadita de tomillo con 1 cucharadita de miel y el zumo o jugo de 1 limón. Tome 1 taza 3 veces al día.

Una inhalación para despejar los bronquios

Vierta en una ensaladera 50 cl (500 ml) de agua hervida, pero no hirviendo, agregue 1 limón cortado en trozos, 1 cucharadita de sal marina, 2 gotas de aceite esencial de pino y otras 2 de árbol del té. Inhale durante 15 minutos 3 veces al día.

Ardor de estómago

El ardor de estómago con frecuencia se debe a una debilidad del esfínter del esófago, que permite el reflujo del jugo gástrico, que es muy ácido. Pero también puede producirse sin que suba el ácido, en cuyo caso se trata de una inflamación de la mucosa estomacal, o gastritis.

En cuanto a los cólicos estomacales, son contracciones de los músculos del estómago. Estas sensaciones tan molestas y frecuentes responden a múltiples causas: estrés, comidas que se toman de pie y deprisa, una alimentación demasiado grasa o con demasiados azúcares, intolerancia a los lácteos, al alcohol, al café o a los alimentos especiados… Estas molestias tan desagradables no suelen ser graves, pero en caso de dolores intensos, dificultades en la deglución o vómitos de sangre, hay que consultar al médico.

Es útil saber

Existen al menos dos tipos de remedios contra el ardor de estómago: proteger la mucosa gastrointestinal con un protector –es lo que hacen muchos medicamentos alopáticos o la arcilla– o neutralizar los reflujos de ácido. El bicarbonato sódico o de sodio y el limón actúan de este modo.

Algunos consejos

Un régimen adaptado y tomar las comidas con calma, masticando bien, pueden ser suficientes para mejorar esta molestia. Evite, asimismo, comer antes de acostarse, ya que los reflujos de ácido son más fáciles en posición horizontal.

Leche de arcilla

La arcilla actúa como un protector al depositarse sobre la mucosa del estómago y del intestino, calmando la irritación. Elimina las toxinas, regula la acidez y absorbe los gases de fermentación. En uso tópico puede calmar los espasmos y los dolores. Los laboratorios farmacéuticos fabrican, además, protectores gástricos a base de arcilla, pero combinada con otros componentes. Se aconseja emplear caolín para uso oral. Para aliviar la irritación de la mucosa gástrica o estomacal, así como el exceso de acidez, efectúe una cura de agua y leche de arcilla durante 2 o 3 semanas. La víspera, prepare la leche de arcilla con 1 cucharadita de caolín en un vaso de agua. Por la mañana, tome esta preparación en ayunas. Durante la primera semana, tome tan solo el agua superficial, y más adelante mezcle cada vez más arcilla. Pero cuidado, no olvide las contraindicaciones (ver pág. 23).

Limón para beber

Los ácidos naturales contenidos en el limón son transformados por el organismo y contribuyen a neutralizar los reflejos de ácido clorhídrico. Los zumos o jugos de cítricos comerciales están pasteurizados y endulzados, y no poseen todas las propiedades de la fruta fresca. Es por ello por lo que suelen causar ardor de estómago. Como tratamiento de base, tome el zumo o jugo de un limón recién exprimido diluido en agua por la mañana, en ayunas. Tome otro limón cuando

sienta dolor, e incluso otro, si es preciso, al cabo de 30 minutos. También puede ingerir el zumo o jugo de un limón exprimido con un poco de agua después de las comidas para facilitar la digestión y evitar los problemas.

Bicarbonato

Diluya media cucharadita de bicarbonato sódico o de sodio en un vaso de agua tibia o a temperatura ambiente y tómeselo de un solo trago. Cuando absorbemos bicarbonato, este neutraliza el ácido clorhídrico, transformándolo en carbonato de sodio. Pero esta acción tiene consecuencias: también produce gas carbónico, que provoca ruidos en los intestinos, distensión y eructos. Para reducir estas manifestaciones desagradables, se

¡Atención!

No abuse del bicarbonato como antiácido. Debido a su alto contenido en sodio, no se aconseja a las personas que sufren hipertensión, insuficiencia cardíaca o renal. Por otra parte, en el caso de niños y mujeres embarazadas es preferible consultar con un médico.

aconseja tomar el bicarbonato antes de la comida, o añadir unas gotas de limón en el agua a fin de mitigar la efervescencia en el estómago. Las aguas gaseosas bicarbonatadas tienen un efecto idéntico, por ello se recomienda tomarlas en caso de digestiones difíciles.

Plantas en tisana o en comprimido

En tisana, tome manzanilla, comino, melisa, menta, milenrama o regaliz. También encontrará boldo en comprimidos o para hacer infusiones, melisa en gotas o en cápsulas, y menta en comprimidos.

Un masaje con aceites esenciales

El masaje permite atacar una de las causas del mal, el estrés. Mezcle 2 gotas de aceite esencial de limón, otras 2 de mandarina y de lavanda en 1 cucharada de aceite de almendras dulces, y masajee poco a poco el abdomen, siempre en el sentido de las agujas del reloj.

Quemaduras superficiales

Tanto si se trata de un accidente doméstico como de otra índole, la gravedad
de una quemadura depende de su tamaño y de su profundidad. Una lesión
extensa (mayor que la palma de una mano) y profunda requiere cuidados
médicos urgentes, en particular si está situada en el rostro, si la sufre un bebé
o un niño de corta edad, o si ha sido causada por un producto químico.
Los síntomas clásicos son rojez, hinchazón y ampollas en la piel.

Algunos consejos

La primera acción debe consistir en
detener la difusión del calor poniendo la herida bajo agua fría entre 5 y
10 minutos. Basta con un hilillo regular, ya que la presión del chorro no
debe agravar la lesión. No pinche las
ampollas ni desinfecte con alcohol,
tan solo hidrate la herida con un poco de crema pensada para tal fin y
cúbrala con un apósito. Lo importante es actuar rápido para evitar la
infección y la deshidratación.

Una cataplasma
de arcilla

Ponga la herida bajo el grifo. Luego
puede espolvorearla con arcilla extrafina para calmar el ardor, pero no
es indispensable. Después, aplique
una cataplasma fría, que deberá renovar cada 2 horas. Proteja la piel
con una gasa fina, o ponga una gasa
untada con aceite de hipérico entre
la herida y la arcilla. Si añade a la
pasta de 1 a 2 gotas de aceite esen-

cial de lavanda se potenciarán los
efectos de la arcilla.

Miel o propóleos

Las cualidades cicatrizantes de la
miel y el propóleos son perfectamente capaces de tratar las quemaduras, aunque estas dejen la zona en
carne viva. Lo primero es poner la
zona afectada bajo el grifo durante
unos minutos, o tomar una ducha

fría si se trata de una quemadura
solar en todo el cuerpo. Acto seguido, si la quemadura ha causado lesión, conviene limpiar la zona con
un antiséptico sin alcohol. Estos
consejos son válidos con independencia del método que se use a continuación.

Con miel: aplique la miel directamente sobre la quemadura y después
protéjala con una compresa estéril si

existe una lesión en la piel. Los apiterapeutas recomiendan para este uso la miel de montaña, lavanda, castaño o tomillo. Pero no se preocupe si solo dispone de una miel de otro origen floral, ya que todas ellas son calmantes y cicatrizantes.

Con propóleos: las cremas disponibles en el mercado presentan una proporción variable de propóleos. Las más eficaces contienen alrededor del 30 %. Unas 2 o 3 aplicaciones al día son suficientes. Otra solución consiste en untar la quemadura con tintura madre (solución de propóleos puro con una solución de alcohol de 70º), o con tintura oficinal, mediante una compresa estéril.

Con ambos: los apiterapeutas a veces mezclan miel y propóleos para tratar las quemaduras. En este caso, el propóleos se usa en forma de tintura oficinal. Para obtener esta preparación, mezcle 2 g de tintura oficinal con 100 g de miel, y aplíquela sobre la piel. Encontrará la tintura en parafarmacias o tiendas naturistas, pero no intente prepararla usted mismo, ya que su elaboración no es tan sencilla como parece, puesto que exige diversas precauciones cuando se prepara para usos curativos.

Cloruro de magnesio

Sumerja la parte afectada en la solución de cloruro de magnesio. Luego aplique una compresa empapada con esta solución sobre la zona. Tómese, asimismo, 1 o 2 vasos de cloruro de magnesio para ayudar al organismo a combatir las posibles infecciones.

Una maceración de hipérico

El hipérico, también llamado hierba de san Juan o hierba de las heridas, se ha empleado durante siglos por sus propiedades antiinflamatorias. Calma las quemaduras y acelera su cicatrización. Este producto se obtiene poniendo a macerar las flores en un aceite vegetal y dejándolo al sol. Tenga cuidado, ya que es una sustancia fotosensibilizante, sobre todo en el caso de las pieles claras.

Estreñimiento

Para algunas personas, el estreñimiento es un verdadero problema.
Cuando se trata de una cuestión de motricidad intestinal, resulta molesto,
pero no es grave. Por el contrario, si la causa es una afección del colon,
el asunto es más delicado. En caso de duda, es mejor consultar a un médico.

Algunos consejos

Los consejos que se ofrecen son válidos para un estreñimiento pasajero, y resultan más eficaces si van acompañados de ejercicio físico, una alimentación rica en fibra (pan integral, con salvado o cereales y verduras de hoja), junto con la ingesta de mucha agua. Si el estreñimiento dura más de 2 semanas conviene consultar a un médico. A modo de medida preventiva se aconseja tomar entre 1,5 y 2 litros de agua al día, comer frutas y verduras y hacer ejercicio, ya que la vida sedentaria favorece el estreñimiento. Dese también masajes en el vientre, de manera suave y de forma regular, y eduque a su intestino yendo todos los días al baño a la misma hora.

Ciruelas

Está demostrado. Frescas, en zumo o jugo o en mermelada son un buen laxante natural, que es aún mejor si se toma por la noche. También puede ponerlas en un cuenco con agua durante toda una noche para tomar su zumo al día siguiente.

Polen y embarazo

No existe ninguna contraindicación con respecto a la ingesta de polen durante el embarazo. De hecho, su riqueza en vitaminas y oligoelementos incluso es beneficiosa. No obstante, a algunas mujeres embarazadas que sienten náuseas les puede resultar desagradable el sabor acre o amargo del polen; en ese caso, es mejor optar por la miel. Para las demás personas, el polen debe tomarse preferiblemente en polvo, disuelto en agua con miel para evitar una posible pesadez durante la digestión.

Cloruro de magnesio

En caso de estreñimiento ocasional: tómese 1 o 2 vasos al día para que el intestino vuelva a funcionar de manera correcta.

Para «ayudar» a un intestino un poco perezoso: tómese 1 vasito de cloruro de magnesio por la noche, antes de irse a la cama, y siga esta cura durante varias semanas.

En caso de estreñimiento más fuerte: tómese 3 o 4 vasos al día cada 6 u 8 horas, durante unas 48 horas. A partir de entonces hay que reducir progresivamente 1 vaso al día hasta que se solvente el problema.

Polen y miel

Tanto la miel como el polen son conocidos por regular el tránsito intestinal y constituyen unos laxantes suaves. Muchos médicos ven en estos productos una excelente alternativa a los remedios más convencionales, que pueden irritar el intestino o frenar la absorción de las vitaminas. De los dos, el polen sería el más eficaz. Pero para los niños se aconseja utilizar la miel: es más que suficiente y evita plantearse la cuestión de la dosis de polen que deben tomar.

Con polen: tómese 1 cucharada rasa de polen seco antes de cada una de las tres comidas, masticándolo o diluyéndolo en agua con miel, hasta que la situación mejore.

Con miel: tómese todas las mañanas 1 cucharada de miel con una pieza de fruta, si es posible laxante (pasas, ciruelas o un kiwi bien maduro). Las mieles líquidas (de acacia o de cítricos, por ejemplo), ricas en fructosa, son las que más favorecen el tránsito intestinal.

Una tisana de alcachofa

Sin ser laxante, la alcachofa es un verdadero medicamento para el hígado, ya que el estreñimiento a menudo está asociado a una insuficiencia en la secreción de bilis (necesaria para desencadenar los movimientos del intestino). Mezcle hojas y tallos de alcachofa picados y llévelos a ebullición en 50 cl (500 ml) de agua. Deje en infusión 10 minutos y tómese 2 tazas al día.

Aceite de oliva

Para facilitar el tránsito intestinal puede tomar simplemente aceite de oliva. Todas las mañanas, en ayunas, tómese una cucharada de aceite de oliva hasta que desaparezcan los síntomas. El aceite de oliva presenta la ventaja, además, de que el intestino lo tolera muy bien.

Callos y callosidades

Los callos, las callosidades, los ojos de gallo u ojos de pescado
y otros engrosamientos de la piel son consecuencia casi siempre
de un calzado que comprime demasiado el pie.

Es mejor que deje en el armario cualquier par de zapatos que maltrate sus pies. Si ya es demasiado tarde, y algún zapato le ha provocado alguna callosidad, aísle la zona afectada con una protección de gel de silicona, una espuma (que encontrará en farmacias) o un apósito. Para aliviar el dolor y ablandar la callosidad existen diversos métodos que utilizan vinagre, arcilla, limón, etc.

Cuidados con vinagre

Todos los días, ponga los pies en agua caliente durante 15 minutos. En el barreño o bandeja, diluya vinagre de sidra en dos veces su volumen de agua y agregue 1 cucharada de sal por litro de agua. Si la callosidad no le duele, puede frotarla suavemente con una piedra pómez antes de aplicarse vinagre puro y cubrirla con un apósito (tan solo en caso de que no sea dolorosa). Si le duele, opte por ponerse una cataplasma, que deberá llevar hasta la noche siguiente. Para ello, puede utilizar hojas de hiedra trepadora previamente maceradas en vinagre durante 1 semana (si tiene una hiedra a mano). Pero lo mejor es que compre una tableta de propóleos en una tienda de productos naturales y se la aplique como si fuese plastilina.

Emplastos de propóleos

A veces, los baños de pies en agua caliente, incluso si se le agrega sal o vinagre, no alivian las molestias causadas por un callo o una callosidad. En ese caso, en lugar de los callicidas clásicos puede preparar un emplasto con propóleos. El mismo método es válido para las ampollas, las verrugas plantares o las grietas. Es muy sencillo…

Cómo proceder: amase bien a mano un trozo o una tableta de propóleos pura. * Aplíquela sobre la zona afectada como si fuese plastilina. Una capa de apenas 2 o 3 mm de grosor es suficiente. El calor de su piel mantendrá el propóleos en su sitio, con la ayuda de un pequeño apósito y esparadrapo. → Renueve el emplasto cada 2 días; el callo o la callosidad debería desaparecer con bastante rapidez.

Limón para ablandar

En rodajas: el ácido cítrico ayuda a ablandar la acumulación de pieles muertas responsables de los callos y los ojos de gallo o de pescado. Para evitar usar el escalpelo o una hoja de afeitar, con las que puede lastimarse,

por la noche aplíquese una rodaja de limón, que deberá sujetar con una gasa. Envuélvalo todo con film transparente y no retire el vendaje durante toda la noche. Por la mañana, aplique un algodón mojado con una gota de aceite esencial de limón. Proteja la zona dolorida con un apósito especial durante el día. Repita la operación hasta que desaparezca el callo completamente.

En zumo o jugo con aspirina: diluya 2 o 3 aspirinas efervescentes en un poco de agua con 1 cucharada de zumo o jugo de limón hasta formar una pasta consistente. Aplique una capa gruesa de esta pasta sobre el callo y cúbrala con film transparente. Envuélvalo con una toalla caliente durante 15 o 20 minutos para activar la acción del ácido salicílico (la aspirina) y del ácido cítrico. Luego frote las pieles muertas y ablandadas con una piedra pómez.

Una cataplasma de ajo

Entre las incontables propiedades del ajo, está la de calmar y ablandar callos y callosidades. Ponga un diente de ajo o una cataplasma de ajo picado sobre la zona dolorida y déjelo así toda la noche con la ayuda de un apósito.

◇◇◇◇◇◇◇

Baños de pies con plantas

Con manzanilla: esta planta es anti-inflamatoria y reduce los picores, lo mismo que el bicarbonato sódico o de sodio. Lleve a ebullición 50 g de bicarbonato en 1 litro de agua e incorpore un poco de manzanilla, ya que ablanda las pieles endurecidas. Use esta preparación durante 15 o 20 minutos.

Con corteza de sauce: hierva 60 g de corteza de sauce blanco en 1 litro de agua. Deje reposar 10 minutos y agregue 2 litros de agua caliente. Sumerja los pies en este baño durante 10 minutos.

Quemaduras solares e insolaciones

Todo el mundo sabe lo que es una quemadura solar. Es una quemadura cuya gravedad depende de la fragilidad de la piel, de la duración de la exposición y de la intensidad de los rayos solares. La insolación se produce cuando la cabeza y la nuca están expuestas directamente al sol sin protección. El calor del cuerpo aumenta, y esta hipertermia causa cefaleas, náuseas, malestar y, a veces, trastornos neurológicos que requieren hospitalización.

En ambos casos (que en ocasiones van a la par), hay que ponerse a la sombra en un lugar fresco y ventilado; beber mucha agua fresca (pero no helada) para evitar la deshidratación y mojarse la cabeza y la nuca. Una ducha tibia para un niño o fría para un adulto son eficaces para hacer bajar la temperatura corporal. Tenga cuidado, ya que las quemaduras solares pueden tener consecuencias graves, sobre todo en el caso de los niños.

Cataplasmas de arcilla

La arcilla refresca y descongestiona en caso de insolación, calma las quemaduras y favorece la cicatrización de los daños causados por el sol. Puede utilizar illita o montmorillonita verdes. Prepárelas con agua e incorpore sal marina. Acuérdese de cambiar las cataplasmas o las compresas de arcilla fría cada 2 horas o en cuanto se calienten.

Unte con aceite de hipérico antes y después de aplicar la cataplasma, ya que calma y cicatriza. También puede aplicarse en las sienes compresas previamente mojadas con vinagre y unas gotas de aceite esencial de lavanda.

Lavanda

Para calmar una quemadura causada por una exposición de la piel a los rayos solares, aplique el aceite cada hora hasta que la piel mejore: mezcle 10 gotas de aceite esencial de lavanda (*Lavandula angustifolia*) en 10 ml de aceite vegetal de rosa mosqueta (*Rosa rubiginosa*).

Una capa de yogur natural

Unte la zona sensible con una capa gruesa de yogur y déjelo actuar por lo menos 15 minutos. Lave la piel con agua fría y con un jabón extragraso que respete la hidratación de la piel. Es un buen remedio de emergencia si la quemadura solar es leve.

Aloe vera

Si tiene esta planta al alcance de la mano, no tiene más que cortar una hoja y aplicar la savia que contiene sobre la zona afectada varias veces al día.

Limón en un guante

Exprima el zumo o jugo de 3 limones en 1/2 litro de agua fría. Sumerja una toalla o un guante en este líquido y dé unos leves toques suavemente so-

Sol y bebés: peligro

Hay que insistir: nunca hay que exponer a un bebé o a un niño pequeño a pleno sol. En cuanto a los niños un poco mayores, no escatime las cremas de alta protección solar, si es preciso póngales una camiseta y evite las horas más calurosas del día. Y ello no solo en la playa: desconfíe, asimismo, del reflejo del sol sobre la nieve o sobre el agua (si va en barco).

bre las zonas quemadas. Luego deje que se sequen solas, sin pasar una toalla por la piel.

Bolsitas de té frías

Cuando se mojan previamente en agua fría, las bolsitas de té pueden calmar el dolor en caso de afectación de los párpados. Utilícelas como una compresa.

Vinagre de sidra

El vinagre de sidra puede aliviar una quemadura solar leve, que no presente ningún otro síntoma excepto una sensación de calor un poco dolorosa. Si la quemadura solo afecta a una pequeña parte del cuerpo, dé unos ligeros toques en la zona en cuestión, sin frotar, con una compresa impregnada en vinagre, que po-

drá dejar sobre la quemadura hasta que se sienta mejor. Pero si vuelve de la playa, no dude en tomar un baño fresco (¡no helado!) que contenga 1 taza de vinagre de sidra o vinagre aromatizado con pétalos de rosa. Estas acciones sencillas, junto con la aplicación de una leche hidratante o de un gel de aloe vera, deberían calmar su piel, e incluso evitar la aparición de ampollas.

Tomate o jitomate en rodajas

Aplique durante unos 20 minutos una o varias rodajas de tomate o jitomate sobre una quemadura solar. El tomate alivia el dolor y también evita que se formen ampollas en la piel.

Agujetas o dolor muscular

Las agujetas son el dolor y el cansancio muscular que se siente tras realizar un esfuerzo físico no habitual. Cuando acompañan la reanudación de la práctica de un deporte, ya sea de forma regular o puntual, corresponden a un estado de fatiga y de relajación de unos músculos demasiado activos (sobre todo después de varios meses de inactividad).

Algunos consejos

Un músculo bien alimentado tarda más en cansarse. Consuma glúcidos de absorción lenta (pastas, legumbres…), proteínas (carnes, huevos, quesos…) y alimentos ricos en vitaminas y sales minerales que intervienen en la contracción muscular. Para prevenir, efectúe los movimientos adecuados, evitando las extensiones demasiado importantes, ya que pueden ocasionar tirones musculares. Si practica una actividad deportiva, tan solo 15 minutos de estiramientos para recuperar la flexibilidad bastan para relajar unos músculos contraídos. El *aquagym*, al hacer trabajar el cuerpo contra la resistencia del agua, alivia los músculos y las articulaciones, y a la vez está muy indicado para muscularse, recuperar la forma física y evitar las agujetas o dolor muscular. Sepa, por último, que la práctica intensiva de un deporte no es la única causa de las agujetas. También pueden anunciar el principio de una infección viral (gripe, hepatitis…).

Lavanda

Ponga a macerar durante una semana al sol 3 puñados generosos de flores frescas de lavanda (*Lavandula angustifolia*) o de espliego común (*Lavandula latifolia*) en 1 litro de aceite de oliva virgen de primera prensada. Cuele el líquido. Este aceite se conserva 2 meses en un frasco de cristal opaco cerrado herméticamente (y etiquetado) en un lugar fresco y ventilado. Masajee los músculos doloridos con este aceite (agite el frasco antes de cada uso). También es útil en caso de lumbalgia, dolores musculares y ciática.

En masaje: mezcle 25 ml de aceite vegetal con 2 gotas de aceite esencial de lavanda (*Lavandula angustifolia*) y 2 gotas de aceite esencial de romero (*Rosmarinus officinalis*). Masajee la zona dolorida con esta preparación. Efectúe el masaje 2 o 3 veces al día, hasta que el dolor desaparezca.

En baño caliente para favorecer la descontracturación muscular: vierta en el agua del baño, una vez llena la bañera, 15 gotas de aceite esencial de lavanda (*Lavandula angustifolia*) y 2 puñados grandes de sal marina. El agua caliente y la lavanda tienen efectos analgésicos para aliviar las agujetas o dolores musculares.

Aceite de oliva

Un masaje con aceite de oliva distiende los ligamentos y los músculos contraídos, a la vez que da tersura a la piel, proporcionando así una doble sensación de bienestar. Para obtener un perfume más delicado, se puede agregar al aceite de oliva unas gotas de aceites esenciales de lavanda, romero o bergamota. El aceite de oliva es interesante para usarlo en invierno y para dolores articulares, ya que es un aceite que «calienta», a diferencia de muchos otros que son más bien «refrescantes».

Grietas

Las grietas son pequeñas fisuras que se abren en la capa superior de la epidermis y que pueden llegar a provocar sangrados.

El frío y la deshidratación son dos de los factores que favorecen la aparición de grietas. Lo mismo que la humedad, ya que ablanda la piel, que se deshidrata cuando se seca al aire o es expuesta a roces.

Las manos, los pies, los labios y también los pechos son las partes del cuerpo más expuestas a este tipo de molestia. Las grietas del pezón se deben principalmente a una mala posición del bebé mientras mama, pero en caso de hinchazón, rojez y fiebre, es indispensable consultar a un médico.

Algunos consejos

Algunas medidas sencillas pueden evitar la aparición de grietas. Póngase guantes, ya que las tareas domésticas, el bricolaje y la jardinería con frecuencia constituyen una dura prueba para las manos. Acuérdese también de hidratarse regularmente las manos, los pies y los labios con una crema nutritiva. Y, sobre todo, evite lamerse y morderse los labios, especialmente si hace viento. Tampoco debe frotarse con fuerza los talones, que se vuelven vulnerables al roce, así como al agua de piscina y de mar.

Aceites para la piel

Algunos aceites vegetales ricos en vitaminas son muy beneficiosos para regenerar la piel y acelerar la cicatrización. Es el caso del aceite de germen de trigo, de argán, de almendras dulces, de jojoba y de macadamia. Opte por los aceites vírgenes, sobre todo ecológicos u orgánicos.

Cataplasmas de arcilla

Una vez que se han formado las grietas, la arcilla posee la misma eficacia que una crema para calmar y cicatrizar las lesiones. La arcilla hidrata, suaviza y regenera la piel. Para los pechos elija preferentemente montmorillonita verde extrafina o ultraventilada. Apliquese una cataplasma fría sobre las lesiones durante 1 o 2 horas. Y si la enriquece con 1 o 2 gotas de aceite de argán y 1 o 2 gotas de aceite esencial de lavanda o de pachuli, el emplasto todavía será más eficaz. Asimismo, puede aplicar una compresa empapada de una arcilla más líquida y dejarla actuar hasta que se empiece a secar.

Arcilla y aceite para las grietas en los pezones

Después de dar el pecho, séquese la mama, sin frotarla, con un pañuelo de papel. Vierta 1 gota de leche sobre las grietas y espolvoree con abundante arcilla. Proteja la zona con una pequeña compresa. Antes de la siguiente toma, límpiese con agua tibia o con un suero fisiológico y séquese. También puede aplicarse una cataplasma de arcilla fría 20 minutos antes de dar de mamar al bebé.

Durante la lactancia, es posible que los pezones le duelan y le salgan estrías. Para atenuar estos dolores y favorecer la cicatrización debe acordarse de secárselos bien después de cada toma, así como de aplicarse de manera regular un aceite de cuidado específico o bien, simplemente, aceite de almendras dulces o de oliva. Sus propiedades hidratantes y cicatrizantes deberían resolver el problema con más o menos celeridad. Pero sobre todo no se olvide de retirar cualquier resto de aceite que pueda quedar en sus pezones antes de dar el pecho a su bebé, puesto que es posible que no le guste el olor.

Miel

Las grietas en la piel de las manos o los labios, causadas por el frío y la humedad, pueden tratarse con miel, lo mismo que los sabañones, un problema también invernal que se manifiesta por rojeces e inflamaciones muy dolorosas en las extremidades. Sin embargo, no espere encontrar un remedio milagroso, ya que por desgracia no existe.

Simplemente aplique miel sobre la grieta o el sabañón, o empape con miel una compresa estéril y luego cúbrala con un apósito seco. La miel de lavanda en principio es la más beneficiosa. Para los sabañones, los apiterapeutas también recomiendan una mezcla de miel de lavanda y propóleos (2 g de tintura oficinal de propóleos por 100 g de miel). Para los labios agrietados, diluya la miel en aceite de almendras dulces, a fin de tratar y a la vez nutrir e hidratar las mucosas castigadas por el frío.

Es útil saber

En caso de grietas en los labios, procure evitar pasar demasiado la lengua por las lesiones, ya que con ello solo agrava el problema. Si tiene sabañones, descarte las prendas, los calcetines o los zapatos demasiado estrechos, ya que aprietan y dificultan la circulación sanguínea.

Cistitis

La cistitis es una infección urinaria que en general afecta a las mujeres, aunque no de manera exclusiva. La anatomía femenina no es ajena al problema: la proximidad entre las vías genitales, el ano y la uretra (el pequeño conducto que permite vaciar la vejiga) propicia las infecciones.

Una higiene insuficiente, las relaciones sexuales y también los cambios hormonales durante el embarazo y la menopausia son algunos de los posibles factores que la causan, sin olvidar el estrés o una alimentación inadecuada. Los primeros síntomas se caracterizan por una necesidad urgente de orinar, sin poder hacerlo siempre, con una sensación de escozor durante la micción.

Algunos consejos

La mayoría de las veces es una bacteria intestinal, *Escherichia coli*, la responsable de las infecciones urinarias, cuando empieza a proliferar en la vejiga. Aunque es un problema frecuente, no debe tomarse a la ligera. Hay que consultar a un médico en cuanto aparecen los primeros síntomas, principalmente en el caso de los niños, las mujeres embarazadas o las personas mayores. De hecho, una cistitis mal curada puede provocar fiebre, y la infección puede ascender hasta los riñones. Por lo general, el tratamiento requiere un análisis de orina y la ingesta de antibióticos o antisépticos, lo cual no impide beber mucho líquido para eliminar los gérmenes y evitar el estancamiento de la orina en la vejiga. Así pues, tome mucha agua y orine a menudo. Lávese bien, procediendo de delante hacia atrás para evitar la contaminación de la uretra con las materias fecales. Utilice preferiblemente un jabón suave, y evite los productos de higiene íntima demasiado agresivos.

Un baño de asiento con bicarbonato

El bicarbonato no sustituye los tratamientos médicos, pero puede usarse en cuanto aparecen los primeros síntomas o para prevenir una recaída. De nuevo, su poder antiácido y fungicida es lo que resulta eficaz. Diluya 1 cucharadita de bicarbonato en una botella de 1,5 litros de agua mineral y tómese un vaso de esta mezcla cada hora. Haga un baño de asiento por la mañana y otro por la noche con 1 cucharada de bicarbonato sódico o de sodio por cada 3 o 4 litros de agua tibia y 6 gotas de aceite esencial de árbol del té y de tomillo (dos antisépticos).

Plantas contra la infección urinaria

Algunas plantas ejercen una acción beneficiosa sobre las cistitis recurrentes. Es el caso del arándano. Este arbusto originario de América del Norte produce unas bayas eficaces para prevenir este tipo de infección. Podemos encontrar los arándanos secos, en forma de zumo o jugo o en comprimidos. La cola de caballo y la ortiga, cuando se toman en infusión, también resultan eficaces.

Picores

Son un problema banal, pero muy molesto, y suelen acompañar a dermatitis, urticarias o incluso eczemas. Los trucos siguientes son adecuados en caso de picores leves. Si el problema persiste o es más delicado, es indispensable que consulte a su médico.

Bicarbonato

El empleo del bicarbonato sódico o de sodio para aliviar los picores depende de la extensión de las lesiones y de las zonas del cuerpo afectadas.

En baño: un baño caliente o tibio (de 35 a 38 ºC) con 80 o 100 g de bicarbonato (alimentario) calma y sanea la piel. Permanezca dentro del agua de 15 a 20 minutos sin lavarse ni enjuagarse. Al salir del baño, séquese sin frotar, dándose toquecitos con una toalla (cámbiela cada vez) o séquese al aire.

Para baños de pies o manos: 1 cucharadita de bicarbonato por cada 4 o 5 litros de agua tibia. Añadiendo la misma cantidad de avena coloidal o de almidón de trigo se mejora la hidratación de la piel.

En compresas: prepare una pasta con 1 cucharadita de bicarbonato y otra de agua mineral. Aplíquela sobre las placas o vesículas y déjela reposar 20 minutos. Enjuague y seque como se ha indicado. Repita la operación unas diez veces.

Limón y miel

Mezcle 8 gotas de aceite esencial de limón en 1/4 de litro de agua tibia y agregue 1 cucharada de miel. Aplíquelo en compresas. Son eficaces en caso de eczema.

Pepino en rodajas

El pepino, muy rico en vitamina C, cicatrizante, suavizante, depurativo y astringente, solo tiene buenas cualidades. Aplíquelo en rodajas sobre la zona irritada sujetándolo con una gasa. Si es preciso, no se lo quite durante toda la noche.

Consejos de sentido común

Procure no rascarse mucho la zona afectada para evitar que se irrite más. Lávese las manos a menudo para evitar que se propague la infección, y lave muy bien las toallas y la ropa interior después de cada uso.

Arcilla y aceite esencial

Aplique unas cataplasmas frías de arcilla montmorillonita extrafina sobre las zonas afectadas y déjelas actuar durante 1 hora. Asimismo, puede mezclar arcilla con un poco de aceite de almendras dulces (o de hipérico) y 1 o 2 gotas de aceite esencial de milenrama, manzanilla y geranio.

Decocción de geranio

Incorpore 10 hojas de geranio en 1 litro de agua y déjelas hervir un buen rato, hasta que el líquido se haya reducido en una tercera parte. Aplique esta decocción en compresas 4 o 5 veces al día.

Diarrea

Se trata de un trastorno del tránsito intestinal que puede tener múltiples causas: gastroenteritis, turismo (esta alteración afecta aproximadamente a un 40 % de los viajeros) o intoxicación alimentaria más o menos grave.

La mayoría de las veces se trata de una infección intestinal de origen bacteriano, viral o parasitario que dura poco tiempo. Hay que preocuparse si la diarrea se prolonga, en caso de fiebre, si se detecta sangre en las heces o si afecta a un bebé, a un niño o a una persona mayor o delicada. Conlleva un alto riesgo de deshidratación y de infección renal.

Limón

Tiene propiedades astringentes y desinfectantes que pueden actuar de modo preventivo y curativo. Durante los viajes, tómese como prevención 1 o 2 cucharadas de zumo o jugo de limón antes de cada comida, o 1 gota de aceite esencial sobre miga de pan,

sobre un terrón de azúcar o en un poco de aceite. Añada limón y zumo o jugo de limón a los platos.

A partir de los primeros síntomas: tómese el zumo o jugo de 2 limas en agua con gas, preferiblemente con un alto contenido en bicarbonato sódico o de sodio, puesto que alivia este tipo de problema.

En caso de crisis: de 3 a 5 veces al día, tómese el zumo o jugo de 1 limón en 1 vaso de agua mineral para rehidratarse y facilitar la eliminación de los agentes patógenos.

Vitamina C y diarrea

Un exceso de zumo o jugo de limón y de alimentos ricos en vitamina C en

ocasiones puede producir diarreas leves. El organismo solo puede absorber una dosis limitada de esta vitamina, así que el exceso es eliminado con las heces.

Puré de zanahoria

La zanahoria es eficaz para combatir la diarrea, ya que contiene pectina y mucílagos. Además, permite recuperar las sales minerales que se han eliminado en las frecuentes visitas al baño. Consúmala en forma de un puré muy cocido.

Agua con arcilla

La arcilla (sobre todo el caolín y la atapulgita) aparece en la composición de numerosos medicamentos destinados a los problemas gástricos. En uso oral crea una capa protectora sobre las mucosas gástricas e intestinales. También puede absorber gases, toxinas y bacterias patógenas, respetando siempre la flora intestinal. Calcule 2 cucharadas rasas de caolín ultraventilado, que dejará reposar 2 horas en 1 litro de agua. En caso de diarrea, tómese 2 o 3 vasos al día, bebiendo solo el agua superficial. ¡Atención a las contraindicaciones (ver página 23)!

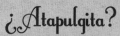

¿Atapulgita?

Es una arcilla muy absorbente que se emplea como apósito gástrico y antiácido. Solo se encuentra en las preparaciones farmacéuticas. Debe su nombre a la ciudad de Attapulgus, en Estados Unidos, donde se halla su principal yacimiento.

Digestiones difíciles

Una mala alimentación, comer demasiado rápido, los excesos ocasionales
o reiterados de comida o de bebida (y a veces de ambas cosas), una intoxicación
alimentaria o incluso las infecciones virales son algunas de las posibles causas
de los trastornos digestivos. En general, dan lugar a cefaleas, náuseas, vómitos
y también distensión abdominal o acidez.

Limón

Este cítrico ha sido apreciado desde siempre por sus propiedades digestivas. El ácido cítrico estimula la secreción de jugos gástricos y de bilis, drena el hígado, tiene un efecto diurético y depura el organismo de toxinas.

Para aliviar y facilitar la digestión: tómese a pequeños sorbos el zumo o jugo de 1 limón en un vaso de agua tibia cuando aparezcan las primeras molestias o después de cada comida, cuando haya hecho un exceso. O bien lleve a ebullición 1 limón entero ecológico u orgánico en agua durante 3 minutos. Córtelo en cuartos, aplástelo con un tenedor y tómese el zumo o jugo y la pulpa.

A modo preventivo o curativo: todas las mañanas, en ayunas, 30 minutos antes del desayuno, tómese el zumo o jugo de 1 limón en un vaso de agua tibia o caliente durante 8 o 10 días.

En caso de vómitos: para atenuar náuseas y vómitos, a veces se aconseja chupar una rodaja de limón. También se puede verter 1 gota de aceite esencial de limón en la lengua (efecto antiespasmódico) u oler unas gotas de aceite esencial de limón, de estragón o de menta piperita en un pañuelo.

Infusiones de plantas

Infusión de hinojo: deje en infusión 30 g de hinojo en 1 litro de agua durante 15 minutos y tómese una taza después de cada comida. Es un buen tónico del aparato digestivo.

Infusión de naranja: ponga en infusión durante 15 minutos una corteza de naranja secada, en dosis de 1 cucharadita por cada taza de agua hirviendo.

Infusión de salvia: la salvia estimula los estómagos perezosos. Tras una comida demasiado copiosa, tómese una infusión preparada con 3 hojas de salvia, fresca o secada, en agua hirviendo. Déjelas en infusión 5 minutos.

En caso de aerofagia

Prepare una mezcla de aceites esenciales de limón, estragón y menta piperita: vierta el mismo número de gotas de cada aceite en un pequeño frasco de 10 ml. Tómese 1 gota sobre miga de pan después de las comidas, hasta que cesen las molestias.

Para resistirse al apetito

No hay nada como inhalar unas gotas de aceite esencial de limón en un pañuelo, aguantando la respiración 5 segundos para potenciar el efecto de las sustancias contenidas en el aceite. Doblando una corteza bajo la nariz o mordiéndola se obtiene el mismo resultado, puesto que el aceite esencial se extrae de la corteza.

Dolor de muelas

Dientes y encías en general nos hacen sufrir en caso de gingivitis (inflamación de la encía, que se enrojece, se inflama y duele), de dientes sensibles (cuando la retracción de la encía o el desgaste del esmalte dejan desnuda la base del diente, exponiendo la dentina, una zona sensible a los cambios de temperatura en contacto con ciertos alimentos, sobre todo los dulces), o incluso debido a una caries (que consiste en una destrucción progresiva de los componentes del diente), o a algo más grave, en caso de un absceso dental (una infección que crea una inflamación con dolor y, a veces, fiebre).

Algunos consejos

No siempre es fácil conseguir cita de forma urgente en el dentista. Para calmar un dolor de muelas atroz mientras espera que llegue el día y la hora de la visita, puede hacer enjuagues bucales (son anestésicos, antisépticos y en ciertos casos antiinflamatorios), tomar un analgésico y/o recurrir a plantas como la ortiga, la cual puede ayudarle a reducir la intensidad del dolor dental en caso de una caries, un dolor de muelas o incluso de gingivitis o de una afta.

Propóleos

Al igual que el clavo de especia, que también posee propiedades anestésicas y antisépticas, el propóleos permite calmar un dolor dental o una inflamación de las encías. En ningún caso evita la visita al dentista; no obstante, hace que la espera resulte más soportable, a la vez que

ayuda a combatir la proliferación de las bacterias.

En caso de dolor intenso, sin duda, a usted no le apetecerá masticar, pero puede ablandar un trozo de propóleos con los dedos y aplicárselo en el lugar de donde parece venir el dolor. También puede usar aerosoles de

propóleos para pulverizar, o soluciones para enjuagues bucales, disponibles en farmacias o parafarmacias o tiendas naturistas.

Antes y después de los cuidados dentales, se suele aconsejar el dentífrico de propóleos, pero puede usarse durante todo el año. Junto a los consejos de higiene y alimentación que dan todos los dentistas, se considera que ayuda a prevenir las caries o las gingivitis y a tener un aliento agradable. En cambio, masticar propóleos a diario puede hacer amarillear los dientes.

Una receta antidolor

Para calmar el dolor mientras espera la visita al dentista, pique un puñado de hojas de ortiga frescas. Llévelas a ebullición 5 minutos en 1 litro de agua mineral con 1 cucharada de sal marina gorda. Retírelas del fuego y

mezcle esta preparación con un poco de arcilla. Aplique la mezcla en forma de cataplasma: desde los pómulos hasta el mentón, en el lado que le duele. Déjela actuar 10 minutos. Luego retírela con un guante de aseo mojado. Si es preciso, aplique la cataplasma cada 3 horas.

Miel para calmar el dolor de la dentición

Encías hinchadas, fuerte salivación, mal humor… A su bebé le está saliendo un diente. Entre otros remedios tradicionales, un masaje suave en las encías con un dedo endulzado con miel le ayudará a calmar el dolor. Según los fitoterapeutas, la eficacia de esta acción será mayor si añade a

la miel 1 gota de aceite esencial de clavo de especia. Este tratamiento con miel antes se recomendaba para todas las edades, pero actualmente no se aconseja para bebés de menos de un año, debido al riesgo de botulismo (a pesar de que sea mínimo). También le calmará el dolor un cubito de hielo envuelto en una compresa y frotado sobre la encía, o bien el clásico mordedor enfriado.

¡Vinagre!

Cuando se toma en enjuagues bucales, el vinagre desinfecta y también es eficaz contra el dolor. Mientras espera a que llegue la cita con el dentista, puede probar la siguiente receta: mezcle en cantidades iguales vinagre y agua, y póngalo a hervir con sal, pimienta, un clavo de especia y un poco de aguardiente.

Cloruro de magnesio

El magnesio parece desempeñar un papel preventivo en la formación de las caries. Investigaciones recientes han cambiado nuestra percepción de esta enfermedad. El menor consumo de azúcar y la prevención mediante flúor han dejado de tener el papel central que antes se les asignaba. La caries es una enfermedad que tiene múltiples causas: régimen alimentario, salud en general, herencia genética… El magnesio, por su efecto inmunoestimulante, antiestrés y regulador del calcio, contribuye a reforzar los dientes. Así pues, a modo preventivo se puede hacer curas de cloruro de magnesio de forma regular.

Astillas y púas de erizo

¿Cómo se pueden extraer sin demasiadas dificultades las astillas, las espinas de rosal o incluso (y lo que es peor) las púas de erizo?

Bicarbonato

Si tiene la suerte de que sobresalga un extremo de la púa o astilla, tire con cuidado de él con unas pinzas de depilar para sacarlo todo y limpie la zona. En caso contrario, sumerja el dedo en un cuenco de agua caliente con 1 cucharadita de bicarbonato sódico o de sodio, o el pie en una palangana con agua caliente (¡pero no hirviendo!) y 3 cucharadas de bicarbonato. El calor y el bicarbonato relajan los músculos y abren los poros, lo cual facilita la extracción del cuerpo extraño. A continuación, consiga unas pinzas de depilar o una aguja, y si es preciso unas gafas (por desgracia, no hay otra solución), y desinféctese la herida una vez que haya retirado la púa o astilla. También se puede aplicar un emplaste de bicarbonato y agua para «tirar» de la astilla hacia fuera. ¡Pero debe saber que este método no siempre funciona!

Cera de abejas

Entre los diversos trucos para quitar una astilla o una púa de erizo, puede probar la cera. Basta con encender una vela de cera de abeja y dejar caer unas gotas sobre la púa o la astilla. Una vez que la cera se ha enfriado y endurecido, despréndala suavemente de la piel. Si lo consigue, no tiene más que desinfectar. Ahora bien, este método da mejores resultados cuando la astilla o la púa están a flor de piel. Si están muy hundidas, es mejor intentar hacer que salgan, por ejemplo, aplicando un poco de miga de pan mojada con leche, sujetándola con esparadrapo… y probar de nuevo al día siguiente. Si la intrusa se parte y le queda algún fragmento dentro, consulte a un médico, sobre todo si no está vacunado contra el tétanos.

¡Atención!

En caso de infección o de panadizo, no hay nada como un buen baño (del dedo o el pie) con solución antiséptica o una visita al médico.

Eczema y herpes

Estas afecciones de la piel no son del mismo tipo. El eczema a menudo es de origen alérgico, aunque el estrés y la propensión genética pueden propiciarlos. No siempre es contagioso, pero la rojez, las vesículas que rezuman, las costras y los picores hacen que cueste más soportarlo.

El herpes, extremadamente contagioso, tiene causas virales. Una vez infectado el organismo, el virus permanece en él en estado latente y puede despertar por efecto de la fatiga, una exposición a rayos UV… Entonces se produce una erupción de granos agrupados que provocan ardor y escozor.

Contra el eczema

El limón puede calmar la picazón y evitar una infección mayor debida al hecho de rascarse. A menudo se recomienda aplicar compresas empapadas con una mezcla de aceite de oliva o de almendras dulces y zumo o jugo de limón (2 partes de aceite por 1 parte

de limón). ¡Atención! En algunos casos, los cuerpos grasos agravan el eczema. Con una erupción leve se obtiene un efecto calmante tan solo dando un masaje con un poco de zumo o jugo de limón. Si las placas están más extendidas, diluya 1 cucharada de miel líquida mezclada con 4 gotas de aceite esencial de limón y la misma cantidad de aceite esencial de manzanilla en 25 cl (250 ml) de agua hervida tibia. La miel, que es suavizante y antiinflamatoria, ayuda a dispersar los aceites que no se mezclan con el agua. Impregne unas compresas, que luego aplicará sobre las lesiones durante unos 20 minutos. El tratamiento se puede completar tomando infusiones

de bardana, ya que esta planta es un excelente depurativo para la piel.

Contra el herpes

Mezcle en un frasco pequeño 5 ml de un alcohol blanco de 45º (tipo vodka), 2 gotas de aceite esencial de limón, otras 2 de lavanda y 3 de árbol del té. Aplique 1 gota de esta solución varias veces al día con un bastoncillo o hisopo de algodón sobre el grano o los granos a los primeros indicios de erupción. También se puede seguir una cura de zumo o jugo de limón para desintoxicar el organismo.

Es útil saber

No olvide que herpes y eczema no hacen buena pareja. Si sufre un brote de herpes, evite acercarse a una persona que tenga eczema, ya que si le contagia, su estado puede agravarse notablemente, puesto que las lesiones eczematosas son una puerta de entrada ideal para el virus del herpes.

Esquinces

Una caída, un movimiento de torsión exagerado y se produce un esquince.
Esta lesión de los ligamentos que sujetan la articulación puede ir de la simple
elongación hasta un inicio de desgarro o incluso una rotura completa de los tendones.

Las articulaciones más propensas a sufrir un esquince son la rodilla, el tobillo, la muñeca y los dedos, si bien las luxaciones de hombro o de cadera no son raras. Dolor al moverse e inflamación de la articulación son los síntomas típicos del esguince leve (o distensión). La aparición de una esquimosis varias horas después del traumatismo en general señala un principio de desgarro o un desgarro completo. En este último caso, el dolor es intenso y normalmente es preciso poner una tablilla, enyesar o a veces incluso someterse a una intervención quirúrgica.

Algunos consejos

Por lo general se recomienda aplicar hielo sobre la articulación lo más pronto posible para calmar el dolor y limitar la hinchazón. También se aconseja mantener el miembro en alto para reducir el aflujo de sangre. Un esguince grave, que imposibilite mover el miembro y cause un dolor agudo, evidentemente requiere atención médica, ya que puede haberse producido un desgarro o incluso una fractura del ligamento.

Una cataplasma de arcilla

Al igual que el hielo, la arcilla tiene una acción analgésica y antiedema. Pero la arcilla actúa durante más tiempo y en profundidad. Una tierra como la illita verde, con un alto poder absorbente, permite descongestionar los tejidos y absorber el hematoma. Aplique una cataplasma fría y gruesa de illita verde sobre la articulación y véndela bien para que no se mueva, pero sin cortar la circulación. Déjela actuar 1 o 2 horas y renuévela varias veces durante el día. Si conserva la cataplasma durante la noche, utilice film transparente. Prosiga esta cura hasta que desaparezca el do-

lor y el edema se reabsorba. Unas gotas de aceite esencial de menta piperita y gaultería o de romero refuerzan el efecto descongestionante y calmante de la arcilla.

Un buen uso de la cataplasma

La cataplasma tiene como objeto calmar, pero si nota tirones, picor, calor o frío excesivos, quítesela. Cuando una cataplasma se calienta o se enfría, es porque ha perdido su efecto. Por último, si se desprende sola, es indicio de que ha dejado de actuar.

Fatiga

Un tema universal... ¿Quién no está cansado? Con independencia de la edad o el sexo, todo el mundo siente fatiga. Sus causas son diversas, pero se suelen atribuir principalmente a las preocupaciones personales o profesionales, a las afecciones psíquicas y a las patologías infecciosas. Si usted padece fatiga... ¡reaccione!

Una cura de cloruro de magnesio

El cloruro de magnesio combate la sensación de fatiga. Una cura le dará la sensación de tener más energía, de ser más positivo y optimista ante la vida cotidiana. Tal vez se sienta capaz de realizar esfuerzos mayores que antes. Ante los primeros signos de cansancio (no espere a sentirse agotado), siga una cura de 2 o 3 semanas con cloruro de magnesio tomando 1 o 2 vasos al día.

Una cura de polen

En caso de fatiga y de falta de energía, una cura de polen o de jalea real puede resultar beneficiosa, en particular en invierno, cuando las defensas naturales tienen que trabajar mucho más duro. El polen presenta, además, una doble ventaja: es más económico que la jalea real y, si no se sufre ninguna enfermedad, su utilización no requiere prescripción médica. Se vende en forma de bolitas (polen seco), en polvo o en comprimidos.

¿Existen contraindicaciones para el polen?

Al contrario de lo que se pueda creer, una persona alérgica al polen puede ingerirlo perfectamente. El polen desplazado por el viento es el que causa la fiebre del heno, no el polen impregnado de saliva de abeja. Algunos alergólogos interesados por la apiterapia a veces incluso desensibilizan a pacientes que sufren la fiebre del heno con una cura de polen. La toma de polen tiene una única contraindicación: la insuficiencia renal.

Masque las bolas de polen seco, solas o mezcladas con miel, yogur u otro producto. Si le desagrada su sabor amargo, también puede diluirlas en agua (o leche) y añadir un poco de miel. El polen en polvo se toma del mismo modo. A veces se vende en esta forma, o si no, lo puede obtener usted mismo con facilidad pasando las bolitas secas por un molinillo de café eléctrico. Luego conserve el polvo en su propio envase original.

Duración de la cura: puede ir de 1 a 3 meses. Algunos médicos opinan, sin embargo, que una cura de 1 mes al año proporciona pocos beneficios. Para mantenerse en forma y limitar los episodios de fatiga, aconsejan a modo preventivo una cura de 1 mes al comienzo de cada estación, o bien dos curas de 3 meses, una antes de primavera y la otra a finales de verano.

Las dosis: van de 15 a 30 g como máximo al día, que corresponde a 1 o 2 cucharadas rasas de polen seco. Una dosis más alta sería ineficaz, o incluso nefasta. Lo importante es la regularidad en la cura. El polen se ingiere, sobre todo, por la mañana en ayudas, en una sola toma, aunque también puede tomarse durante una comida.

Un baño relajante

Diez gotas de aceite esencial de lavanda (*Lavandula angustifolia*) y 5 gotas de aceite esencial de romero (*Rosmarinus officinalis*) en el baño (una vez llena la bañera), harán desaparecer el cansancio y le relajarán antes de irse a la cama. Permanezca en el baño 15 minutos largos.

Una infusión calmante

Vierta una cucharadita de flores de lavanda (*Lavandula angustifolia*) en 1 litro de agua mineral a punto de hervir (sobre todo, que no hierva) y deje en infusión 10 minutos. Cuele. Endulce con 1 cucharadita de miel de lavanda. Tómese 1 o 2 tazas al día, entre las comidas.

Un aceite antifatiga

Mezcle en un recipiente 25 ml de aceite de argán y la misma cantidad de aceite de sésamo (ligero y nutritivo). Añada 20 gotas de aceite esencial de lavanda (*Lavandula angustifolia)* y 15 gotas de aceite esencial de bergamota (*Citrus bergamis*). Deje macerar 48 horas. Vierta los aceites en una botella de cristal opaco que cierre herméticamente y etiquétela. Este aceite para el cuerpo, una verdadera cura antifatiga, es ideal para masajes relajantes, liberar tensiones y recuperar la vitalidad. Si no le apetece elaborarlo,

varias marcas ofrecen aceites relajantes a base de lavanda.

Una infusión de ortiga

La ortiga tiene fama desde siempre por sus propiedades tónicas y antianémicas. Es una planta adaptógena que nos permite combatir el cansancio físico y/o intelectual. Estimula las defensas inmunitarias, tonifica y da vitalidad en caso de fatiga y agotamiento. Aumenta la capacidad del organismo para adaptarse y enfrentarse al estrés. Es un excelente estimulante natural en caso de agotamiento o de estar menos en forma, sobre todo durante los cambios de estación. Gracias a su contenido en hierro también es un buen remedio natural contra la anemia. En caso de cansancio físico o agotamiento intelectual intensos, prepárese una infusión de ortigas: agregue un puñado grande de hojas frescas (o 2 cucharadas de hojas secadas y trituradas) en 1/4 de litro de agua mineral a punto de ebullición (pero que no hierva). Déjelas en infusión unos 15 minutos. Cuele y tómese 2 o 3 tazas al día. En caso de anemia, también puede tomar grageas de ortiga.

Una cura de limón

¿Un buen método para recuperar la vitalidad? La cura de zumo o jugo de limón. Requiere un poco de disciplina, pero proporciona beneficios reales. Existen diversas versiones. Esta, que debe realizarse sobre todo por la mañana, tiene la ventaja de ser senci-

¿El limón es acidificante?

Esta es una cuestión de pH (potencial de hidrógeno), un valor que permite determinar si un entorno es ácido o básico (también se conoce como alcalino). De hecho, aunque su sabor es ácido, el limón se vuelve alcalino una vez absorbido y digerido. A diferencia de las carnes, embutidos o cereales, el limón no acidifica el cuerpo. Al parecer incluso contribuye a mantener un buen equilibrio ácido-básico del organismo.

lla: tómese el zumo o jugo de 1 limón el primer día, de 2 el segundo, y así sucesivamente, hasta llegar al zumo o jugo de 5 limones el quinto día. Después hay que reducir la dosis en 1 limón al día, hasta llegar a tomar solo 1 el décimo día. Se puede añadir un poco de agua tibia para diluirlo, pero es mejor no endulzarlo. Para mantenerse en forma, realice esta cura a principios de invierno y de primavera.

◇◇◇◇◇◇◇

Aceite esencial de lavanda

En masaje en las sienes: 2 veces al día, hágase un masaje circular en las sienes con 2 gotas de aceite esencial de lavanda (*Lavandula angustifolia*). Puede repetir este masaje a diario durante unos 10 días.

Sobre un terrón de azúcar: si usted no es un gran amante de las infusiones, puede verter 1 gota de aceite esencial de lavanda (*Lavandula angustifolia*) sobre un terrón de azúcar.

◇◇◇◇◇◇◇

Levadura de cerveza

La levadura de cerveza contiene numerosos elementos que intervienen en la lucha contra el cansancio y el estrés, sobre todo cuando se combinan: vitaminas B1 y B6, llamada «antiestrés» y magnesio. Además, cuando se toma levadura, puede ser útil

¡Atención!

El romero, un estimulante general y excelente tónico, tonifica en caso de fatiga física y de agotamiento intelectual. No obstante, desconfíe de su aceite esencial: en dosis altas puede llegar a ser neurotóxico.

acompañarla de un complemento de magnesio en forma de «cura» de varias semanas, o tomando otros alimentos ricos en magnesio, como las nueces, las almendras, los bígaros, los caracoles y, por supuesto, el chocolate (negro y rico en cacao).

◇◇◇◇◇◇◇

Agua con vinagre

Vierta 1 cucharadita de vinagre de sidra en una taza de agua caliente. Bébase enseguida esta agua con vinagre antes de acostarse o 3 veces al día, antes de las comidas.

◇◇◇◇◇◇◇

Miel y canela

Disuelva 1/2 cucharada de miel en un vaso de agua y espolvoree con canela en polvo. Tómela en cuanto note una bajada de vitalidad.

Hígado congestionado

El hígado es uno de los principales órganos del cuerpo humano: produce, almacena, sintetiza, elimina… Sus funciones son múltiples y de una importancia vital. Junto con la vesícula biliar, es crucial para el proceso de la digestión.

Entre otras cosas, el hígado ayuda al organismo a asimilar las grasas, a metabolizar y almacenar las vitaminas; además, atrae, transforma y elimina las sustancias tóxicas presentes en los alimentos, el agua o el aire que respiramos… Es normal, pues, que su mal funcionamiento pueda influir no solo en el organismo, sino también en el humor. Una alimentación demasiado rica, alcohol, tabaco, fármacos, contaminación o estrés: el hígado acumula las toxinas y a menudo le cuesta eliminarlas.

Leche con arcilla

En aplicaciones tópicas y como cura oral, la arcilla puede ayudar a limpiar y aliviar este órgano primordial. Sus propiedades adsorbentes intervienen en la eliminación de las toxinas, y su riqueza en oligoelementos estimula la circulación sanguínea. Ahora bien, sabemos que el hígado, intensamente irrigado, es el gran depurador de la sangre. Se aconseja hacer una cura de leche o agua con arcilla durante 3 semanas, a comienzos de invierno y en primavera. Por la noche, prepare la leche con arcilla vertiendo 1 cucharadita rasa de montmorillonita verde ultraventilada en un vaso de agua y tómese esta bebida la mañana siguiente en ayunas, bebiendo solo el líquido superficial. ¡Atención a las contraindicaciones (ver pág. 23)!

Cataplasmas de arcilla

En caso de mala digestión, excesos alimentarios, abuso de alcohol o tez grisácea… no dude en aplicarse una cataplasma gruesa de arcilla tibia sobre el hígado durante 1 o 2 horas. Sin embargo, espere por lo menos 2 horas antes o después de las comidas para aplicarse la cataplasma. Utilice montmorillonita verde extrafina, y no olvide que está contraindicado poner cataplasmas sobre varios órganos importantes al mismo tiempo (hígado, estómago o riñones). Con ello podría fatigar su organismo.

Plantas para el hígado

Algunos aceites esenciales, como el de romero verbenona o el de limón (en masaje con un aceite vegetal, en un baño o añadido a las cataplasmas de arcilla), y también limón exprimido, así como plantas como la alcachofa, la albura de tilo, el diente de león o el rábano negro, son particularmente eficaces para drenar el hígado y la vesícula biliar.

Gingivitis

Una gingivitis a menudo se debe simplemente a un mal cepillado de los dientes,
que ocasiona una acumulación de placa dental y de sarro. También puede ser
reflejo de un mal estado general: infección, bajada de defensas inmunitarias,
prótesis mal ajustada, cambio hormonal (embarazo, menopausia…).
Sangrados durante el cepillado, dolor o puntos blancos en las encías:
estos signos deben llevarnos a consultar a un dentista.

Algunos consejos

Para evitar las gingivitis, cepíllese los
dientes después de cada comida,
cambie de cepillo de dientes una vez
al mes y vaya al dentista para que elimine el sarro 1 o 2 veces al año.

Gargarismos a base de infusión de ortiga

Gracias a sus propiedades calmantes
y cicatrizantes, la ortiga resulta eficaz en caso de gingivitis. Prepare una
infusión de ortiga: vierta 50 g de hojas frescas de ortiga en 1/2 litro de
agua mineral a punto de ebullición.

Deje en infusión 15 minutos generosos y cuele. Utilice esta infusión fría
en gargarismos, para curar una gingivitis: hágalos 3 veces al día. Si no
dispone de hojas frescas, use 5 g de
hojas secas en 15 cl (150 ml) de agua
mineral.

Limón

En masaje: dese un masaje en las encías con 1 corteza o cáscara de limón
o, aún mejor, con 2 gotas de aceite
esencial de limón y la misma cantidad de aceite esencial de árbol del té
(bactericida y desinfectante) en 1/2 cu-

charadita de aceite de hipérico (antiinflamatorio). Hágalo después de cada comida. Si prefiere preparar esta
mezcla en un frasco para utilizarla
fuera de casa, vierta 15 gotas de limón y la misma cantidad de árbol del
té en 10 ml de aceite de hipérico.

En enjuague bucal: cepíllese los dientes después de cada comida y haga un
enjuague bucal con 2 gotas de aceite
esencial de limón, otro tanto de árbol
del té y la misma cantidad de lavanda
en un vaso de agua tibia. Mantenga el
líquido en la boca durante al menos
1 minuto.

Una preparación para encías delicadas

Pique unas hojas frescas de berros
(*Nasturtium officinale*) y de ortiga
(*Urtica dioica*). Mézclelas con el zumo o jugo de un limón sin tratar. Si
le sangran fácilmente las encías, aplíquese esta preparación. El berro, rico
en yodo y en vitamina C, desempeña
un papel antiinfeccioso al reforzar las
defensas.

Garganta irritada

El dolor de garganta es una inflamación situada en la zona de la cavidad bucal, la laringe y/o la faringe. Dura un promedio de 3 o 4 días. Se nota dolor al deglutir, picores, ronquera, a veces tos y sensación de nariz tapada.

Exponerse al frío o a cambios bruscos de temperatura, una enfermedad, la contaminación, el tabaco, una alergia, una irritación mecánica… Estas son las principales causas de un dolor de garganta. Consulte sin falta a un médico si el dolor persiste durante más de 48 horas.

No se tome a la ligera los dolores de garganta, ya que pueden ser el síntoma precursor de unas anginas, una bronquitis, una laringitis u otra afección de las vías respiratorias. Se aconseja hacer gargarismos, así como chupar pastillas para mitigar el malestar. También existen soluciones en aerosol específicas para la garganta.

Un jarabe a base de ortiga

Gracias a sus propiedades sedantes, la ortiga es un calmante eficaz de las irritaciones de garganta. Muela 100 g de raíces de ortiga y llévelas a ebullición con 300 g de azúcar moreno en polvo y 1/2 litro de agua mineral. Retírelas del fuego. Tómese 1 cucharada al día de este jarabe para aliviar la inflamación de la

garganta, sobre todo si tiene anginas. Recuerde que debe consultar a un médico si los síntomas persisten. Si lo prefiere, también puede tomar 1 gragea de ortiga (polvo total criotriturado) 2 veces al día antes de las comidas, con un gran vaso de agua.

Gargarismos con vinagre

Haga gargarismos con agua caliente y un poco de vinagre y sal después de cada comida (1 cucharada de cada uno por vaso), sin tragarse esta mezcla horrible. Y, cuando le apetezca, chupe caramelos de miel.

Miel o propóleos

Cuando el dolor de garganta es muy fuerte y va acompañado de fiebre alta y/o dificultades para respirar, conviene consultar al médico. Pero cuando la irritación va asociada a un resfriado leve o a un abuso del tabaco y es soportable, la miel y/o el propóleos tienen un efecto calmante y permiten, en principio, un retorno a la normalidad en 2 o 3 días.

Mastique durante el máximo tiempo posible 1 g de propóleos en trozos o 1 tableta de mascar después de cada comida. Pulverice una vez al día propóleos en aerosol en el fondo de su garganta. Estos consejos constituyen la base del tratamiento.

Como complemento del propóleos, haga gargarismos 4 veces al día (después de las comidas y antes de acostarse). Para ello puede utilizar agua caliente con sal gorda, a la que añadirá el zumo o jugo de un limón entero (la mezcla será muy salada). Pero para hacer los gargarismos también puede emplear agua con miel y limón, o miel con 2 gotas de aceite esencial de tomillo, diluidos en agua.

Gota

Existe la creencia generalizada de que la gota es una enfermedad de tiempos pasados, exclusiva de los ricos y ociosos que se hartaban de comida y de vino. En efecto, esta afección a menudo está provocada por un régimen alimentario inadecuado, pero también puede ser consecuencia del hecho de tomar ciertos fármacos o puede tener causas hereditarias.

Algunos consejos

La responsable de la gota es la purina, una molécula presente en muchos alimentos, y que dentro del cuerpo se degrada en ácido úrico. Si los riñones no eliminan el suficiente ácido úrico, este exceso acaba por provocar la formación de cristales en las articulaciones. Estas excrecencias rozan sobre el cartílago, ocasionando inflamación y dolores. A menudo la parte más afectada es el dedo gordo: se hincha y enrojece, y es hipersensible al contacto. Hoy la gota se diagnostica y se puede tratar, pero hay que seguir un régimen bajo en purina, limitando ciertos pescados, carnes y despojos, verduras y leguminosas, así como la levadura, el té y el cacao. Hay que beber mucho líquido (agua, infusiones y zumos o jugos de frutas caseros); el alcohol y las bebidas demasiado dulces deben evitarse. En caso de crisis, hay que hacer reposo, sin dar masajes a la articulación que duele, y se recomienda hacer baños del pie afectado o aplicar compresas frías.

Bebidas con limón

El limón es pobre en purina y puede neutralizar el exceso de ácidos, en particular el ácido úrico responsable de la gota. Por tanto, se aconseja tomar después de cada comida el zumo o jugo de 1 limón en un vaso de agua tibia, a la vez que se sigue un régimen adecuado.

Un baño para calmar la articulación que duele

Mezcle en un barreño o bandeja de agua fría 3 gotas de aceite esencial de limón y la misma cantidad de aceite esencial de romero y de enebro. Sumerja el miembro dolorido entre 20 y 30 minutos. Haga el baño 2 veces al día. Y si no puede bañar la articulación, aplíquese compresas frías. En un recipiente de agua, añada 1 gota de cada uno de los aceites esenciales mencionados.

Un masaje con aceites esenciales

Los masajes con aceites esenciales contribuyen a detoxificar la articulación. Efectúelos cuando no tenga períodos de crisis, con 2 gotas de aceite esencial de limón, la misma cantidad de ciprés y de enebro en 1 cucharada de aceite de almendras dulces.

Aceites de calidad

Los aceites esenciales se extraen por destilación o por prensado en frío de ciertas partes de las plantas. Sus principios activos están muy concentrados, por lo que hay que comprar productos de calidad en comercios especializados.

Resaca

Nadie presume de ella, ¿pero quién no ha sufrido una en algún momento de su vida? Una resaca horrible que produce náuseas, dolor de cabeza y vómitos. Sepa que no sirve de nada darse una ducha fría y tomar varios cafés, puesto que no hará que se reduzca la alcoholemia, aunque sí permite evitar la somnolencia. Aquí tiene varios trucos para atenuar sus efectos.

Miel

El alcohol y el tabaco son nocivos para la salud, pero usted sin duda ya lo sabe… Se trata de una cuestión muy distinta: ¿la miel puede ayudarle a atenuar las consecuencias desagradables de este abuso? Después de fumar más cigarrillos de lo normal, los fumadores saben muy bien que la miel puede aliviar la irritación que notan en la garganta. Ahora bien, en lo que respecta a la resaca, los beneficios no son tan conocidos ni están tan claros. Diversas páginas de Internet aconsejan tomar miel al día siguiente de ir de fiesta para paliar los efectos de la resaca. Como contiene fructosa, permite acelerar la eliminación del alcohol. Pero según los médicos, la acción de la fructosa es mínima en este sentido, y para notar tan solo un leve efecto habría que ingerirla en grandes cantidades… ¡Hasta el punto de sentir náuseas! Miel, fruta y verdura, por sus vitaminas y sus minerales, sin duda le pueden ayudar a encontrarse mejor. Pero si no tiene la cabeza en su sitio y siente cefalea, no espere milagros. Y para eliminarla beba agua, ¡por supuesto!

Limón puro

Tomar el zumo o jugo de 1 limón puro (o bien diluido en un poco de agua tibia) por la mañana en ayunas es un buen remedio. Si le agrega una pizca de sal evitará que se elimine demasiado rápido en la orina.

Una limonada con bicarbonato

Incorpore a 1 vaso grande de agua tibia el zumo o jugo de 1/2 limón y 1 cucharada de bicarbonato sódico o de sodio. Remueva y tómeselo enseguida. También sirve a modo de prevención, antes de una comida que prevea que será copiosa.

Una tisana de tomillo

Lleve a ebullición 6 ramas de tomillo fresco en agua. Deje en infusión 5 minutos. Cuele y beba. Le ayudará a depurar su aparato digestivo.

Granos de café

Masque lentamente unos granos de café, trágueselos y tómese de inmediato un gran vaso de agua.

Hemorroides, varices y varicosidades

Estos problemas, que normalmente afectan a las mujeres, tienen distintas causas: factores genéticos, hormonales, embarazo, exposición al sol o al calor, sobrepeso o falta de ejercicio.

Las responsables son las válvulas situadas en las venas; estas facilitan la circulación de retorno, pero cuando no funcionan bien, la sangre se estanca y deforma las paredes de estos vasos sanguíneos, creando unos relieves más o menos prominentes bajo la piel: las varices. Se habla de varicosidades cuando las vénulas dibujan una red rojiza y poco marcada. En cuanto a las hemorroides, son venas dilatadas y dolorosas en la zona del ano. Estos fenómenos, propiciados por la gravedad terrestre, por lo general se producen en la parte inferior del cuerpo.

Algunos consejos

Evite las especias y el café. Estar sentado o de pie durante mucho tiempo, las alteraciones del tránsito intestinal y la deshidratación son factores desencadenantes. Tome laxantes no irritantes. Existen preparaciones específicas antihemorroides (en crema, en pomada, en supositorio…) para aliviar el dolor, que se pueden asociar a un anestésico local y a un antiinflamatorio. Tam-

bién se puede añadir un tratamiento oral al tratamiento tópico.

Un baño de asiento con ortigas

Las ortigas tienen propiedades calmantes y cicatrizantes. Sus cualidades astringentes pueden contribuir, asimismo, a atenuar la hinchazón de las hemorroides. Prepare una decocción de ortigas: ponga 500 g de raíces de ortiga en 1,5 litros de agua mine-

ral fría. Llévela a ebullición hasta que la mezcla se haya reducido en una tercera parte. Retírela del fuego. Deje que se enfríe y haga un baño de asiento con esta decocción vertida en un barreño o bandeja. Séquese bien y luego aplíquese una crema específica a base de castaño de Indias o de gingko biloba.

Un baño de asiento con arcilla

Realice baños de asiento con agua fresca, 2 cucharadas de arcilla extrafina en polvo y 5 gotas de aceite esencial de ciprés. Las cataplasmas localizadas de arcilla fría, a las que añadirá 1 gota de aceite esencial de ciprés, también son eficaces para calmar pruritos e incomodidades.

Cataplasmas de arcilla contra varices y varicosidades

La arcilla no hará desaparecer las varices o varicosidades ya existentes; solo una operación o las técnicas de electrocoagulación pueden hacerlo. Sin embargo, las atenúa, previene su

Flavonoides venotónicos

La corteza o cáscara del limón y de otros cítricos es muy rica en hesperidina, un flavonoide usado a menudo en preparaciones farmacéuticas contra las varices y hemorroides.

aparición y calma la incomodidad, siempre que se efectúen aplicaciones de manera regular. Se aconseja usar montmorillonita verde o arcilla roja (illita o montmorillonita), muy conocidas por su acción tonificante en la circulación. Aplique una cataplasma fina de arcilla fría sobre la zona afectada durante por lo menos 1 hora. Si prepara la pasta con agua salada, con sal marina no refinada, y añade 2 gotas de aceite esencial de ciprés y la misma cantidad de menta piperita, aumentará su efecto refrescante y tónico. Luego mójese las piernas en la ducha con agua fría (¡pero no demasiado!) y dese un masaje con una mezcla compuesta por 1 cucharada de aceite de macadamia y 2 gotas de aceites esenciales de ciprés, y otras 2 de aceite de geranio y de limón. Un baño de pies frío con 2 cucharadas de arcilla y 1 cucharada de sal marina gorda no refinada es un calmante muy eficaz después de pasar un día andando o yendo de compras.

Complementos útiles

Para mejorar la circulación y el tono venoso se recomienda comer ajo crudo, frutas (sobre todo limones) y verduras ricas en vitamina C. Plantas como el hamamelis, la salvia, la vid roja, el arándano y el castaño de Indias también poseen las mismas propiedades.

Masajes tonificantes

Prepare una mezcla compuesta por 10 gotas de aceite esencial de limón y la misma cantidad de ciprés y de geranio en 50 ml de aceite vegetal de calófilo. El limón, el ciprés, el geranio y el calófilo contribuyen a tonificar las paredes venosas y facilitan la circulación. Su acción es tanto más eficaz cuanto que los aceites esenciales franquean con rapidez la barrera cutánea. Dese un masaje de abajo hacia arriba, insistiendo, sin presionar, en las venas que sobresalgan. Debe hacerse a diario, tras una ducha con agua fría, si tiene las piernas hinchadas o cansadas. Se puede alternar con una mezcla de aceites esenciales de limón, enebro y romero (en las mismas proporciones).

Limón

La vitamina C y los flavonoides permiten mantener y conservar la flexibilidad del tejido venoso y estimular la circulación. Como complemento del tratamiento, beba el zumo o jugo de 1 limón exprimido en medio vaso de agua tibia por la mañana. Añada corteza o cáscara de limón picada o rallada a todos sus platos.

Insomnio

Las horas de sueño se dividen en una serie de ciclos de sueño lento y sueño paradójico. Si hay algún reloj que debe escuchar, sin duda es su propio reloj biológico. Tanto si usted se siente más activo por la mañana como si está mejor por la noche, es su reloj el que le pide que duerma lo suficiente para que su organismo se recupere.

Pero en general cada vez dormimos peor, el 40 % de la población mundial sufre alteraciones del sueño: le cuesta dormirse, se despierta durante la noche y tiene pesadillas o insomnio. De ahí el interés de un sueño de calidad, indispensable para la buena forma física, para el equilibrio y para tener buen aspecto.

Algunos consejos

Respete los ciclos biológicos procurando irse a dormir más o menos a las mismas horas y levantándose a una hora fija, incluso el fin de semana. No pretenda recuperar las noches en blanco quedándose en la cama hasta tarde. Durante la mañana, el sueño es demasiado rico en sueño paradójico y demasiado pobre en sueño lento, así que en realidad no descansamos. Por la tarde, una siesta (más rica en sueño lento profundo) es más beneficiosa para la recuperación del cansancio acumulado por falta de sueño. Otra opción es evitar en la medida de lo posible durante la cena el café, el alcohol, el tabaco, las bebidas diuréticas (cerveza, sopas), los excitantes (especias y condimentos) y los dulces (los azúcares rápidos pueden provocar despertares intempestivos).

Lavanda bajo la almohada

Al ser sedante, calmante y tranquilizante, la lavanda ayuda a conciliar un sueño recuperador. Esta planta per-

mite reducir el tiempo que se tarda en conciliar el sueño y aumentar la duración del mismo. Si le cuesta dormirse, ponga 3 gotas de aceite esencial sobre su almohada. Con el calor del cuerpo, los aromas de la lavanda se difundirán poco a poco durante la noche y le ayudarán si le cuesta conciliar el sueño.

Un baño relajante

Deje la mente en blanco, distienda los músculos y relaje todo su cuerpo. Añada 15 gotas de aceite esencial de lavanda al agua del baño (una vez llena la bañera), y este baño le proporcionará una mayor relajación muscular y mental.

Un aceite de masaje para dormir bien

Mezcle en un recipiente 50 ml de aceite de almendras dulces (suavizante) y la misma cantidad de aceite de sésamo (lige-

ro y nutritivo), dos aceites vegetales ricos en ácidos grasos esenciales que favorecen un masaje suave y relajante. Añádales 10 gotas de aceite esencial de lavanda (*Lavandula angustifolia*), y deje macerar 48 horas. Vierta el aceite resultante en una botella de cristal opaco que cierre herméticamente. Etiquétela. Este aceite para el cuerpo es ideal por la noche como masaje, a fin de propiciar un sueño plácido y reparador. Se conserva bien protegido de la luz y el calor.

Vierta una pequeña cantidad de aceite en la palma de la mano. Aplíquese este aceite en un masaje por todo el cuerpo (evitando los ojos y las mucosas), frotándose suavemente con movimientos circulares. Para optimizar el efecto relajante del masaje, masajéese los pies, insistiendo en el arco plantar, y luego ascienda hacia la parte superior del cuerpo. Insista en las zonas más tensas (nuca y parte superior de los hombros), así como en el plexo solar y las muñecas.

Mareo

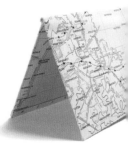

El mareo, que se produce cuando vamos en coche, en barco, en tren o en avión, no es grave en sí mismo, pero durante el viaje constituye un auténtico inconveniente. Se sabe que es fruto de una inadecuación entre las percepciones de nuestros órganos sensoriales y el análisis que nuestro cerebro hace de ellas. El mareo produce náuseas, sudoración, malestar general, y con frecuencia termina con vómitos. En general, este problema afecta sobre todo los niños.

Algunos consejos

Se recomienda comer antes del viaje para evitar los espasmos dolorosos en el caso de que usted (o su hijo) llegue a vomitar. Existe un gran número de medicamentos alopáticos u homeopáticos, a menudo eficaces, para prevenir y tratar estos trastornos. Ahora bien, tenga cuidado, porque algunos tratamientos alopáticos provocan somnolencia y falta de atención. Opte, pues, por los trucos naturales siguientes, que en ningún caso presentan riesgos si usted respeta las instrucciones de uso (sobre todo en el caso de los aceites esenciales).

Aceite esencial de limón

Al ser antiespasmódico, el limón es eficaz para aliviar las náuseas y evitar los vómitos. A menudo se acepta con más facilidad en comprimidos y grageas. No obstante, ¡durante los viajes es más práctico utilizar aceites esenciales que tener que cortar o exprimir limones en el coche, el barco o el avión! Vierta 2 gotas de aceite esencial de limón en un terrón de azúcar y déjelo fundir en la boca. O bien mezcle en un pequeño frasco de 5 o 10 ml la misma cantidad de aceite esencial de limón y de menta piperita. Vierta 1 gota sobre

un poco de miga de pan en cuanto note los primeros síntomas; repítalo cada hora si es preciso. Respire 2 o 3 gotas de aceite esencial de limón en un pañuelo, de forma preventiva o cuando sienta los primeros síntomas de náuseas. O bien mezcle en un frasco aceites esenciales de eucalipto (*Eucalyptus globulus*), limón y menta piperita en cantidades iguales, para inhalarlos como se ha indicado.

Algunas precauciones

Cuando desee utilizar aceites esenciales, sepa que la inhalación es el método preferible para los niños. De hecho, para los pequeños se desaconseja los aceites esenciales por vía oral, así como para personas con el estómago delicado y las mujeres

---

Truco

Para combatir las náuseas, existen unos roll-on específicos. Aplíqueselos en las muñecas y frótaselas una contra otra. Respire los aromas de los aceites esenciales. Puede darse tres aplicaciones: 30 minutos, 15 minutos y justo antes del viaje. En realidad, los aceites esenciales utilizados (lavanda, menta piperita, romero, tomillo…) son antiespasmódicos y unos excelentes equilibrantes del sistema nervioso.

---

embarazadas. Estas sustancias muy concentradas pueden resultar irritantes.

Lavanda

La lavanda (*Lavandula angustifolia*) alivia el mareo. En caso de náuseas, respire unas gotas de aceite esencial de lavanda que habrá vertido previamente en un pañuelo.

Perejil

Colóquese un ramillete de perejil sobre el pecho, sujetándolo en una prenda. No pregunte por qué, ¡pero funciona!

Mal aliento

A menudo solo nos damos cuenta de que tenemos mal aliento por la reacción de nuestro entorno. En general, el mal aliento es ocasional, en cuyo caso corresponde al consumo de alimentos con un olor intenso (ajo, cebolla, queso, etc.). Pero el mal aliento también puede ocultar otros problemas, en particular una inflamación de las encías.

Algunos consejos

En primer lugar, es primordial mantener una higiene bucodental perfecta: cepillarse los dientes después de cada comida y pasarse hilo dental o escobillas por los intersticios para extraer todos los restos de alimentos. Y no se olvide de cepillarse bien la lengua, refugio de numerosas bacterias, además de beber mucho líquido a fin de no tener la boca seca y estimular la producción de saliva. En cuanto a los fármacos, existen comprimidos para chupar, aerosoles o elixires bucales, a menudo a base de antiséptico. Si lo ha probado todo, incluso una consulta al dentista y al médico, el bicarbonato sódico o de sodio puede resultarle de ayuda.

Yogur

Es el único alimento vivo (gracias a sus fermentos y a sus bacterias beneficiosas) que está disponible en comercios. En concreto, ayuda a combatir las bacterias malas destruyéndolas, y reduce, asimismo, el riesgo de liberar gases y otros olores desagradables.

Un gargarismo

Haga gargarismos con 2 gotas de aceite esencial de limón y la misma cantidad de menta piperita en un vaso de agua tibia después de cada comida.

Zumo o jugo de limón

El limón tiene propiedades antibacterianas. Enjuáguese la boca durante un buen rato con el zumo o jugo de 1 limón diluido en un vaso de agua.

Bicarbonato

El bicarbonato neutraliza los malos olores de raíz, impidiendo la proliferación de las bacterias que son responsables de los mismos. Este tratamiento actúa, pues, a modo preventivo y curativo. Prepare un enjuague bucal diluyendo en un vaso de agua tibia 1 cucharadita de bicarbonato y 1 gota de aceite esencial de limón (antiséptico), de menta piperita (re-

frescante y digestiva) o de árbol del té (antiséptico).

Perejil

Esta hierba refresca el aliento, ya que la clorofila que contiene, entre otras propiedades, absorbe los olores bucales. ¡Masque perejil a menudo! El perejil, bien conocido por todo el mundo, puede aderezar muchos platos.

Cefalea

Fatiga, estrés, comidas demasiado copiosas o un exceso de bebida… Nunca faltan los motivos para tener cefalea. Debe diferenciarse de la migraña, que se reconoce por unos indicios específicos: crisis de dolor que pueden durar entre 4 horas y 3 días, y dolor pulsátil que puede ir acompañado de náuseas y vómitos, y verse agravado por el esfuerzo físico, la luz, el ruido o el humo de tabaco.

Algunos consejos

Evite los lugares demasiado calurosos y llenos de humo. No deje que la cefalea se instale, pase a la acción ante los primeros síntomas. Confíe en plantas como la lavanda, la albahaca o la menta piperita, que dan buenos resultados contra el dolor de cabeza.

Lavanda

En infusión: vierta 1 cucharadita de flores secas de lavanda en una taza grande de agua mineral a punto de ebullición (pero que no hierva). Deje en infusión unos 10 minutos. Endulce con 1 cucharadita de miel de lavanda y tómese esta infusión entre las comidas. Alivia el dolor de cabeza.

En masaje: cuando la cefalea empiece a manifestarse, dese un masaje suave en las sienes con el aceite siguiente. Ponga a macerar durante 3 días 25 g de flores frescas de lavanda común en 1 litro de aceite de oliva virgen de primera prensada. Cuele y repita la operación hasta que el aceite esté

Truco

Opte por una mascarilla calmante (que conservará en el refrigerador) que contenga un gel que mantenga el frío. Colóquesela sobre la frente, las sienes y los lugares que le duelan más.

bien impregnado del olor de la lavanda. Vierta esta preparación en una botella de cristal etiquetada que cierre herméticamente.

En compresa: la lavanda es tranquilizante, analgésica, antiespasmódica y calmante. Para aliviar una cefalea que va en aumento, dese un masaje en las sienes con una compresa fría empapada con 3 gotas de aceite esencial de lavanda. Esta receta también está indicada si usted sufre estados febriles.

Cataplasmas de arcilla

La arcilla descongestiona los vasos sanguíneos y los nervios, cuya infla-

mación a menudo es responsable, en parte, de la intensidad de la cefalea. La arcilla estimula la circulación, y su contacto refresca y calma. Aplique alternativamente una cataplasma de arcilla (de illita o montmorillonita) fría sobre la frente y la nuca. Añada a la pasta 1 o 2 gotas de aceites esenciales de lavanda, menta piperita o limón mezclados con un poco de aceite de almendras dulces. Estas esencias son refrescantes y calmantes. Conserve la cataplasma durante 1 hora y sustitúyala si se calienta demasiado pronto.

Compresas y masajes con limón

El limón tiene un efecto calmante y descontracturante contra la inflamación de los vasos sanguíneos y los nervios, que a menudo es la responsable de los dolores de cabeza. Póngase directamente sobre la frente, las sienes o la nuca unas rodajas de limón o compresas mojadas con su zumo o jugo. También puede darse un masaje en las zonas que le duelan con 2 gotas de aceite esencial de li-

món, otras 2 de lavanda y de menta piperita diluidas en 1 cucharada de aceite de almendras dulces. O bien vierta estos aceites en 1/2 vaso de agua fresca para humedecer en ella las compresas.

Aceites esenciales

En masaje: puede darse un masaje en las zonas doloridas o contracturadas con 2 gotas de aceite esencial de limón, otras 2 de lavanda y de menta piperita, todo diluido en 1 cucharada de aceite de almendras dulces. También puede verter estos aceites en 1/2 vaso de agua fresca para humedecer en ella las compresas.

En difusión: ponga en un difusor 5 gotas de aceite esencial de lavandín (*Lavandula x intermedia*) y 5 gotas de aceite esencial de albahaca (*Ocimum basilicum*). Respire estas esencias 3 veces al día, sobre todo por la noche, antes de irse a dormir. Tam-

bién puede sustituir el aceite esencial de albahaca por aceite esencial de menta piperita (*Mentha x piperita*).

Cebolla sobre la frente

Ponga 2 cebollas en agua hirviendo. Déjelas entibiar, y luego colóquese sobre la frente varias capas de cebolla, que sujetará con una gasa. Si se atreve, puede dejarla actuar toda la noche.

Lavado antimigraña

Un método utilizado en Indonesia consiste en sumergir las manos (o los pies) en un barreño o bandeja con agua caliente y 3 o 4 limones cortados en trozos. Al parecer, el calor, al atraer la sangre hacia las extremidades, descongestiona la cabeza. Esta receta procede del país donde se utiliza este cítrico para lavar y desengrasar la vajilla.

Agua caliente

El agua muy caliente produce una dilatación de los vasos, lo cual favorece una mejor circulación en el conjunto del sistema venoso. Para calmar las cefaleas persistentes, puede sumergir las manos en agua caliente hasta las muñecas durante un buen rato (lo ideal sería 30 minutos como mínimo). También puede tomar un buen baño caliente, que además tiene la ventaja de proporcionarle unos momentos de alivio y relajación.

Café muy fuerte

En caso de dolor de cabeza, a veces se recomienda tomar un café muy fuerte después de aplastar una rodaja de limón en la taza. De este modo, el café y las vitaminas suman sus efectos.

Micosis superficiales

Estas enfermedades están provocadas por unos hongos microscópicos. Habitualmente están presentes en la piel y en el organismo, pero pueden proliferar de forma anormal debido a diversos factores: bajada de las defensas, estrés, toma de antibióticos, calor, humedad, ropa ajustada, calzado mal ventilado, jabones decapantes o una higiene insuficiente.

Los hongos superficiales se desarrollan en la piel, entre los dedos, en los pliegues del cuerpo, en el cuero cabelludo o bajo las uñas. Con frecuencia dan lugar a rojeces, alopecia y picores. Son contagiosos si no se tratan, y pueden infectar otras partes del cuerpo o a otras personas. Solo pueden ser graves en personas diabéticas o con unas defensas bajas.

Cataplasmas de arcilla

La arcilla tiene propiedades purificantes y calmantes. En uso oral también puede contribuir a depurar el organismo. Sus propiedades adsorbentes le permiten atrapar hongos y levaduras, e impedir su proliferación.

En las uñas: aplique una vez al día una cataplasma fría de montmorillonita con 1 o 2 gotas de alguno de estos aceites esenciales: árbol del té, lavanda o tomillo. Límpiela al cabo de 2 horas o cuando la tierra se haya secado. Siga el tratamiento regularmente durante al menos 1 mes. Si la micosis se encuentra bajo las uñas del pie o entre los dedos, también hay

que desinfectar el calzado pulverizando un aerosol antifúngico.

En otras partes del cuerpo: aplique cataplasmas o compresas (una tela mojada en una arcilla más líquida) durante 1 o 2 horas. Añada 1 o 2 gotas de aceites esenciales de árbol del té, lavanda y tomillo previamente mezclados con 1 cucharadita de aceite de macadamia o de almendras dulces.

Ajo

Cuando se aplica en la epidermis, puede tratar ciertas micosis (inflamaciones de la piel debidas a la acción de hongos, como el «pie de atleta», que debe su nombre al hecho de que a menudo se contrae en piscinas y duchas de gimnasios, y prolifera en el calzado húmedo). El medio más eficaz, según las pruebas, consiste en utilizar una crema a base de ajoeno del 1 %, de venta en farmacias. También puede verter en las zonas afectadas (en general, entre los dedos de los pies) 1 gota de aceite esencial de ajo mezclado con un aceite vegetal. Las solución más sencilla y la más econó-

mica, como en los demás usos dermatológicos, es frotarse la piel con un diente de ajo cortado (¡que no debe reutilizar, por supuesto!) o ajo picado. ¡Pero tenga cuidado con las posibles irritaciones!

Aceite esencial de lavanda

La transpiración y la laceración de los pies húmedos en un calzado cerrado son las responsables de las micosis entre los dedos del pie, así como del pie de atleta. Aplique 1 gota de aceite esencial de lavanda, de manera local o en un baño de pies. O bien mezcle 100 ml de aceite vegetal de calófilo con 1 gota de aceite esencial de espliego (*Lavandula latifolia*) y 1 gota de aceite esencial de ajedrea (*Satureja montana*).

Enjuagues bucales o gargarismos

Tanto si se llaman muguet bucal como candidiasis, estas infecciones se desarrollan en la pared interna de las mejillas, la lengua o las encías. Están provocadas por la proliferación de las bacterias, lo cual acidifica el entorno bucal, que por lo general es alcalino. Según la localización de la afección, puede probar con enjuagues bucales o gargarismos. Diluya 1 cucharadita de bicarbonato (alimentario) en un vaso de agua hervida y añada 2 gotas

de aceite esencial de árbol del té, lavanda y tomillo. Los aceites son opcionales, pero tienen propiedades calmantes y antisépticas. Puede repetir el baño 2 o 3 veces al día, después de cada comida.

Un baño de asiento para las micosis vaginales

Haga un baño de asiento 1 vez al día durante 5 o 10 minutos, diluyendo

¿Y los picores?

Los picores pueden tener múltiples causas: alergias, picaduras de insectos o afecciones de tipo eczema, herpes o incluso zóster.
Una bolita de arcilla sobre una picadura, o una cataplasma sobre lesiones más extensas calman el prurito. Añada aceite de hipérico para el zóster.
Deje actuar durante 1 hora, manteniendo la pasta húmeda.

1 cucharadita de bicarbonato por litro de agua tibia. También puede añadir 2 gotas de aceite esencial de lavanda, tomillo y romero. No se enjuague, y utilice una toalla limpia cada vez que se seque.

Un baño de pies

Diluya 2 cucharadas de bicarbonato en un barreño o bandeja con 4 o 5 litros de agua tibia, 4 gotas de aceite esencial de árbol del té y de limón. Ponga los pies en remojo durante unos 30 minutos, y séqueselos bien, sobre todo entre los dedos. Repita el baño hasta que desaparezcan por completo los síntomas. Estos baños no impiden utilizar también una pomada antifúngica, si lo desea.

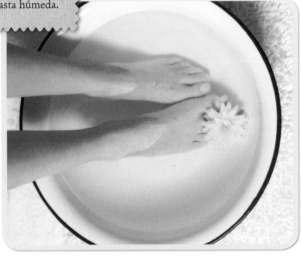

Nariz tapada

La nariz tapada se debe a una inflamación o a una irritación local, que provoca un cierre del paso del aire por la nariz. De hecho, cuando el frío y la humedad debilitan el aparato respiratorio, la nariz empieza a gotear y se congestiona, sobre todo si tiene un catarro o una rinitis (la mayoría de las veces de origen viral). Ciertas plantas, como la lavanda, actúan de forma específica sobre las vías respiratorias.

Algunos consejos

Suénese a menudo y utilice un aerosol específico o un suero fisiológico. Respire aceites esenciales, como el de lavanda.

Una inhalación a base de plantas

Ponga en un cuenco grande lleno de agua hirviendo 20 g de lavanda (*Lavandula officinalis*) y 20 g de eufrasia (*Euphrasia officinalis*). Inclínese sobre el cuenco, con una toalla de felpa sobre la cabeza. Respire profundamente durante 10 minutos. Repita esta inhalación 2 veces al día. O bien vierta en un cuenco de agua hirviendo 5 gotas de aceite esencial de lavanda (*Lavandula officinalis*) y la misma cantidad de aceite esencial de eucalipto (*Eucaliptus globulus*). Permanezca inclinado encima del cuenco durante 5 minutos largos, con la cabeza cubierta con una toalla de felpa. Respire profundamente los vapores que ascienden del cuenco.

Aceite esencial de lavanda

En el baño: para facilitar la respiración en caso de tener la nariz tapada, vierta 15 gotas de aceite esencial de lavanda en el baño, una vez que haya llenado la bañera. Remueva unos segundos. También existen preparaciones para el baño a base de lavanda. Al salir del baño, prolongue la acción relajante de la lavanda dándose un masaje con un aceite de lavanda.

En un pañuelo: vierta 2 gotas de aceite esencial de lavanda en un pañuelo y respire oliéndolo de manera regular. Luego bastará con que se suene bien para que la nariz se descongestione.

Agua caliente para dormir sin la nariz tapada

Ponga sobre la mesita de noche, al lado de su cama, un cuenco lleno de agua hirviendo a la que habrá vertido 3 gotas de aceite esencial de lavanda. Mientras duerme, del vapor del agua caliente desprenderá la acción beneficiosa de la lavanda. Así podrá dormir con la nariz despejada.

Bicarbonato y sal para despejar los senos nasales

Pruebe esta preparación que evita la proliferación de las bacterias. Diluya 1 cucharadita de bicarbonato y 1/2 cucharada de sal fina en un vaso con agua hervida. Pase la preparación a un frasco con cuentagotas, y límpiese la nariz con esta solución varias veces al día. Puede alternarla con pequeñas dosis de suero fisiológico. Estos métodos permiten evitar una mayor infección al evacuar la mucosidad. La mejoría se nota muy pronto, algo que no siempre sucede con los fármacos clásicos.

Osteoporosis

Esta patología hoy en día es bien conocida. La pérdida de densidad del tejido óseo ocasiona dolores articulares y propensión a las fracturas. La naturaleza es injusta: las mujeres son las más afectadas por la osteoporosis, ya que su índice de estrógenos protectores cae en el momento de la menopausia.

Algunos consejos

El equilibrio entre ambos sexos se restablece, sin embargo, a partir de los 70 años. ¿Cómo protegerse? Se recomienda hacer ejercicio a diario (por ejemplo, andar) y optar por una alimentación rica en vitaminas y calcio. Encontramos el calcio en los productos lácteos y también en los frutos secos (almendras, nueces y avellanas). Se aconseja reducir el consumo de tabaco, alcohol y café. Por último, es recomendable tomar el sol o al menos la luz solar para que la piel pueda sintetizar la vitamina D, que es indispensable.

Arcilla en uso oral o tópico

La arcilla actúa de manera beneficiosa de dos formas: calmando los dolores articulares y remineralizando el hueso. Es la razón por la cual también la aconsejan después de una fractura. Se ha observado que los valores de calcio y de magnesio presentes en ciertas arcillas con un alto poder adsorbente se reducen considerablemente después de una aplicación sobre la piel. Minerales y oligoelementos liberados de este modo pueden regenerar la piel y remineralizar el hueso. Esto se da, en especial, en el caso de articulaciones superficiales, como la rodilla. Las cataplasmas no sustituyen la escayola o yeso en caso de fractura, pero sí pueden contribuir a la consolidación del hueso.

En uso oral: para remineralizar los huesos, una cura de agua con arcilla practicada 1 o 2 veces al año, durante 15 o 20 días, también da buenos resultados. Beba cada mañana, en ayunas, un vaso de agua con arcilla: 1 cucharadita de montmorillonita verde ultraventilada en un vaso de agua preparado la noche anterior. Tómese tan solo el agua superficial, y preste atención a las contraindicaciones (ver pág. 23).

En uso tópico: elija la montmorillonita verde extrafina, más adsorbente. Aplique una cataplasma gruesa fría o tibia sobre la articulación que le duela, y no la retire hasta transcurridas 2 horas. Aplíquela regularmente para mejorar la osteoporosis o contra las secuelas de una fractura.

Una bebida remineralizante

Tómese todas las mañanas el zumo o jugo de 1 limón puro en un vaso de agua tibia con 1 cucharada de miel. La miel, sumamente rica en calcio, fósforo y vitaminas, refuerza la acción del limón.

Limón en su plato

El limón puede actuar de forma preventiva y complementaria. A causa de su acidez, durante mucho tiempo se sospechó que descalcificaba los huesos. En realidad, el limón es rico en calcio, fósforo y potasio, cuya asimilación se ve favorecida por la presencia de ácido cítrico. No dude en aliñar sus ensaladas con zumo o jugo de limón. Agregue la corteza o cáscara picada muy fina (la amarilla o verde y la membrana blanca) como condimento. El limón combina y realza perfectamente el pollo, el cerdo y la ternera, así como el arroz, la pasta o el queso fresco y los yogures… Hay infinitas posibilidades. La corteza o cáscara de limón realza los platos, aporta un gran número de nutrientes interesantes y permite reducir la cantidad de sal en los alimentos. Emplee siempre limones ecológicos u orgánicos, sobre todo si va a consumir la corteza o cáscara. En la cocina, agréguelos sobre todo al final de la cocción para evitar que pierdan propiedades.

¿Cómo retirar una cataplasma?

Este consejo puede parecer superfluo y, sin embargo, es muy útil. Retire la arcilla que hay sobre la piel con papel absorbente. Si quiere reutilizar la tela de la cataplasma, ráspela bien con la hoja de un cuchillo antes de lavarla y deseche la arcilla. Nunca enjuague la arcilla bajo la ducha, ya que incluso en pequeñas cantidades se acumula en los desagües y puede obturar las tuberías.

Cloruro de magnesio

El magnesio interviene en el proceso de fijación del calcio necesario para evitar el fenómeno de la descalcificación, que puede desembocar en la osteoporosis. Con fines preventivos, por ejemplo, durante el periodo que precede a la menopausia, o en su inicio, se aconseja hacer curas de cloruro de magnesio. Estas curas deben enmarcarse en un contexto de vida saludable, que consista en una alimentación sana (rica en productos que contengan magnesio) y una actividad física regular.

Otitis

Existen varios tipos de otitis. La más habitual se caracteriza por una inflamación del oído medio que a menudo se produce tras un catarro o una rinofaringitis. La infección de la garganta se propaga por la trompa de Eustaquio a la cavidad situada detrás del tímpano, la cual se llena de pus.

La infección ocasiona dolores y una sensación de calor en la oreja, menos audición, zumbidos y, a veces, secreciones amarillentas. Aunque los adultos también la sufren, esta afección es más frecuente en los niños. Si hay fiebre, en el caso de personas delicadas y niños pequeños siempre es preferible consultar a un médico.

Limón

A modo preventivo: si por lo general sus catarros degeneran en otitis, o si los síntomas son leves, el limón puede suponer una valiosa ayuda. Si sus catarros y rinofaringitis (o los de sus hijos) a menudo terminan en otitis, póngase preventivamente 2 gotas de zumo o jugo de limón en los oídos 1 vez al día. También puede lavarse la nariz con suero fisiológico o con una solución nasal a base de agua de mar para eliminar las secreciones. Como complemento, beba el zumo o jugo de 1 limón con un poco de agua tibia por la mañana en ayunas durante 1 semana. Este tratamiento permite detoxificar el organismo y reforzar las defensas.

Cuando aparezcan los primeros dolores: dé unos toques suaves al contorno del oído con un algodón empapado en agua caliente, bien escurrido y mojado en zumo o jugo de limón. Repítalo varias veces al día. El limón calma el dolor y desinfecta por capilaridad. También se puede dar un masaje al contorno del oído con una mezcla compuesta por 1 gota de aceite esencial de limón, otra de árbol del té y otra de lavanda diluidas en 1 cucharadita de aceite de almendras dulces o de oliva. Estos aceites esenciales tienen propiedades calmantes, antivirales y bactericidas.

Cloruro de magnesio

A los primeros indicios de otitis, tómese una dosis de solución de cloruro de magnesio. Al día siguiente, tómela 4 veces al día, y al día siguiente, 3 veces. Una vez que desaparezcan los síntomas, siga tomando un vaso por la mañana y por la noche durante unos días para evitar una posible recaída.

Parásitos intestinales

Los oxiuros son unos de los parásitos intestinales más frecuentes. Este pequeño gusano blanco prolifera en el suelo, de modo que infecta con mucha facilidad a los niños cuando juegan con la tierra. El parásito se incrusta bajo las uñas y penetra en el sistema digestivo cuando la persona se lleva las manos a la boca. Los oxiuros hembra ponen sus huevos a la altura del ano, provocando así picores que indican esta contaminación.

Algunos consejos

Cuando una persona (niño o adulto) contrae estos parásitos intestinales, puede contaminar a su familia, a sus amigos de la escuela o a sus compañeros de trabajo. Huevos y larvas se depositan en la ropa interior, sábanas y toallas, que habrá que lavar a más de 60 °C. Por supuesto, existen vermífugos de venta en farmacias, pero quizás usted prefiera soluciones más naturales. Todos los tratamientos siguientes deben seguirse durante 10 o 15 días para eliminar los gusanos, los huevos y las larvas, además de lavarse las manos meticulosamente (y cepillarse las uñas), así como lavar la ropa del hogar para asegurarse de evitar cualquier riesgo de una nueva contaminación.

Corteza o cáscara de limón

Las propiedades antiparasitarias y depurativas del limón resultan muy eficaces. Ralle la corteza o cáscara de 1 limón sin tratar en 1 cucharadita de miel o de mermelada y tómese esta mezcla todas las mañanas en ayunas durante 16 días.

Miel y limón

En decocción: procese por la batidora de inmersión 1 limón entero (piel, pulpa y semillas), déjelo macerar durante 2 horas en un vaso de agua tibia con 1 cucharadita de miel. Cuele y tómese el limón por la noche, antes de acostarse. O bien pase por la batidora de inmersión 1 limón entero con 1 cucharadita de miel. Tómeselo por la mañana, en ayunas.

En tisana: diluya 1 cucharada de miel en 25 cl (250 ml) de agua caliente, pero sin que llegue a hervir. Añada el zumo o jugo de 1 limón y 2 gotas de aceite esencial de limón o de mandarina. Bébasela por la mañana en ayunas.

Picaduras de insectos

Sin duda, los mosquitos son los enemigos declarados de las agradables noches de verano al aire libre y de las noches tranquilas. Las avispas, los tábanos y los abejorros no nos castigan con tanta frecuencia, pero no por ello son menos molestos, y a veces incluso peligrosos, en el caso de personas alérgicas.

Algunas precauciones

Nada de gestos bruscos: para evitar que le piquen las abejas, las avispas o los abejorros, no haga movimientos bruscos, ya que estos insectos solo atacan para defenderse.

Aceites esenciales: para evitar que le piquen los mosquitos por la noche, mezcle 10 gotas de aceite esencial de limón o de citronela en 20 ml de aceite de almendras dulces y aplíquese esta loción. Las velas perfumadas con aceite de limón o de citronela también son muy útiles al atardecer.

En una habitación: vaporice agua con aceites esenciales (250 ml de agua por 30 gotas de limón o citronela) no demasiado cerca de la cama, si se trata de un niño. O bien simplemente coloque un algodón impregnado de estos mismos aceites cerca de la cama o debajo de la almohada (este método está contraindicado en el caso de bebés).

Ajo o cebolla

Tanto si se trata de abejas, avispas, mosquitos o tábanos, el ajo es eficaz para calmar el dolor en caso de picadura. La receta es muy sencilla: basta con frotar un diente de ajo sobre la picadura (después de retirar el aguijón, si lo hay). Cabe señalar que, en este caso, el jugo de cebolla es igual de eficaz, o incluso más.

Miel

¿Le ha picado un mosquito u otro insecto y se muere de ganas de rascarse? Dese un masaje con un poco de miel… En cuanto lo haga, sentirá un agradecimiento infinito por este valioso néctar. Ahora bien, este método es mucho menos milagroso si ha tocado ortigas. En este caso, la miel alivia un poco el escozor, más o menos como el vinagre, que se suele recomendar para este tipo de situaciones. Para los niños presenta, además, la ventaja de no «picar» cuando se aplica sobre la piel. También puede mezclar 2 gotas de aceite esencial de geranio Robert (*Geranium robertianum*) en 1 cucharada de miel de lavanda. A continuación, aplique esta preparación sobre la picadura para calmar la comezón.

Aceite de lavanda

Ponga a macerar durante 3 o 4 días 3 puñados grandes de flores de lavanda en 1 litro de aceite de oliva virgen de primera prensada. Cuélelo. Ponga esta preparación en una botella de cristal opaco que cierre

¿Cómo hacer enloquecer a una abeja?

Según la experiencia del apicultor, cuando uno se acerca a un panal, es preferible apagar el móvil o celular. Simplemente las vibraciones en modo silencio hacen que las avispas de pronto se vuelvan particularmente agresivas. Algunos sospechan, además, que las ondas que emiten los móviles o celulares pueden ser nocivas para las abejas, si bien todavía no se ha realizado ningún estudio serio sobre esta cuestión.

herméticamente. Etiquétela. Este aceite calma las picaduras de insectos o de plantas como las ortigas. Aplíquelo localmente con una compresa de gasa no tejida estéril. A continuación dé un suave masaje en la zona de la picadura.

Vinagre de sidra

En los minutos siguientes a la picadura, aplique un algodón empapado de vinagre de sidra sobre el lugar de la picadura. El dolor desaparecerá casi de inmediato. El vinagre es más eficaz si se utiliza enseguida. Surte algo de efecto incluso 1 hora después de que la avispa nos haya picado. En cualquier caso, sujete con un esparadrapo la compresa empapada en vinagre hasta que solo note una ligera irritación. No hace falta aplicar un antiséptico antes, ya que el vinagre actúa como un desinfectante.

Limón

Masajéese la piel con 2 gotas de aceite esencial de limón diluidas en 1 cucharadita de vinagre de sidra. Aplíqueselo directamente sobre la picadura o con una compresa, que mantendrá sobre la piel hasta que el dolor o el picor se calmen. O bien póngase 1 rodaja de limón directamente sobre la picadura.

Una flor de geranio

Si tiene un geranio, aplaste con cuidado una flor entre los dedos. Aplíquela sobre la picadura y el dolor se aliviará al instante. Este truco es eficaz, sobre todo contra las picaduras de mosquito.

Es útil saber

A las avispas y los abejorros les encanta la cerveza. No dude en poner un poco de cerveza a su disposición en un rincón apartado de la terraza. Mientras estén ocupados, usted estará tranquilo…

Una ramita de perejil fresco

Para calmar una picadura de mosquito, también puede frotar unas ramitas de perejil fresco sobre el grano durante unos segundos y dejar que actúe al aire libre.

Mezclas con bicarbonato

El bicarbonato alivia los picores y la sensación de ardor al actuar sobre las sustancias irritantes o urticantes. Mezcle 3 cucharaditas de bicarbonato y otras tantas de vinagre. Aplique esta pasta con la mayor rapidez posible sobre la piel y deje que actúe hasta que el dolor o la irritación se hayan calmado. También puede preparar una pasta a base de bicarbonato y agua, o mezclar 1 cucharadita de bicarbonato con otra de agua de hamamelis, ya que tiene propiedades calmantes.

Heridas y hematomas

Nadie, ni los niños ni los adultos, están libres del riesgo de sufrir un corte, un arañazo o una contusión. Son algunas de las consecuencias inherentes a los juegos y deportes, así como al bricolaje, la jardinería o las tareas domésticas.

Algunos consejos

En caso de herida, asegúrese de que el corte no haya afectado a ningún tendón ni arteria, y que no precise puntos de sutura. Si se trata de un golpe, compruebe que el traumatismo no haya dañado a ningún órgano importante ni haya causado una fractura. La cosa no siempre es fácil, pero un dolor intenso, la imposibilidad de mover el miembro o de detener el flujo de sangre, la pérdida del conocimiento, vértigo o cefaleas deben alertarnos y llevarnos a consultar a un médico. Y si usted hace bricolaje o jardinería, no se olvide de la vacuna antitetánica (al día, preferiblemente).

La arcilla calma el dolor y resorbe edemas y hematomas, en particular

¿Cómo limpiar una herida?

Al limpiar una herida, vaya siempre del interior hacia el exterior a fin de no introducir de nuevo la sangre sucia y las partículas de suciedad que pueda haber en la piel. Evite el alcohol, derivados del mercurio o soluciones teñidas (tipo eosina).

la illita verde, con un fuerte poder absorbente. Es antiinflamatoria, impide la infección y favorece la cicatrización de las heridas. El caolín es poco absorbente, pero detiene el flujo de sangre de forma eficaz.

Para los golpes y los hematomas

Aplique cuanto antes una cataplasma fría de arcilla extrafina de 2 cm de grosor. Debe cubrir bien la zona afectada. Manténgala con una venda (elástica o no), sin que apriete demasiado. Cámbiela cada 2 horas, o incluso antes si nota que se calienta. Prosiga este tratamiento, incluso por la noche, mientras persista el dolor.

Puede agregar a la cataplasma 2 gotas de aceite esencial de menta piperita, que tiene un efecto refrescante y descongestionante, o 1 cucharadita de aceite de árnica. En lo sucesivo, espacie las aplicaciones hasta la curación completa.

Para los cortes y arañazos

Limpie la herida con agua pura y, acto seguido, desinféctela con 1 cucharadita de arcilla diluida en un agua poco mineralizada. Si es preciso, espolvoree con un polvo de arcilla extrafina para detener la hemorragia. Luego aplique una cataplasma de arcilla fría sobre el corte o el arañazo. Mantenga la cataplasma en su sitio con un vendaje bastante apretado pero no en exceso, para no cortar la circulación. Cambie el emplaste cuando la arcilla empiece a secarse para drenar bien el pus. A partir de entonces, espacie las cataplasmas para permitir que se forme la costra al aire libre. También puede desinfectar la zona con cloruro de magnesio, aplicando una compresa en la zona afectada, lo cual ayudará a estimular las células de los tejidos para que combatan los microbios y eviten una infección.

Piojos

El piojo humano (*Pediculus humanus*) es un insecto de 2 o 3 mm de longitud que se alimenta de sangre. La contaminación se produce, sobre todo, por contacto directo con las cabezas de los niños. El piojo vive en el cuero cabelludo y pasa de una cabeza a otra, donde se aferra con fuerza gracias a sus patas dotadas de pequeños ganchos.

También puede transmitirse a través de los gorros, las bufandas, los cepillos, las almohadas… Las picaduras de los piojos provocan fuertes picores, sobre todo en las orejas y en el cuello. Hay que tratarlas pronto, ya que las lesiones se pueden infectar más.

El diagnóstico es fácil, pero el tratamiento resulta más delicado. Actúe con rapidez para evitar la contaminación, ya que el piojo se reproduce con celeridad. Una hembra adulta pone entre 10 y 20 huevos al día. Las liendres son difíciles de ver, ya que a menudo se confunden con la caspa. Cuanto antes efectúe el tratamiento, menos posibilidades tendrá el piojo de reproducirse. Examine con minusiosidad el cabello. Utilice un peine para piojos y una lupa. Desinfecte lavando a máquina, a 60 ºC, la ropa de cama, la ropa de vestir y los peluches. Limpie también los peines y cepillos del pelo con agua caliente.

En los comercios encontrará tratamientos antipiojos, también naturales, a base de aceites esenciales repelentes (lavanda, árbol del té…) tan eficaces en la prevención como en el tratamiento curativo. Pulverícelos

sobre el cabello, la nuca y detrás de las orejas. Sepa también que la lavanda es un repelente excelente contra los piojos.

Para prevenir

Ponga a macerar durante un mes 100 g de flores frescas de lavanda en 1 litro de vinagre de vino blanco. Cuele. Vierta en una botella de cristal opaco que cierre herméticamente. Etiquétela y consérvela protegida de la luz. Utilice este vinagre de lavanda para prevenir la aparición de los piojos friccionando sobre el cuero cabelludo 1 vez a la semana en las épocas en que se propagan.

Una vez que los piojos se han instalado

Hay dos preparaciones eficaces para combatir los piojos. Ponga a calentar a fuego lento 100 ml de aceite de oliva virgen de primera prensada. Retírelo del fuego. Añada 10 gotas de aceite esencial de lavanda (*Lavandula angustifolia*). Mójese el cabello y masajee el cuero cabelludo con esta preparación aún tibia. Cúbrase la cabeza con un gorro de ducha y deje actuar el aceite durante 30 minutos generosos. Enjuáguese bien el cabello con agua fría. O bien mezcle 20 gotas de aceite esencial de lavanda (*Lavandula angustifolia*), otras 20 de aceite esencial de romero 1-8-cineol (*Rosmarinus officinalis*) y 10 gotas de aceite esencial de clavo (*Syzygium aromaticum*). Viértalo todo en un frasco de cristal que cierre herméticamente y etiquételo. Masajee el cuero cabelludo con 5 gotas de esta mezcla (agite siempre el frasco antes de usarlo) 3 veces al día, 2 días seguidos. Deje actuar unos 15 minutos, y luego enjuáguese el pelo con abundante agua tibia. Para lograr buenos resultados, repita el tratamiento al cabo de 8 días.

Menstruaciones dolorosas

Cuando tienen la menstruación, algunas mujeres sienten espasmos dolorosos.
Y muchas sufren cefaleas, náuseas, vómitos, un dolor que irradia de los riñones,
mamas hinchadas y doloridas, y alteraciones del estado de ánimo, sin contar
con una sensación de gran cansancio y, a veces, vértigo y malestar.

Algunos consejos

El reposo es útil, pero no siempre es posible hacerlo. Por la noche, póngase una bolsa de agua caliente sobre el vientre y haga unos ejercicios de relajación. Elimine los excitantes (café, té…) y consuma alimentos ricos en calcio. A menudo se recetan antiespasmódicos y analgésicos, pero existen soluciones para olvidarse de estos días tan molestos.

Una decocción de ortiga

El jugo contenido en las ortigas modera el flujo de sangre, si alguna vez usted tiene una hemorragia más intensa de lo normal. También calma los espasmos dolorosos. Ponga 50 g de raíces de ortiga en una cacerola y llénela con 1 litro de agua mineral fría. Llévela a ebullición y deje que el líquido reduzca más o menos la mitad. Cuele y deje enfriar. Tómese 1 taza de esta decocción 2 o 3 veces al día.

Es útil saber

Se dice que la ortiga favorece la lactancia. Es una planta galactógena: estimula la producción de leche en las madres que dan el pecho a su bebé.

Una infusión de ortiga

Ponga 25 hojas frescas de ortiga en 1/2 litro de agua mineral a punto de ebullición. Deje en infusión unos 10 minutos y cuele. Tómese esta infusión (endulzada o no con 1 cucharadita de miel) 2 veces al día mientras tenga la menstruación, antes de las dos comidas principales.

Jengibre

En infusión: ralle 10 g de jengibre fresco, póngalo en 1 litro de agua hirviendo y deje en infusión 15 minutos.

En decocción: corte 10 g de jengibre fresco en rodajas y déjelas hervir 15 minutos en 1 litro de agua. Diez gramos de jengibre fresco corresponden a 2 g de jengibre en polvo.

Reúma

Las enfermedades reumáticas son la segunda causa de consulta
en los hospitales, y no afectan únicamente a las personas mayores.
Es un padecimiento agudo o crónico que cursa con dolor en las articulaciones
o los músculos, y que va aumentando con el cansancio y el movimiento.

Para calmar el dolor, en general se recetan antiinflamatorios y analgésicos, así como sesiones de fisioterapia, osteopatía o ergoterapia (método de reeducación mediante la actividad física). Las curas termales también ofrecen cuidados adaptados a los tratamientos del reúma.

Un aceite antirreumático

Vierta en un recipiente de cristal 1/2 litro de aceite de oliva virgen de primera prensada sobre 50 g de flores secas de lavanda. Déjelo macerar durante 2 semanas al sol, removiendo el aceite 1 vez al día con una cuchara de madera. Cuele y conserve el aceite en una botella de cristal opaco que cie-

rre herméticamente, al resguardo de la luz. Etiquétela. Utilícelo para masajear 2 veces al día las zonas que le duelan.

Un masaje con alcohol de lavanda

La lavanda tiene propiedades antiinflamatorias, antiálgicas y calmantes. El alcohol de lavanda está indicado en masajes para calmar el reúma, los dolores articulares y la artrosis. Deje macerar durante una semana 40 g de flores frescas de lavanda en 20 cl (200 ml) de alcohol. Tritúrelo todo y fíltrelo con una estameña. Conserve este preparado en un frasco de cristal opaco que cierre herméticamente. Etiquételo. Añada un poco de aceite de almendras dulces a esta preparación antes de darse un masaje suave en las zonas que le duelan. Repita esta operación varias veces al día.

Un bálsamo antidolor

La ortiga, una planta mineralizante, es famosa por su acción calmante en las articulaciones doloridas, sobre todo en caso de un golpe, un traumatismo… Su riqueza en sales mi-

nerales y en sílice la convierte en una valiosa aliada de nuestros huesos y cartílagos. Es un remedio tradicional utilizado en caso de artrosis y artritis.

CÓMO PROCEDER: pique un buen puñado de hojas frescas de ortiga en un mortero. ✽ Mézclelas con 150 g de manteca de cerdo sin sal. ✽ Lleve esta preparación a ebullición, a fuego muy lento, hasta que se haya evaporado todo el líquido. ✽ Cuele a través de un paño de algodón. ✽ Llene un tarro de cristal opaco que cie-

Es útil saber

En los comercios se venden bolsas con granos de trigo y lavanda envueltos en una funda cambiable (en forma de cojín o de cinturón) que se pueden calentar y que actúan como acumulador de calor. Basta con ponerlas 5 minutos encima de un radiador caliente o calentarlas en un microondas. Luego se aplican sobre la zona que duele. La bolsa desprende una agradable fragancia a lavanda, a la vez que alivia el dolor.

rre herméticamente. Etiquételo. Puede conservar este bálsamo 1 mes en un lugar fresco y ventilado. ✽ Hágase un masaje en las articulaciones doloridas con una nuez de este bálsamo 2 veces al día. → Si las preparaciones a base de ortiga le parecen demasiado complicadas, puede comprar grageas de ortiga (de polvo total criotriturado de Urtica dioica), que deberá tomar 3 veces al día antes de las principales comidas con un vaso de agua grande.

Un baño calmante

En caso de dolor en las manos o los pies, sumerja el miembro en una palangana con agua tibia y 3 cucharadas de montmorillonita y 3 gotas de aceites esenciales de gaulteria y de enebro. Para un baño completo o de tina (no demasiado caliente), eche 1 puñado de sal marina gorda sin refinar y 4 cucharadas de arcilla mezcladas con 10 gotas de aceite esencial de gaulteria, 5 de lavandín y 10 de romero. Introdúzcalo todo en una manopla o saquito de baño para evitar que la arcilla tapone el sifón de la bañera. Permanezca dentro del agua de 15 a 20 minutos, séquese bien y túmbese para prolongar los efectos del baño.

Bebidas a base de limón

Tómese el zumo o jugo de 1 limón 3 veces al día en un vaso de agua tibia antes o después de las comidas. O bien pique 1 limón entero (pulpa y corteza o cáscara) y cúbralo con agua caliente. Ponga 2 cucharaditas de ulmaria en infusión en 25 cl (250 ml) de agua hirviendo. Déjela entibiar un poco y

luego mezcle y cuele las dos preparaciones. La ulmaria, que recibe el nombre de «aspirina vegetal» debido a sus derivados salicílicos, es antálgica y antiinflamatoria. También contiene flavonoides y refuerza los efectos del limón.

Cantidad y calidad

Aunque el limón tiene una acción alcalinizante, y a pesar de que sus ácidos son transformados por el sistema digestivo, algunos organismos no lo toleran bien. En ese caso, es inútil insistir, e incluso es contraproducente tomar más de 2 o 3 limones al día, si no es en una cura puntual.

Un masaje con aceites esenciales

Agregue 10 gotas de aceite esencial de limón y la misma cantidad de gaulteria y de enebro en 50 ml de aceite de almendras dulces. Masajee las zonas doloridas mañana y noche.

El caso del lumbago

Este tipo de dolor lumbar, que aparece sin previo aviso, se debe a un microtraumatismo en un disco vertebral. Para calmarlo, aplíquese una cataplasma gruesa de arcilla verde tibia o fría 2 veces al día durante 1 hora. Si es preciso, agregue 1 o 2 gotas de aceites esenciales de gaulteria, laurel y menta piperita.

Resfriados

Resfriado, catarro, bronquitis, rinitis, sinusitis… ¡Esta es la comitiva de enfermedades invernales! Afectan no solo a la cabeza, sino también a la nariz, la garganta, las orejas y los bronquios. El frío favorece la supervivencia de los virus fuera del cuerpo, y la vida en sociedad facilita su propagación. Transportes colectivos, oficinas, escuelas, guarderías o tiendas son algunos de los refugios de los microbios.

Los síntomas son bien conocidos, ya que todo el mundo ha estado resfriado alguna vez: tos, estornudos, nariz tapada, cefalea, senos nasales infectados, a veces fiebre. Hay que reconocer, además, que los tratamientos convencionales son poco eficaces. Las rinitis alérgicas ocasionan los mismos síntomas, salvo la fiebre, pero por lo general tienen su causa en el polen primaveral.

Algunos consejos

Lávese las manos a menudo para evitar la transmisión por contacto. Opte por los pañuelos desechables, y no los lleve encima una vez usados. Utilice un difusor de aceites esenciales para sanear el ambiente de las estancias que ocupa. Inhale en un pañuelo preparaciones a base de aceites esenciales para prevenir y combatir la infec- ción (eucalipto, árbol del té, limón o niaouli). Siga un régimen rico en vitamina C y antioxidantes (limones, kiwis, naranjas, brócoli o pimientos).

Un lavado de nariz y gargarismos con arcilla

Deje en infusión durante 1 hora en un cuenco con agua 1 cucharadita de arcilla verde extrafina (montmorillonita) y otra de sal marina sin refinar. Aspire este líquido por un lado de la nariz y luego por el otro, y espere un poco antes de sonarse. Repita la operación por la mañana, el mediodía y la noche. Puede completar el tratamiento con gargarismos, utilizando la misma preparación, a la que puede añadir 1 gota de aceite esencial de eucalipto y 1 gota de aceite de tomillo.

Una cataplasma de arcilla

Puede contribuir a desinfectar las vías respiratorias y a reducir la congestión de la nariz y de los senos nasales. Este sistema es eficaz para despejar la nariz y los senos. Aplique

Rinitis alérgicas

La fiebre del heno, también llamada rinitis alérgica, está provocada por una alergia al polen. Los síntomas se manifiestan en primavera y en verano, cuando la concentración de polen en el aire alcanza su máxima intensidad. Las vitaminas C y B5, así como los flavonoides contenidos en el limón, tienen unos efectos antioxidantes, descongestionantes y antialérgicos. Se aconseja, pues, respirar zumo o jugo de limón puro a fin de despejar la nariz y desinfectar la zona del oído, nariz y garganta. Aspire primero por un lado de la nariz, espere un momento inclinando la cabeza hacia atrás, suénese y haga lo mismo con el otro lado de la nariz. Tenga en cuenta que el zumo o jugo de limón puede ser irritante, de modo que es preferible diluirlo con un poco de agua tibia.

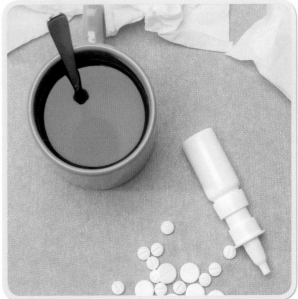

unas cataplasmas pequeñas y gruesas de illita o montmorillonita sobre las aletas de la nariz o encima de las cejas (para los senos nasales) y deje actuar 1 hora. En caso de fiebre, aplique una cataplasma gruesa y fría en la parte inferior del vientre o la nuca. Cámbiela cuando esté caliente. Repita cada 2 horas, alternando vientre y nuca. Añada unas gotas de aceites esenciales de eucalipto, menta piperita y árbol de té o niaouli para aumentar la eficacia del tratamiento. Para la bronquitis o la tos, aplique una cataplasma tibia sobre el pecho.

Cloruro de magnesio

A los primeros síntomas: tómese 1 vaso con una solución de cloruro de magnesio. Bébalo cada 6 horas durante 48 horas. Una vez se haya curado, siga tomando 1 vaso durante 1 semana.

A modo preventivo: cuando a su alrededor todo el mundo esté resfriado, tómese 1 o 2 vasos de cloruro de magnesio al día durante el periodo más crítico.

Inhalaciones de vinagre

Incorpore 2 cucharadas de vinagre en un cuenco con agua hirviendo e inhale el vapor, con una toalla colocada encima de la cabeza, durante 5 minutos para destapar la nariz. No obstante, la mezcla clásica de tomillo, romero y eucalipto es menos agresiva. Otra opción consiste en pasarse durante unos segundos bajo la lengua 1 cucharadita de vinagre de sidra y luego tragarlo.

Un lavado de nariz con limón

Existe un remedio radical (pero desagradable) para despejar la nariz: mezclar 1 cucharada de zumo o jugo de limón y 1 pizca de sal fina en un poco de agua tibia. Aspire esta mezcla por un lado de la nariz, incline la cabeza hacia atrás y espere un poco antes de sonarse. Haga lo mismo por el otro lado de la nariz. El limón desinfecta y descongestiona las fosas nasales. Siga tomando zumos o jugos de limón calientes o tibios con miel, ya que le garantizarán un aporte diario de vitamina C.

Bicarbonato para limpiar

Para despejar los senos nasales congestionados, diluya 1 cucharadita de bicarbonato y 1/2 cucharada de sal fina en un vaso de agua hervida. Pase la preparación a un frasco provisto de un cuentagotas y límpiese la nariz varias veces al día con esta solución. Esta mezcla detiene la proliferación de las bacterias. También puede alternarla con pequeñas dosis de un suero fisiológico.

Estrés

Experimentamos momentos de estrés en casa, en la oficina o en nuestras relaciones personales. Entonces, el cerebro emite una llamada por medio de mensajeros químicos (los neurotransmisores). Estas señales estimulan la producción de hormonas, cuya función es poner al organismo en estado de alerta y prepararlo para enfrentarse a las dificultades.

El pulso se acelera, el corazón late con más rapidez, las piernas flaquean y sentimos un nudo en la garganta. A la larga, nuestro organismo protesta: cefaleas, tensiones musculares, urticaria, aceleración del ritmo cardíaco, trastornos del sistema digestivo y de la libido.

Algunos consejos

Existen técnicas «exprés» para relajarse (automasajes, respiración abdominal, dejar la mente en blanco…). Se aconseja la práctica regular de una actividad física y una alimentación variada y equilibrada para atenuar el estrés pasajero. Y confíe en las plantas antiestrés, como la lavanda.

Un aceite de masaje antiestrés

La lavanda es bien conocida por su acción sedante, ansiolítica, relajante y calmante. Cuando se emplea en aceite de masaje o como ingrediente en unas sales de baño, contribuye a nuestro bienestar y relajación. Mez-

cle 8 gotas de aceite esencial de lavanda (*Lavandula angustifolia*) con 6 gotas de aceite esencial de salvia romana (*Salvia sclarea*). Estas esencias son bien conocidas por su efecto relajante, sobre todo cuando se utilizan juntas en un masaje. Agregue a esta preparación 20 cl (200 ml) de aceite de oliva virgen de primera prensada. Vierta la mezcla en un frasco de cristal que cierre herméticamente. Etiquételo. Mézclelo todo bien y deje reposar 1 semana en un lugar fresco y ventilado. Más adelante use ese aceite antiestrés para dar masajes sobre una piel seca.

Sales de baño relajantes

Mezcle 100 g de flores secas de lavanda con 200 g de harina de avena, 50 g de bicarbonato sódico o de sodio y 75 g de sal marina gorda, hasta que obtenga una pasta fina. Vierta la preparación en un recipiente de cristal o de gres que cierre herméticamente. Etiquételo. Una vez que haya llenado la bañera, ponga un buen puñado de estas sales, a las que habrá añadido 5 gotas de aceite esencial de lavanda.

Cloruro de magnesio

Cuando estamos estresados, nuestras células tienen una mayor necesidad de magnesio. A la larga, el estrés puede causar un gran número de afecciones. A modo preventivo, y a fin de mitigar el momento difícil, tome cloruro de magnesio durante todo el periodo de estrés. Beba 1 o 2 vasos de la solución de cloruro de magnesio al día, preferiblemente por la mañana y por la noche, según las necesidades. Repita la cura si es preciso.

Infusiones y tisanas

Una infusión de anís verde: deje en infusión durante 10 minutos una cucharadita de anís verde por taza de agua hirviendo. Tómese 1 taza después de cada comida.

Una infusión de albahaca: vierta agua hirviendo sobre las hojas de albahaca. Deje en infusión 10 minutos y tómesela.

Una infusión de dang gui o angélica: ponga 1 o 2 pizcas de hojas de dang gui cortadas por taza, hiérvalas y deje en infusión 10 minutos. Tómese 2 tazas al día entre las comidas.

Un baño con lavanda

La lavanda es ideal para eliminar el estrés. Deje macerar a fuego lento en un litro de agua, durante al menos 30 segundos, 60 g de flores de lavanda secadas. Cuele y añada esta agua de lavanda al baño. Ahora solo tiene que relajarse.

Una infusión de hipérico: esta planta a menudo se considera el mejor antiestrés y antidepresivo natural. Ponga en infusión 20 g de hipérico por litro de agua. Tómese 3 tazas al día.

Una tisana de naranja: calcule 1 cucharadita de corteza de naranja picada por taza. Hiérvala y deje en infusión 10 minutos. Tómese 3 tazas al día.

Una tisana de pasiflora: calcule 1 cucharadita de pasiflora por taza. Hiérvala y deje en infusión 10 minutos. Tómese 3 tazas al día.

Una cura de levadura de cerveza

La levadura de cerveza contiene numerosos componentes que contribuyen a combatir el estrés: vitaminas B1, B6 y magnesio. Puede efectuar una cura de levadura de cerveza tomándola en forma de comprimidos o bien utilizándola en forma de escamas, que puede espolvorear cada día sobre ensaladas y otros platos.

Tos

La tos es una manifestación muy frecuente de las infecciones de las vías respiratorias, pero también acompaña a un sinfín de enfermedades. Generalmente es útil, ya que permite evacuar las secreciones de los bronquios. Es mejor procurar tratar la causa de la tos que la tos en sí. Sin embargo, algunos remedios naturales son eficaces para aliviar la tos seca.

Miel

Sin duda habrá observado que la miel calma la tos. Tanto si es seca como pulmonar, la tos no deja de ser un síntoma de una enfermedad. Si persiste, hay que consultar a un médico. Para aliviar temporalmente las molestias, puede usar y abusar de la miel: no dude en tomar 100 g al día, es decir 3 o 4 cucharadas rasas, o 6 o 7 cucharaditas bien llenas. Sus efectos serán aún más beneficiosos si toma esta dosis en pequeñas cantidades repartidas a lo largo del día. Las mieles de montaña, pino, lavanda o eucalipto en principio son las más eficaces.

Miel con cucharilla: si opta por degustarla con cucharilla, deje fundir lentamente la miel en la boca, ensalivándola bien. En caso de tos pulmonar, algunos apiterapeutas aconsejan sustituir 3 veces al día la miel pura por 1 cucharadita de aromiel de eucalipto (ver recuadro), ya que tiene propiedades expectorantes. Esta mezcla de miel y aceite esencial debe dejarse fundir bajo la lengua hasta que se haya ligado por completo con

la saliva. No obstante, tenga cuidado: en ningún caso dé aromiel a los niños, y tampoco la tome usted si está embarazada.

Miel en diversas preparaciones: para variar, obviamente también puede tomar la miel mezclada con alimentos como el yogur, o incorporarla 2 o 3 veces al día a una bebida caliente, pero que no queme (leche, té, tisanas, infusión de tomillo en caso de tos espasmódica, de malva en caso de tos seca y de eucalipto en caso de tos pulmonar), o a una bebida fría (por ejemplo, el zumo o jugo de un limón bien maduro con agua).

Limón caliente para degustar

Para calmar la irritación de los bronquios y la tos, mezcle en una taza de agua caliente el zumo o jugo de 1 limón y 1 cucharada de miel. Tómelo varias veces al día, bebiéndolo lentamente, a pequeños sorbos.

Jarabe de cebolla en cuchara

Cueza 2 cebollas grandes picadas cubriéndolas de agua. Páselas por la batidora de inmersión y añada 5 cucharadas de miel. Tómese 1 cucharada de este jarabe cada hora.

Una infusión de plantas

Puede alternar los remedios anteriores con una infusión expectorante y antibacteriana. Deje en infusión durante 5 minutos, en 1/4 de litro de agua hirviendo, 1 cucharadita de raíz de regaliz en polvo y 1 cucharada de tomillo, acompañadas de 1 cucharada de miel y el zumo o jugo de 1 limón. Tómese 1 taza de esta tisana 3 veces al día.

Jarabe de ajo

Tómese 1 cucharada del jarabe siguiente por la mañana en ayunas durante unos días. Pique o machaque 80 g de ajo (unos 25 dientes). En un cazo al fuego, derrita 200 g de azúcar en 150 ml de agua. Agregue el ajo machacado y caliente hasta obtener una mezcla tipo jarabe durante 10 minutos, hasta que se formen burbujas grandes en la superficie. Deje enfriar y cuele. Ponga esta preparación en una botella, en el refrigerador, y no se olvide de etiquetarla con la fecha de preparación: debe consumirse bastante pronto.

Un jarabe antitusivo

Mezcle en un tarro el zumo o jugo de 4 limones, 10 cl (100 ml) de aceite de oliva virgen y 2 gotas de aceite esencial de eucalipto (*Eucalyptus globulus*). Tómese 1 cucharadita cada hora.

Prepare su aromiel

Una aromiel de uso oral siempre contiene 1 gota de aceite esencial por 1 g de miel. Lo más práctico es preparar cierta cantidad para varios días de tratamiento. Para la tos, tómese 100 g de miel y mézclala con 100 gotas de aceite esencial de eucalipto, removiendo durante 5 minutos con un utensilio pequeño, preferiblemente de madera.

Verrugas

Las verrugas, muy frecuentes (y contagiosas por simple contacto), son excrecencias cutáneas de pequeño tamaño causadas por un virus. La mayoría de las veces aparecen en las manos o los pies, y en raras ocasiones son dolorosas. No obstante, son molestas y antiestéticas. Por lo general, desaparecen de manera espontánea, aunque en ocasiones no lo hacen hasta al cabo de varios años.

Ajo

Machaque 1 diente de ajo. Pique muy fino 1 trozo de tocino blanco (a diferencia del tocino o pancheta, este se compone casi exclusivamente de grasa). Mezcle el ajo con el tocino y aplique esta pomada encima de la verruga, cubriéndola con un apósito. Cámbielo todos los días (añadiendo pomada) hasta que la verruga desaparezca… Pero no espere un resultado inmediato: insista por lo menos durante 3 semanas.

Jugo de coliflor

Aplique todos los días un poco de jugo de coliflor sobre la verruga, hasta que esta desaparezca. Para obtener este jugo, hierva 1 coliflor y cuele el líquido de cocción.

Cloruro de magnesio

Como las verrugas tienden a desarrollarse en un medio ácido, detendrán su progresión cuando el medio se vuelva más alcalino. El cloruro de magnesio actúa, pues, contra las verrugas alcalinizando el entorno. El profesor Delbet constató la gran eficacia de este tratamiento en verrugas juveniles. Efectúe una cura de al menos 1 mes, tomando 1 vaso de una solución de cloruro de magnesio todas las mañanas.

Limón

Como tiene propiedades desinfectantes y antivirales, el limón es eficaz contra las verrugas. Llene un tarro pequeño con 25 cl (250 ml) de vinagre blanco y macere durante 3 días las cortezas o cáscaras de un limón. Por la noche, corte 1 corteza o cáscara del tamaño de la verruga, aplíquela encima con un esparadrapo y déjela actuar durante toda la noche. Repita el tratamiento durante el día o vierta 1 gota de aceite esencial de limón sobre la verruga y protéjala con una tirita. Repita la operación hasta que desaparezca el problema.

Bicarbonato

Extienda sobre la verruga una pasta líquida compuesta por 1 cucharadita de bicarbonato sódico o de sodio y 2 cucharadas de agua mineral. Si es preciso, protéjala con una compresa estéril y deje actuar durante 1 hora, enjuague y seque. Repita esta operación hasta que desaparezca.

Jugo de celidonia

El jugo amarillo de esta planta rica en alcaloides ligeramente tóxicos tiene la capacidad de acabar con los callos y las verrugas. Debe realizarse una aplicación a diario, como mínimo.

Un apósito de cebolla

Prepare un apósito con la mitad de una cebolla, que se dejará puesta durante toda la noche.

BELLEZA

Información útil

* **LOS BAÑOS COMPLETOS O DE TINA:** se distingue entre baño frío (temperatura de 10 a 20 °C), baño tibio (de 25 a 30 °C) y baño caliente (de 30 a 40 °C). Este último debe practicarse con mucha prudencia. Algunos de los baños recomendados son a base de plantas. Para obtener un baño de plantas, prepare una decocción concentrada: hierva las plantas en agua, déjelas en infusión por lo menos 1 hora y cuele la decocción, presionando bien. Luego vierta el líquido en el agua del baño, comprobando su temperatura.

* **LOS ACEITES ESENCIALES:** se obtienen por destilación de una planta aromática en agua o por extracción mediante vapor de agua. Hay que tener cuidado con ellos, ya que debido a su alta concentración en principios activos son muy potentes. Úselos con precaución, dado que su abuso puede resultar peligroso.

* **LAS INFUSIONES:** para preparar una infusión, según los casos, puede verter agua hirviendo sobre la planta o bien introducirla en un recipiente que ya contenga agua hirviendo. Luego deberá tapar y dejar en reposo el tiempo indicado.

¿Qué productos naturales utilizar?

El ajo, la arcilla, el bicarbonato sódico o de sodio, el limón, la ortiga o incluso el vinagre son productos naturales con numerosas propiedades beneficiosas que le permiten combatir diversos problemas leves e imperfecciones. Por ello aparecen de forma recurrente a lo largo de las siguientes páginas. Consulte la primera parte de esta obra para familiarizarse con sus principales propiedades y para saber dónde encontrarlos, cómo utilizarlos y cómo conservarlos…

* **LAS LOCIONES:** para usar una loción, pase con cuidado una tela fina o un algodón empapado en el líquido preparado por la zona que desee tratar.

* **¡ATENCIÓN!:** los trastornos que se tratan en esta obra por lo general no son graves; sin embargo, algunos pueden ser síntomas de problemas más serios, y no deben tomarse a la ligera. En caso de duda, o si los síntomas persisten, es indispensable consultar a un médico. Y si usted ya sigue un tratamiento médico en particular, asegúrese en todo caso de que es compatible con el uso de los productos que se describen en esta obra. Ante la menor duda, consulte siempre a su médico.

Belleza

Acné

El acné, presente sobre todo en las pieles grasas, es una pesadilla constante en la adolescencia, y no solo entonces. Este problema también puede aparecer más tarde como consecuencia de cambios hormonales o de la ingesta de ciertos fármacos.

Una solución a base de bicarbonato

Diluya 1 cucharadita de bicarbonato sódico o de sodio en 1/2 litro de agua mineral tibia o a temperatura ambiente. Aplique esta solución varias veces, sin frotar, con un algodón o un disco de algodón compacto para desmaquillar. Seque dando unos toquecitos suaves con un pañuelo de papel para impedir la propagación de los gérmenes. Este tratamiento calma la irritación y reduce la infección. Debe aplicárselo por la mañana y por la noche. Lávese las manos después de la aplicación y evite reventarse los granos.

Una cura de cloruro de magnesio

Para atenuar el acné, tómese 1 o 2 vasos de cloruro de magnesio al día, hasta que constate una mejora. Asimismo, es importante lavarse de manera regular la piel con mucho cuidado. Más adelante puede aplicarse 2 veces al día compresas empapadas con una solución de cloruro de magnesio directamente sobre las zonas de la piel afectadas por el acné.

Una cura de levadura de cerveza

Si el acné está bastante extendido, lo más prudente es consultar a un dermatólogo. Si no, existen tratamientos sencillos (empezando por una buena higiene de la piel, por supuesto). La levadura es uno de estos tratamientos. Espolvoree las ensaladas con levadura en escamas, o bien opte por una cura de levadura viva en grageas. Y además del contenido en la levadura, un suplemento de zinc puede ser, asimismo, de gran ayuda, en forma de comprimidos, o también, para aunar lo útil con lo agradable…

comiendo ostras (¡si le gustan, claro!). En cualquier caso, tenga paciencia y no espere resultados inmediatos: la piel tarda algún tiempo en expulsar las toxinas.

Una mascarilla y una pasta de arcilla

La arcilla absorbe la grasa, las impurezas y el pus, además de eliminar las bacterias y favorecer la cicatrización.

En la totalidad del rostro: póngase una mascarilla 1 o 2 veces a la semana, además de los cuidados diarios.

Una mascarilla a base de tomate o jitomate

El tomate o jitomate es rico en sales ácidas (citratos o tartratos) y presenta la ventaja de contener numerosas vitaminas antiinfecciosas, cicatrizantes y antitóxicas. Corte 1 tomate o jitomate en rodajas finas. Aplíquelo sobre los granos por la mañana y por la noche, durante 15 minutos por lo menos. Después enjuáguese la cara con un jabón extragraso (que mantendrá la hidratación de la piel). Repita la operación durante 1 semana. Los granos deberían reducirse al cabo de 15 días.

Aplique arcilla extrafina sobre la piel limpia y un poco húmeda, y no deje que se seque, ya que le irritaría la piel, perdería sus propiedades y le resultaría más difícil retirarla.

Sobre un grano aislado o más inflamado: aplique 1 bolita de pasta de arcilla con 1 gota de aceite esencial de limón o de lavanda, protéjalo con una compresa y déjela puesta 1 o 2 horas.

Limón para secar un grano

Dese unos toquecitos varias veces al día con un bastoncillo o hisopo de algodón empapado de zumo o jugo de limón o humedecido con 1 gota de aceite esencial. Las propiedades bactericidas de este cítrico neutralizan los gérmenes y el grano se seca con rapidez.

Una mascarilla para atenuar cicatrices y rojeces

Prepare una mascarilla con 3 cucharadas de arcilla verde o blanca, 1 cucharadita de bicarbonato y 50 cl (500 ml) de agua mineral. Extienda esta pasta líquida, espere de 10 a 15 minutos y aclárese con agua fría o tibia. Este tratamiento está indicado para pieles normales o grasas.

Cuidados acordes con la Luna

La microcirculación sanguínea, en particular la de todos los vasos finos de la cara, se ve favorecida durante la fase de luna creciente. Por tanto, es un buen periodo para las mascarillas, exfoliaciones suaves y tratamientos del acné, ya que su asimilación resulta más sencilla. La curación es más rápida, y como esta luna creciente activa asimismo las glándulas sebáceas, se consigue limitar la aparición de pequeños granos o, en las personas que tienen la piel grasa, los accesos de granos más importantes.

Evite los pasos de la Luna por las constelaciones de Aries, Leo y Sagitario para cualquier acción destinada a tratar granos y erupciones, dado que los signos de fuego activan las secreciones y las sensaciones de calor cutáneo. Elija las constelaciones de los signos de agua: Piscis, Escorpión y Cáncer.

Ojeras y bolsas bajo los ojos

El contorno del ojo presenta dos grandes problemas: las ojeras y las bolsas.
Aunque los cuidados de belleza con frecuencia los engloban bajo
una misma etiqueta, sus causas están lejos de ser idénticas.

En ambos casos, el cansancio es un factor agravante, pero las causas responsables son otras, a menudo hereditarias. Con frecuencia, las ojeras se deben a una hiperpigmentacion cutánea o a una mala circulación en los pequeños vasos sanguíneos del contorno del ojo. La sangre se estanca y transparenta bajo la piel, ocasionando una coloración azulada. En cuanto a las bolsas, sus causas son múltiples: retención de líquidos, grasa o una mala circulación sanguínea o linfática. Con la edad, la piel, muy fina en esta zona, se relaja y no puede contener tan bien la hinchazón.

Los beneficios de la arcilla

Aunque no hace milagros, al igual que los sérums o sueros y las cremas de contorno de ojos de venta en comercios, la arcilla puede ayudar a estimular la microcirculación y a absorber el exceso de líquido o de grasa. ¡Pero no sueñe! La arcilla no extrae estas sustancias como una esponja, tan solo tiene un efecto descongestionante. Sin embargo, este tratamiento debe evitarse en pieles frágiles, secas o maduras, y no actúa en la hiperpigmentación. Un consejo: no deje que la arcilla se seque sobre esta zona sensible.

Elija una arcilla ultraventilada, blanca para hidratar, rosa para estimular la circulación y verde para absorber. Si utiliza arcilla verde, mézclela siempre a partes iguales con caolín para evitar el efecto desecante.

Una mascarilla antiojeras

Mezcle 1 cucharada de la arcilla que desee con 1 cucharadita de agua floral de aciano (descongestionante y calmante), y la misma cantidad de hamamelis (astringente), o de hidrolato de árnica (que estimula la microcirculación). Una vez que haya obtenido una pasta cremosa, aplíquela sobre las ojeras, teniendo cuidado de no acercarse demasiado al ojo. Déjela actuar unos 10 minutos y enjuáguela con agua fresca. Seque e hidrate con su producto habitual. Repita 2 o 3 veces a la semana, y no insista si nota la más mínima incomodidad.

Una mascarilla antibolsas

Mezcle a partes iguales arcilla blanca y verde, agua de aciano y manzanilla. Prepare una pasta cremosa y aplíquela sobre el párpado inferior como se ha indicado. Déjela actuar unos 10 minutos, enjuague con agua fresca, seque dando unos toquecitos y vaporice un poco de agua de aciano. Termine con una crema o un gel hidratante ligero.

Dentífricos caseros

Los dentífricos industriales hacen un excelente trabajo, pero contienen cierta cantidad de sustancias químicas poco recomendables. ¿Qué hacer? Utilice un dentífrico ecológico u orgánico o hágalo usted mismo.

La arcilla limpia, desodoriza, remineraliza y desinfecta, de modo que es muy adecuada para este uso. Sin embargo, a veces se suele decir que raya los dientes e irrita las encías. En realidad, depende de la resistencia del esmalte y de la sensibilidad de las encías de cada persona, así como de la finura de la arcilla. Por precaución, emplee este tipo de dentífrico solo 2 o 3 veces a la semana y evite cepillarse las encías con demasiada fuerza. Compre siempre arcilla ultraventilada o micronizada (es lo mismo), de la calidad que garantiza un grano microscópico poco susceptible de rayar los dientes. El color, verde o blanco, no importa tanto como el grado de finura del polvo.

Un dentífrico fresco

Mezcle 1 cucharada de arcilla, otra de hidrolato de menta piperita y 1 gota de aceites esenciales de menta piperita y de limón (desinfectantes y refrescantes). Si lo desea también puede agregar un poco de aceite de oliva para que la pasta quede más cremosa. Vierta esta pasta en un tarro con tapa de cierre, y utilícela como un dentífrico normal. No lleva

conservantes, de modo que es mejor que no prepare cantidades demasiado grandes.

Un dentífrico para encías sensibles

Mezcle 1 cucharada de arcilla, otra de hidrolato de salvia, 1 gota de aceites esenciales de salvia romana (tonifica la circulación) y de árbol del té (antiinfeccioso y cicatrizante) con un poco de aceite de caléndula, que es suavizante y antiinflamatorio.

Un dentífrico con yeso

Mezcle hasta obtener una pasta homogénea 1 cucharadita de bicarbonato, 1 cucharadita de carbonato de

calcio (este abrasivo suave es el principal componente del yeso, y se encuentra en farmacias), una pizca de sal marina fina, 2 gotas de aceite esencial de limón, de menta piperita o de árbol del té y un poco de agua. Conserve esta pasta en un recipiente hermético de cristal.

Un dentífrico a base de arcilla

Mezcle en un cuenco 1 cucharadita de bicarbonato, 1 cucharadita de arcilla verde o blanca en polvo y 1 gota de aceite esencial de clavo de especia (calmante y antiséptico). Agregue un poco de agua mineral o destilada para obtener la consistencia de una pasta, que conservará en un recipiente hermético, preferiblemente de cristal. La arcilla tiene propiedades bactericidas y remineralizantes, y también es un poco abrasiva. Debe saber que ni el bicarbonato ni la arcilla blanquean unos dientes amarillentos de por sí. Pero sí limpian por abrasión los restos y manchas y atacan la placa dental, que también puede ser responsable del color amarillento, ¡lo cual ya es mucho!

Un dentífrico antimanchas

Mezcle 1 cucharada de arcilla, otra de hidrolato de romero, 1 cucharadita de bicarbonato sódico o de sodio (de calidad farmacéutica), 1 gota de aceites esenciales de limón y de menta piperita y un poco de aceite de oliva. Los granos del bicarbonato son más grandes que los de la arcilla ultraventilada, lo cual lo dota de un poder ligeramente abrasivo, muy útil para borrar las manchas y atacar la placa dental. Sin embargo, esta pasta no blanqueará un esmalte teñido o amarillento. No la emplee más de 2 veces a la semana.

Aceite de oliva para unos dientes blancos

Frótese suavemente las encías con la yema de los dedos mojados en aceite de oliva, y luego deje actuar el aceite unos minutos antes de enjuagarse.

Agua oxigenada y bicarbonato

Esta mezcla a veces se aconseja para blanquear los dientes (1 volumen de agua oxigenada del 10 % por 1 volumen de agua y otro de bicarbonato), pero se trata sobre todo de un tratamiento adecuado para casos de gingivitis y periodontitis. Estos dos productos actúan en sinergia para neutralizar las bacterias responsables de las infecciones. Esta solución es eficaz, pero puede resultar muy irritante. Antes de usarla, consulte a su dentista.

Párpados hinchados

La piel del contorno de los ojos es cinco veces más fina que la del resto del cuerpo. En esta zona frágil, la retención de líquidos es frecuente, de ahí la hinchazón de los párpados, tanto superiores como inferiores.

Tome alimentos pobres en lípidos y ricos en fibra para estimular la circulación linfática, en particular frutas y verduras (puerro o poro, hinojo o cardillo). Beba mucho líquido (té, tisanas o agua) para combatir la retención y favorecer la fluidez sanguínea.

Bolsitas de té o de manzanilla

Moje 2 bolsitas de té o de manzanilla en agua tibia. A continuación, deje que se enfríen y aplíqueselas sobre los ojos durante 5 minutos.

Rodajas de pepino

Póngase dos rodajas de pepino frescas directamente sobre los ojos para descongestionar los párpados superiores e inferiores.

Simplemente un cubito de hielo

También puede ponerse sobre los ojos un cubito de hielo protegido por una tela limpia para que no se irrite la piel.

Compresas de lavanda

Vierta 1/4 de taza de agua y unas gotas de aceite esencial de lavanda en un cuenco. Aplíquese sobre los ojos unas compresas mojadas con esta mezcla. La lavanda descongestiona y calma. También puede utilizar directamente agua floral de lavanda.

Una patata o papa rallada

Pele y ralle 1 patata o papa cruda. Envuélvala en una gasa e introdúzcala en el refrigerador. Una vez la preparación esté bien fresca, apíquese la gasa sobre los párpados durante 10 minutos.

Acné rosácea

En una piel con acné rosácea, los capilares que irrigan el rostro parecen
dilatados de manera permanente. Las causas son variadas:
desde una simple fragilidad venosa hasta una afección crónica.

En el caso de la rosácea, en la piel aparecen unas placas más o menos rojas que incluso pueden complicarse con una inflamación y con granos. Este fenómeno se acentúa con el calor, los cambios bruscos de temperatura, las bebidas calientes o alcohólicas, los alimentos picantes, las agresiones climáticas (sol, viento o frío), los cambios hormonales (embarazo o menopausia), algunos productos cosméticos (exfoliantes o lociones con alcohol) o ciertos fármacos. Las personas rubias de piel clara y las mujeres son las más afectadas.

Para impedir la aparición de estas vénulas es preferible evitar los factores que las propician. Renuncie a la sauna, el hammam (baño turco) o los baños calientes; en resumen, todo lo que pueda provocar una dilatación excesiva de los capilares. La arcilla no hace desaparecer una rojez intensa, pero puede ayudar a calmar la inflamación, a descongestionar y reforzar las paredes de los vasos sanguíneos y a tonificar la circulación.

Un tónico antirrojeces

El agua floral de hamamelis o de manzanilla refuerza y comprime los capilares. Se pueden emplear de manera alternativa, añadiendo 1 cucharada de caolín por 100 ml de líquido. Deje en infusión durante una noche y utilice el agua superficial colada. Dese unos toquecitos en la piel, sin frotar, con un algodón empapado, por la mañana y por la noche.

Una mascarilla y una leche calmantes

Mascarilla: mezcle 3 cucharadas de arcilla y otras 3 de agua, 1 cucharadita de aceite de calófilo (o de macadamia, hipérico o caléndula), 1 gota de aceite

esencial de ciprés y otra de geranio rosa o siempreviva. Aplíquela sobre la cara limpia y húmeda. Déjela actuar de 10 a 15 minutos y enjuáguese con agua tibia. Vaporícese con un tónico y séquese dándose unos toquecitos.

Leche: diluya 1 cucharadita de caolín en un vaso de agua, añada 1 gota de aceite esencial de ciprés, de geranio rosa y de palmarosa o siempreviva. Aplíquela en una compresa entre 5 y 10 minutos, y enjuáguese con agua de hamamelis antes de secarse.

Limón para atenuar las marcas

El limón contiene un gran número de sustancias que ayudan a preservar la elasticidad de los vasos sanguíneos y permiten reforzar sus paredes. Para atenuar unas marcas ya existentes en la cara, diluya 6 gotas de aceite esencial de limón, la misma cantidad de aceite esencial de geranio y de aceite esencial de ciprés en 20 ml de aceite vegetal de calófilo y dese un masaje por la mañana y por la noche con un poco de esta mezcla. Ármese de paciencia, ya que pasará por lo menos un mes antes de que pueda ver los resultados iniciales.

Pieles grasas

La textura grasa y gruesa de la piel generalmente se debe a una excesiva producción de sebo por las glándulas sebáceas. Por otra parte, este exceso de sebo a menudo es responsable de la aparición del acné en la adolescencia. Brillos, poros dilatados y puntos negros son algunos de los inconvenientes que acompañan a este tipo de epidermis. Aunque las pieles grasas parecen menos sensibles que los demás tipos de piel, hay que tener mucho cuidado y tratarlas de forma suave.

Evite los productos demasiado agresivos, sobre todo los que contengan alcohol para la limpieza facial, y escoja productos sin jabón, mucho más suaves. Asegúrese de que su crema hidratante diaria no sea demasiado grasa para su piel. Del mismo modo, elija cosméticos de textura ligera, que no obstruyan los poros y dejen respirar su piel adecuadamente.

Un exfoliante a base de ortigas

Ponga en un cuenco 2 cucharadas de arcilla verde extrafina y 1 cucharada

Una mascarilla con ortigas

La ortiga es astringente. Reduce el exceso de sebo. Tiene la ventaja de limpiar la piel en profundidad, sin agredirla. Cueza un pequeño de hojas frescas de ortiga (*Urtica dioica*) en 30 cl (300 ml) de agua mineral. Llévelas a ebullición durante 1 minuto y deje que se enfríe. Añada unas gotas de agua de rosa. Amáselo todo hasta obtener una especie de pasta y aplíquela directamente sobre el rostro, evitando el contorno de los ojos y los labios. Déjela actuar 10 minutos. Enjuáguese con agua fría y luego aplíquese una loción astringente en la cara.

de agua, y espere unos minutos antes de añadir 1 cucharadita de aceite de hueso de albaricoque o chabacano, 1 gota de aceite esencial de limón y 1 cucharadita de polvo de almendras. La mezcla debe tener una textura consistente y homogénea. Humedézcase la cara, extienda la pasta y dese un masaje con pequeños movimientos circulares, insistiendo en las zonas con problemas y evitando el contorno de los ojos. Enjuáguese con agua tibia.

Un exfoliante a base de levadura de cerveza

Diluya 25 g de levadura de panadería prensada (o la mitad de levadura en polvo) en un vaso de agua. Deje que leve alrededor de media hora en un lugar caliente. Luego agregue 1 cucharada de arcilla verde, 1 cucharada de miel líquida y 60 ml de yogur natural. Mezcle todo bien, aplique y deje actuar unos 10 minutos. Enjuáguese con agua tibia.

Agua floral de lavanda

Esta agua, también llamada hidrola-to de lavanda o agua de lavanda, se obtiene por destilación de la lavanda con vapor de agua. Es un agua floral purificante y calmante, que limpia, suaviza y reequilibra las pieles con tendencia grasa. Utilícela, mañana y noche, como loción o como brumización sobre el rostro y el cuello, insistiendo en la zona T (mentón, nariz y frente). Es un excelente regenerador de la epidermis sometida a estrés, que suaviza y refresca la piel. Puede emplearse, asimismo, como loción para después del afeitado o como complemento de un desmaquillante, para eliminar cualquier rastro de impurezas. También está indicada para sanear el cuero cabelludo y fortalecer el cabello. Si no le apetece prepararla,

¡Atención!

La exfoliación es útil; sin embargo, hay que ser razonable: no se debe practicar más de una vez cada 15 días en los casos de pieles secas o sensibles, y cada 10 días en pieles mixtas o grasas. Con una frecuencia mayor puede provocar irritaciones o rojeces.

la encontrará en los comercios. Elija un agua floral de lavanda ecológica u orgánica, 100 % natural, no diluida, sin parabenos (conservadores químicos) y sin ningún perfume sintético añadido.

📖 **Ingredientes:** • 50 cl (500 ml) de agua mineral • 100 g de flores frescas de lavanda

CÓMO PROCEDER: lleve a ebullición 50 cl (500 ml) de agua mineral. ✱ Retírela del fuego justo antes de que empiece el hervor y añada 100 g de flores frescas de lavanda. ✱ Deje en infusión 30 minutos

y luego cuélela con una tela. Vierta el líquido en un frasco de cristal que cierre herméticamente y etiquételo. ✱ Consérvelo en el refrigerador. Agite el frasco antes de cada uso. → Esta agua floral se conserva un mes.

Un tónico alisador

Mezcle 50 ml de agua floral de lavanda, otros 50 ml de hamamelis y 2 gotas de aceite esencial de menta piperita; agregue 1 cucharada de arcilla (montmorillonita verde) y deje en infusión toda una noche. Podrá utilizar este tónico a partir del día siguiente, después de colar el líquido. Agite bien el frasco antes de cada uso y consérvelo en el refrigerador 3 o 4 días como máximo. La lavanda y el hamamelis tienen propiedades calmantes y astringentes, y la menta refresca y cierra los poros.

Pieles maduras

Hoy en día, la expresión piel madura es muy habitual y figura en incontables tratamientos de belleza. ¿Qué designa? Simplemente una epidermis que empieza a acusar los signos del envejecimiento. Contorno de los ojos y de los labios marcados, líneas de expresión, pérdida de firmeza y de elasticidad, tez menos homogénea, manchas de pigmentación y rojeces son algunas de las manifestaciones como consecuencia de la edad.

El envejecimiento cutáneo está asociado al paso del tiempo. Sobre todo en el caso de la mujer, que está expuesta a los trastornos hormonales de la menopausia. En cuanto cesa la producción de estrógenos, la dermis produce menos fibras de elastinas y colágenos, la acción de las glándulas sebáceas se reduce y la renovación de las células alcanza su punto máximo. Todos ellos son factores que explican la pérdida de flexibilidad y el cambio en la textura de la epidermis. Pero el envejecimiento cutáneo también está relacionado con el estilo de vida (cuidado con la trilogía infernal: sol, tabaco y alcohol), el entorno, la genética y el tipo de piel.

Pero si se cuida la piel, a esta todavía le quedarán muchos días radiantes por delante. Límpiela por la mañana y por la noche con una solución micelar, que es más suave que el jabón. Tanto de noche como de día, no renuncie a las cremas antiedad o a los tratamientos de contorno de ojos, ya que son muy útiles, al igual que los exfoliantes y las mascarillas reafirmantes. Protéjase del sol, beba (agua, tisanas o zumos o jugos de fruta) para hidratarse la piel desde dentro y siga una alimentación sana.

Una exfoliación eficaz

Mezcle 1 cucharada de caolín, 2 cucharadas de agua, 1 cucharada de salvado de avena o de levadura de cerveza en escamas y 1 cucharadita de aceite de germen de trigo o de hueso de albaricoque o chabacano. Añada un poco de agua, si es preciso, y dese un masaje en el rostro húmedo con unos movimientos circulares suaves, evitando el contorno de los ojos. Enjuáguese con agua tibia y pásese un algodón empapado de tónico para atenuar y cerrar los poros. La piel ya está lista para aplicarle una mascarilla.

Una mascarilla reafirmante

Mezcle 1 cucharada de arcilla, 1 cucharada de yogur de leche entera, 2 gotas de aceite esencial de palo de rosa, 1 gota de geranio rosa y 1 cucharadita de aceite de hueso de albaricoque o chabacano, o de germen de

¿Qué arcillas elegir?

Escoja la arcilla blanca (caolín), roja (caolín e illita) y amarilla (illita), y también la montmorillonita verde. Esta última es adecuada para pieles mixtas sin ningún problema en particular. La illita roja estimula la circulación y es ideal para rojeces difusas debidas a unos vasos dilatados. La arcilla amarilla, menos rica en hierro que la roja, está indicada para estimular y reoxigenar las células. El caolín blanco suaviza las pieles normales con tendencia seca o reactiva. Evidentemente, se pueden combinar las arcillas para dosificar su acción. Opte por la arcilla extrafina o ultraventilada, que es más pura y más suave para el rostro.

trigo. Agregue un poco de agua si la pasta queda demasiado compacta. Extiéndala sobre el rostro limpio y húmedo, evitando el contorno de los ojos. Deje actuar la mascarilla de 10 a 15 minutos y enjuáguese con agua tibia. Termine pasándose un tónico con un algodón o vaporizándolo.

O bien: mezcle 3 cucharaditas de leche con 1 cucharadita de arcilla verde en un tarro de gres o de cristal. Incorpore 5 gotas de aceite esencial de lavanda y mezcle con una cuchara de madera o un batidor de madera (no use utensilios de hierro ni de metales que puedan oxidarse). Aplíquese esta mascarilla en una capa fina sobre el rostro un poco húmedo, evitando el contorno de los ojos y los labios. Déjela actuar unos 10 minutos y luego enjuáguese con agua tibia. Séquese y, a continuación, pulverícese una loción floral a base de lavanda o un agua termal. Su piel quedará revitalizada.

Es útil saber

¿Hay que exfoliar una piel madura? Si se tiene presente que esta operación tiene como objetivo limpiar la epidermis en profundidad y liberarla de las células muertas, la respuesta es sí. Con la edad, el ciclo de renovación celular se ralentiza. Las células tienden a acumularse en la superficie de la piel, causando engrosamiento de la epidermis y pérdida de luminosidad.

Una mascarilla para tener buena cara

Mezcle 2 cucharadas de arcilla rosa, 2 de agua floral de rosa, 1 de aceite de onagra, 3 gotas de aceite esencial de geranio rosa y 3 de palo de rosa. Aplíquese la mascarilla sobre el rostro y deje que actúe de 10 a 15 minutos antes de enjuagarse con agua tibia.

Una loción tónica

Vierta 1 cucharada de arcilla blanca o de montmorillonita verde en 100 ml de agua floral de rosas. Deje en infusión toda una noche y utilice el agua superficial, colada o no. Para una piel muy seca, añada 1 cucharadita de aceite de germen de trigo o de jojoba. En este caso, hay que agitar bien para emulsionar la solución. Introduzca esta loción en el refrigerador para conservarla y obtener un efecto frío durante la aplicación.

Cuidados en luna creciente

La microcirculación sanguínea, y en particular la de los pequeños vasos sanguíneos del rostro, es más intensa en la fase de luna creciente. Por tanto, es un buen momento para la aplicación de mascarillas y cremas reafirmantes, ya que su asimilación resulta más fácil.

Pieles normales y mixtas

¿Qué es una piel normal? Una piel que no es ni demasiado seca
ni demasiado grasa, sin granos, rojeces o manchas. Hablando claro,
¡tal maravilla no existe, salvo en los niños!

La piel se altera constantemente en función de factores internos (edad, estado físico y psicológico) y externos (alimentación, contaminación, temperatura). Por otra parte, la epidermis es más o menos fina, seca o frágil según las partes del cuerpo. En el rostro, la famosa zona T (frente, nariz y mentón) siempre es un poco más grasa que los pómulos o el contorno de los ojos. Así pues, una piel normal a menudo es mixta y se seca al envejecer.

Prescinda de las limpiezas agresivas con la capa lipídica. Evite lavarse la

cara con agua (calcárea) y un jabón ácido. Con ello irrita las zonas secas y excita la producción de sebo en la parte media. Opte por un jabón de pH neutro y no emplee cremas hidratantes demasiado densas, puesto que obstruyen los poros.

Una exfoliación a base de bicarbonato

La exfoliación permite eliminar las células muertas de la epidermis, al mismo tiempo que suaviza y cierra el grano de la piel, desincrusta los puntos negros e ilumina el cutis. Mezcle 1 cucharadita de bicarbonato sódico o de sodio con 1 nuez de crema hidratante para el rostro, que actuará como agente emoliente. Humedézcase la cara con agua tibia, aplíquese la pasta y dese un masaje con pequeños movimientos circulares, evitando el contorno de los ojos. Enjuáguese con agua tibia y póngase una crema hidratante.

Una exfoliación a base de almendras o salvado en polvo

Ponga en un cuenco 2 cucharadas de caolín o de montmorillonita y cubra con otras 2 de agua. Espere unos mi-

Agua floral e hidrolato

En ambos casos se trata del producto de una destilación de plantas mediante el vapor de agua. En el caso del hidrolato, se usan las ramitas y las hojas, y para el agua floral, solo las flores. Una vez enfriado, el vapor se condensa en un agua cargada de aceite esencial en la superficie, y el resto está formado por el hidrolato o el agua floral, menos ricos en sustancias activas.

nutos y agregue 1 cucharadita de aceite de almendras dulces y 2 cucharadas de almendras o de salvado en polvo. La pasta no debe quedar demasiado líquida, para que pueda aplicarla sobre la piel húmeda en pequeños masajes circulares. Insista en la frente, las aletas de la nariz y el mentón. Enjuague y seque sin frotar.

Una mascarilla regeneradora

Ponga en un cuenco 3 cucharadas de arcilla, las mismas de agua, 1 cu-

charadita de aceite de argán o de onagra y 1 cucharada de miel líquida; deje reposar 1 hora y añada 1 gota de aceite esencial de geranio, otra de palmarosa y 2 gotas de lavanda. Si no tiene tiempo, mezcle y aplique enseguida sobre el rostro, evitando el contorno de los ojos y la boca. Trabaje sobre una piel limpia y ligeramente húmeda. Deje actuar de 10 a 15 minutos y enjuáguese con agua tibia.

Una mascarilla hidratante

Mezcle con la batidora de inmersión 2 puñados grandes de flores frescas de lavanda con 2 cucharadas de aceite de avellana. Aplique esta mascarilla formando una capa gruesa, directamente sobre el rostro, evitando el contorno de los ojos y los labios, sobre la piel seca o húmeda. Deje que actúe unos 10 minutos y enjuáguese con agua fría. A continuación, aplíquese una loción floral a base de lavanda.

Una mascarilla purificante

Mezcle 3 cucharadas de montmorillonita verde, 2 cucharadas de agua floral de hamamelis y 1 cucharadita de aceite de almendras dulces. Añada agua si es preciso. Aplique sobre el rostro, evitando el contorno de los ojos, y deje actuar de 10 a 15 minutos. Enjuáguese con agua tibia.

O bien: pique muy bien 2 puñados grandes de flores frescas de lavanda. Agregue a esta pasta 125 ml de yogur natural y 1 cucharada de aceite de oliva virgen de primera prensada. Aplique esta pasta directamente sobre el rostro, evitando el contorno de los ojos y de los labios. Déjela actuar unos 15 minutos y enjuáguese con agua fría para tonificar la piel. A continuación póngase una loción astringente. Esta mascarilla permite regular la producción de sebo y ce-

rrar los poros dilatados en la zona T de la cara (frente, nariz y mentón), donde la piel es más grasa. Para enriquecer esta mascarilla purificante, vaporice un poco de agua floral de lavanda sobre la nuez de crema antes de aplicarla.

Un tónico suave de agua de azahar

Vierta 1 cucharadita de arcilla adecuada para su tipo de piel en 100 ml de agua de azahar. Deje que repose durante toda la noche y luego cuélela, conservando solo el líquido. Páselo a un vaporizador para aplicar directamente sobre el rostro, o empape un disco de algodón compacto. Este tónico combina las propiedades calmantes y reequilibrantes de la flor de azahar con los minerales y oligoelementos de la arcilla. Utilícela durante la semana siguiente y consérvela en el refrigerador.

Es útil saber

A pesar de que las exfoliaciones afinan la piel, es contraproducente realizar este cuidado varias veces a la semana. Lo mismo sucede con las mascarillas purificantes, que actúan sobre la epidermis y la estimulan intensamente. Cada persona debe decidir la frecuencia de uso adecuada según su sensibilidad cutánea, pero practicar este tipo de cuidado cada ocho días en principio sería el máximo. En cambio, la loción tónica que libera la piel de las últimas impurezas y cierra los poros, sí es adecuada a diario después de limpiarse la cara.

Pieles secas

El problema de las pieles secas es la deshidratación. Las glándulas sebáceas no producen bastante sebo; la capa hidrolipídica que normalmente protege la epidermis de las agresiones exteriores no desempeña del todo su papel, y el agua que se encuentra en la piel se evapora con demasiada rapidez. Tener una piel seca a menudo es algo genético, pero la edad, los factores climáticos (frío, viento y sol), las enfermedades, la alimentación, la contaminación, los tratamientos demasiado decapantes y el agua clorada o calcárea son otras causas agravantes.

Hay que protegerse del sol, hidratarse por dentro bebiendo mucho líquido y también por fuera, manteniendo un índice de humedad adecuado en el sitio donde se vive. Utilice cuidados específicos: crema de día, crema de noche y leche hidratante para el cuerpo; emplee productos de limpieza no agresivos que preserven la capa lipídica, elija bien los jabones y geles de ducha y evite los baños espumosos perfumados, puesto que resecan la piel.

Un tónico suave

Vierta 1 cucharada de arcilla blanca en 100 ml de agua floral de manzanilla romana. Déjela reposar una noche antes de utilizar el líquido superficial, colado o no. Use esta loción con un algodón o vaporizándola después de limpiarse la piel. Conserve el frasco en el refrigerador, y use el tónico con bastante rapidez, ya que no contiene conservantes. Esta preparación aúna los principios hidratantes y alisadores de la arcilla con la acción calmante y reequilibrante de la manzanilla.

Un limpiador estimulante

Mezcle 1 cucharadita de bicarbonato, 1 cucharadita de aceite de germen de trigo o de hueso de melocotón o durazno y 1 nuez de crema hidratante facial. Humedézcase la cara con agua tibia y dese un masaje con las yemas de los dedos, con pequeños movimientos circulares, evitando el contorno de los ojos. Enjuáguese con agua tibia y después no se olvide de hidratarse con una buena crema, que actuará intensamente sobre una piel liberada de todas sus células muertas.

Una exfoliación delicada

Mezcle 2 cucharadas de arcilla blanca, otras 2 de agua floral de manzanilla, 1 cucharada de germen de trigo (o de salvado) en escamas y 1 cucharadita de aceite de almendras dulces.

Es útil saber

A una piel seca a menudo le falta elasticidad y luminosidad, de modo que necesita ser estimulada y liberada de las células muertas que dan lugar a un cutis apagado. A pesar de ello, tradicionalmente se ha recomendado evitar las exfoliaciones en las epidermis deshidratadas o irritadas. ¿Qué hacer? Si lo tolera sin sentirse incómodo, se puede practicar una limpieza en profundidad una o dos veces al mes, con una mascarilla. De lo contrario hay que conformarse con cuidados más suaves.

Agregue agua si es preciso y dese un masaje con pequeños círculos concéntricos, evitando el contorno de los ojos. Enjuáguese con agua tibia, y para terminar, pásese un algodón empapado con un tónico.

Una mascarilla a base de levadura de cerveza

Mezcle unos 10 g de levadura de panadería (que habrá dejado levar una media hora en un poco de agua tibia) o de levadura en escamas, 1 yema de huevo, 1 cucharada de aceite de germen de trigo o aceite de argán o bien, en su defecto, aceite de oliva. Aplíquesela, déjela actuar 25 minutos y enjuáguese bien para eliminar la grasa.

Una mascarilla de pepino

El pepino, que forma parte de diversos cosméticos, es ideal para las pieles secas. Pele 1/2 pepino y redúzcalo a puré. Añada 45 ml de yogur natural para obtener una crema homogénea. Aplíquesela y déjela actuar 15 minutos. Enjuáguese con agua clara. Puede añadir un poco de miel a esta receta.

Una mascarilla nutritiva a base de arcilla

Mezcle 2 cucharadas de caolín, 1 cucharada de salvado de avena, 3 cucharadas de agua floral de flor de azahar y 1 cucharadita de aceite de jojoba. Aplíquese la mascarilla sobre la cara húmeda, evitando el contorno de los ojos, déjela actuar de 10 a 15 minutos y enjuáguese con abundante agua tibia.

Una mascarilla regeneradora

Mezcle 3 cucharadas de arcilla blanca, la misma cantidad de agua floral de manzanilla o de flor de azahar, 2 gotas de aceite esencial de ylang ylang y 1 cucharadita de aceite de onagra. Incorpore todo a fin de obtener una pasta untuosa y aplíquesela sobre el rostro y el cuello, evitando el contorno de los ojos. Déjela actuar de 10 a 15 minutos, enjuáguese con agua tibia y séquese la cara sin frotar. Este tratamiento se puede efectuar dos veces a la semana, hasta que la piel haya recuperado toda su tersura.

Una mascarilla para tener buena cara

Mezcle 3 cucharadas de arcilla rosa, otras 3 de agua, 1 cucharadita de aceite de jojoba o de aceite de aguacate (para una piel muy seca) y 2 gotas de aceite esencial de zanahoria. Aplíquese esta preparación sobre el rostro húmedo, evitando el contorno de los ojos. Déjela actuar de 10 a 15 minutos y enjuáguese con agua tibia.

Arrugas

Las arrugas pueden conferir personalidad a una cara, pero la mayoría de las mujeres preferirían no tenerlas. Teniendo en cuenta el precio de las inyecciones de productos antiarrugas (que hay que repetir), y del precio cada vez más elevado de los cosméticos antiedad, merece la pena probar los siguientes métodos naturales.

Manzana y leche

Incorpore una manzana cortada en trozos a 25 cl (250 ml) de leche, que llevará a ebullición. Aplaste los trozos de manzana y aplíquese la pulpa tibia sobre la cara. Deje que actúe durante 15 minutos y enjuáguese.

Avena… y de nuevo leche

Mezcle 5 o 6 cucharadas de harina de avena en 5 cl (50 ml) de leche entera. Extiéndala sobre la piel y conserve esta mascarilla durante 15 minutos. Enjuáguese con agua tibia.

Aceites de argán y de almendra

Sobre una cara bien limpia, aplíquese una mezcla a partes iguales de aceite de argán y aceite de almendras dulces. También puede utilizar solo aceite de argán.

Aceite de oliva con limón

Dese un masaje en la cara con aceite de oliva mezclado con zumo o jugo de limón, preferiblemente por la noche, 2 veces a la semana.

Una mascarilla con harina de lino

Las semillas de lino, ricas en vitaminas y sales minerales, son suavizantes. Mezcle 4 cucharadas de harina de lino con 5 cl (50 ml) de leche entera y 1 cucharadita de nata o crema líquida. Aplíqueselo y deje que actúe du-

rante 10 minutos. Enjuáguese con agua tibia.

Una loción de perejil

El perejil tiene la propiedad de cerrar los poros y tensar la piel. Sumerja un ramillete de perejil en un fondo de agua durante 24 horas. Luego dese unos toques con esta loción sobre las arrugas durante una semana como mínimo. Esta preparación se conserva en un lugar fresco durante 3 días en un recipiente cerrado.

Una loción antiarrugas

Esta loción hará que las arrugas sean menos visibles. Caliente 1 taza de vinagre de sidra y viértala sobre unas semillas de hinojo (más o menos media taza). Deje macerar durante 1 semana, retire las semillas, añada 1 cucharada de miel y remueva.

Un aceite de cuidado antiarrugas

Mezcle 3 gotas de aceite esencial de limón, de geranio, de palmarosa y de lavanda en 30 ml de aceite vegetal de onagra o de borraja. Aplíquese un poco de esta preparación sobre el rostro limpio, dándose un masaje suave para que penetre bien. Retire el exceso con un pañuelo de papel. Puede utilizar este aceite alternándolo con su crema hidratante. Se conserva un mes protegido de la luz y el calor.

Cuidados para limpiar y purificar la piel

Existe un sinfín de cuidados para limpiar y purificar la piel. Los que se basan en el limón purifican la piel, cierran los poros y alisan el grano. Las mascarillas de arcilla o de bicarbonato, menos agresivas que los exfoliantes, afinan el grano de la piel, eliminan impurezas y desincrustan los poros sin necesidad de frotar.

Una sauna facial

El vapor abre los poros y permite eliminar impurezas y toxinas. Sin embargo, evítelo si tiene el acné rosácea. Lleve a ebullición 1/2 litro de agua. Viértala en una ensaladera, déjela entibiar un poco y luego agregue 2 gotas de aceite esencial de limón y otras 2 de ciprés y de geranio. Póngase al

vapor, con la cabeza cubierta con una toalla, durante unos 10 minutos.

Un exfoliado desincrustante

Este remedio prolonga la acción de la sauna. Como los poros están abiertos, es más fácil desincrustar las impurezas y eliminar los posibles puntos negros. Mezcle el zumo o jugo de 1 limón, 1 cucharada colmada de almendra o avellana en polvo y 1 cucharadita de aceite de almendras dulces o de jojoba. Dese un masaje en el rostro húmedo con pequeños movimientos circulares, evitando el contorno de los ojos, y enjuáguese con agua tibia. Evite exponerse al sol después de este tratamiento.

Una loción tónica

Después de una limpieza en profundidad, es indispensable tonificar la piel y cerrar los poros. Esta loción también se puede usar a diario como tratamiento antes de la crema hidra-

Conservar aceites esenciales

Conserve siempre los aceites esenciales en sus frascos originales de cristal oscuro y manténgalos protegidos de la luz y el calor. En buenas condiciones, pueden conservarse durante varios meses, ¡o incluso varios años!

tante o después de desmaquillarse. Mezcle 20 cl (200 ml) de agua mineral, 1 cucharada de aceite de argán, el zumo o jugo de 1 limón y 5 gotas de aceite esencial de lavanda. Conserve la loción en el refrigerador (como máximo una semana) y agite bien el frasco antes de usarlo para mezclar bien todos los ingredientes. Pásese la loción por la cara evitando el contorno de los ojos, y luego aplíquese una crema hidratante.

Una mascarilla nutritiva y refrescante

📖 Ingredientes: 1 cucharadita colmada de bicarbonato (alimentario) • 2 cucharadas de yogur ecológico u orgánico, o casero • 1 cucharadita de aceite de oliva • 1 cucharadita de germen de trigo • También puede utilizar germen de trigo en escamas. En este caso, calcule 2 cucharaditas de aceite de oliva o 1 cucharada de aceite de oliva y 1 de aceite de argán, que es nutritivo y regenerador

CÓMO PROCEDER: mezcle bien todos los ingredientes y espere un poco, hasta que la preparación aumente de volumen. Esta misma reacción del bicarbonato (básico) y el yogur (ácido) es lo que hace que leve la masa de los pasteles. ✱ Aplíquese la mezcla generosamente sobre la cara, evitando el contorno de los ojos y

de la boca. ✱ Deje reposar unos 15 minutos. Antes de limpiarse, dese un ligero masaje para que penetre bien, enjuáguese con agua tibia y séquese. → Su piel quedará lisa, suave y renovada.

Una mascarilla para cerrar los poros

📖 Ingredientes: 2 cucharadas de arcilla blanca o rosa (más suaves que la verde) • 1 cucharadita de bicarbonato • 1 cucharadita de miel • 1 cucharadita de aceite de jojoba • 1 o 2 gotas de aceite esencial de geranio y otras 2 de aceite esencial de limón

CÓMO PROCEDER: mezcle bien y añada un poco de agua si la pasta es demasiado espesa. ✱ Deje que la preparación leve (la reacción entre el bicarbonato y la miel), extiéndala sobre el rostro, evitando el contorno de los ojos y la boca. ✱ Deje que

actúe de 10 a 15 minutos y límpiese con agua tibia. ✱ Esta mascarilla destinada a pieles normales debe aplicarse una vez a la semana. → Puede utilizar otros aceites esenciales, dependiendo de los posibles problemas de piel que deba tratar.

Arcilla y madera

Para preparar la arcilla, emplee una espátula de madera y haga las mezclas en un recipiente de cristal o de cerámica. Evite los metales y el plástico, ya que no son adecuados para este material tan sensible.

Piel apagada

La perfección de la tonalidad del cutis depende de gran número de factores: el acné, los granos o el acné rosácea, por un lado, y el tipo de piel y la fijación correcta del maquillaje, por otro. Sepa que el limón, el vinagre o la arcilla pueden responder a desafíos tan diversos como estos.

Limón para purificar el organismo

Tómese el zumo o jugo de 1 limón exprimido con un poco de agua tibia en ayunas, preferiblemente 1/2 hora antes del desayuno, durante 3 semanas. Esta cura purifica el organismo, ilumina la tez y carga el cuerpo de vitaminas, minerales y flavonoides. Las células de la piel se beneficiarán, al igual que todas las del cuerpo, de esta cura vigorizante.

Un baño de vapor en casa

Tan solo 2 o 3 cucharadas de vinagre pueden incrementar la eficacia de un baño de vapor a base de plantas. Ponga en un cazo con agua hirviendo, además del vinagre, unas cuantas

Sol y limón

Insistimos: el astro del día y la pequeña fruta amarilla o verde no hacen buena pareja. El zumo o jugo y el aceite esencial de limón (y los de otros cítricos) son fotosensibilizantes. Cuando se aplican sobre la piel reaccionan a los rayos UV creando marcas oscuras e indelebles, lo cual sería, por supuesto, lo contrario del efecto esperado.

hierbas de su elección: lavanda, tomillo u otra. A continuación, con una toalla sobre la cabeza y cerrando los ojos, deje que el vapor de agua actúe durante 5 minutos largos.

Un exfoliante reparador

Mezcle 1 cucharada de harina de avena con 1 gota de aceite esencial de lavanda. Añada agua hasta que obtenga una pasta untuosa. Aplíquela sobre la cara y el cuello, evitando los ojos y los labios. Dese un masaje con pequeños movimientos circulares, insistiendo en la nariz y el mentón. Enjuáguese con agua tibia. La lavanda repara y la

avena permite eliminar las células muertas. A continuación, pulverícese con un agua floral de lavanda. Tendrá un cutis radiante y luminoso.

Una mascarilla para tener buena cara

Vierta en un cuenco 3 cucharadas de arcilla roja o amarilla, la misma cantidad de hidrolato de romero y 1 cucharadita de aceite de jojoba. Agregue agua si es preciso, y extienda la pasta sobre el rostro húmedo. Deje que actúe de 15 a 20 minutos y enjuáguese con agua tibia. Deje reposar la piel un poco, y luego pásese un algodón empapado de tónico y una crema hidratante ligera.

Tratar la descamación

La descamación consiste en un desprendimiento de escamas de piel seca, que a menudo aparece en la cara y se blanquea con el sol. Esta afección benigna, pero molesta, se elimina por completo humedeciendo a diario la zona afectada con un algodón mojado en zumo o jugo de limón. Haga la cura por la noche, o bien evite exponerse al sol durante 12 horas.

Loción antimanchas

Esta loción no sustituye un tratamiento con láser, pero puede atenuar
bastante la intensidad de la coloración. Empape un algodón en zumo o
jugo de limón puro y aplíquelo sobre
las manchas por la noche, antes de
acostarse. Realice una prueba antes
en las manos, para comprobar que
tolera bien el tratamiento. También
puede mezclar 50 gotas de aceite
esencial de limón en 30 ml de aceite
de rosa mosqueta y darse un masaje
todas las noches con esta loción en
las zonas manchadas.

¡Atención a la Luna!

Con luna menguante, la piel tiende a irritarse cuando uno está cansado.
En ese momento es poco útil hacer exfoliaciones, puesto que tendrían
un efecto contrario al esperado, o tratar con un método fuerte los granos
y llagas. Por el contrario, los cuidados
calmantes o regeneradores permiten atenuar
tanto las irritaciones como los efectos de las
agresiones externas (viento, frío o sol). Sin
embargo, las curas drenantes y depurativas
funcionan muy bien, puesto que la luna
menguante favorece la eliminación de los
residuos del organismo. La luna llena es
perfecta para la aplicación de mascarillas
nutritivas.

Cabello dañado

Los champús sintéticos son un invento relativamente reciente, puesto que datan de la década de 1930. ¿Pero cómo se lavaban el cabello antes? La gente se cepillaba enérgicamente el pelo, se lo friccionaba con agua de colonia, con vinagre aromatizado y se lo lavaba con jabón o con ingredientes diversos (huevo, salvado, ron, etc.).

Hoy en día existe un gran número de champús cada vez más especializados. ¿Sus defectos? Contienen agentes limpiadores agresivos, que a menudo provocan alergias. En la medida de lo posible, evite todo lo que dañe el cabello: tintes, decoloraciones, secador, geles o lavados excesivos. También puede realizar baños de vapor para relajar el cuero cabelludo, envolviéndose el cabello con una toalla mojada con agua muy caliente y luego escurrida.

Bicarbonato para lavarse

El bicarbonato sódico o de sodio proporciona textura y cuerpo al cabello fino. Evita unos lavados demasiado frecuentes que castigan el cuero cabelludo, ya que absorbe el sebo y elimina los olores.

Sin agua y sin champú: mezcle en cantidades iguales bicarbonato y talco sin perfumar en un azucarero para espolvorear. El talco refuerza la acción absorbente del bicarbonato. Espárzalo por todo el cabello, masajee para que penetre este polvo, déjelo

actuar 5 minutos y cepíllese enérgicamente hasta que desaparezca todo el polvo.

Para completar su champú: si añade una pizca de bicarbonato a su champú habitual aumentará su capacidad limpiadora y eliminará los residuos de los productos para el peinado (laca o aerosol para el cabello, gel, etc.). Ponga una pizca generosa en la palma de la mano, agregue 1 nuez de champú, diluya con un poco de agua y reparta por toda la cabeza después

de mojarse el cabello. Procure no aplicar champú a la parte media y a las puntas del cabello, para no resecar la fibra capilar.

Bicarbonato, vinagre o limón para enjuagarse

Para enjuagarse, después de lavarse el cabello, diluya 1 cucharadita de bicarbonato en 1 litro de agua tibia. Eliminará tanto la cal o los residuos de agua dura, como los restos de productos de limpieza y para el peinado. Si ya ha añadido bicarbonato sódico o de sodio al champú, para enjuagar es mejor que utilice vinagre de sidra o zumo o jugo de limón (1 o 2 cucharadas por cada litro de agua).

Una mascarilla de ortigas y arcilla

Mezcle arcilla rosa (una mezcla de arcilla illita roja y caolín blanco) con un poco de agua mineral caliente. La arcilla rosa es más rica en oligoelementos que la blanca. Calcule 180 g de arcilla rosa para el cabello largo y

100 g para el corto. Agregue el zumo o jugo de 1 limón ecológico u orgánico y 1 cucharada de jugo de hojas de ortiga (presione unas hojas frescas con una prensa o una centrifugadora). Bátalo todo con una cuchara de madera para que la mezcla quede untuosa. Aplique esta preparación con un pincel o brocha en el cabello mojado, si es posible, mechón por mechón. Deje actuar la mascarilla durante 20 minutos, cubriéndose la cabeza con un gorro de baño o un gorro de trabajo para aumentar su efecto. A continuación, retire con la mano la arcilla y enjuáguese abundantemente el cabello varias veces. Luego utilice un champú para uso frecuente, y haga siempre el último enjuague con agua fría para no excitar las glándulas sebáceas.

Cabello graso

¿Tiene el cabello graso, pesado y pegado a la cabeza, a pesar de que se lo lavó ayer? El estrés, el cansancio, la depresión, la contaminación, o ciertos fármacos (antibióticos, barbitúricos, diuréticos o los anticonceptivos orales) figuran entre las causas posibles. ¡Pruebe los productos naturales!

Un masaje vigoroso sobre el cuero cabelludo y agua excesivamente caliente no hacen más que aumentar la producción de sebo. Deje que el cabello se seque solo en la medida de lo posible. Si no, ¡cuidado con el secador! Si utiliza un secador a una temperatura demasiado alta y/o lo acerca mucho al cuero cabelludo, puede estimular la secreción de sebo. Descarte los cepillos o peines con las púas demasiado juntas, puesto que suelen extender el sebo por todo el cabello.

Aceites esenciales para el cabello graso

Los aceites esenciales de naranja, lavanda o salvia son antisépticos y tónicos. Añada 3 o 4 gotas a su champú en cada lavado.

Un lavado con ortigas

Efectúe este lavado 2 veces por semana, una vez cada trimestre. Pique 120 g de hojas secas de ortiga. Ponga las hojas picadas en un cazo que contenga 1 litro de agua (sin cal). Llévelo todo a ebullición. Retire del fuego y deje en infusión unos 15 minutos. Cuele y añada 8 gotas de aceite esencial de lavanda, romero o salvia. Luego mézclelo todo con 2 yemas de huevo. Lávese con esta preparación, déjela actuar 10 minutos y, a continuación, enjuáguese abundantemente.

Un lavado con lirio

Incline la cabeza hacia delante y cepíllese el cabello en esta dirección. Espolvoréese las raíces con 200 g de polvo de lirio. Levante la cabeza y reparta el polvo por el resto del cuero cabelludo. Deje reposar 15 minutos y elimine el polvo cepillándose con cuidado. El cabello le quedará limpio y adquirirá cuerpo.

Incorpore al agua del último enjuague el zumo o jugo de un limón ecológico u orgánico recién exprimido.

❋❋❋❋❋

Una mascarilla de arcilla

Para que su cabello no vuelva a engrasarse demasiado pronto, 1 o 2 veces por semana, mezcle 4 o 5 cucharadas de arcilla, otro tanto de agua, 1/2 cucharadita de sal marina, 8 gotas de aceite esencial de romero y la misma cantidad de aceite esencial de ciprés (o de limón). Extienda esta pasta por la cabeza, pero solo sobre la raíz del cabello, y déjela actuar durante 20 minutos. Enjuáguese con agua tibia y lávese con un champú suave.

❋❋❋❋❋

Una aplicación de arcilla y vinagre

Mezcle arcilla verde con vinagre diluido hasta obtener una pasta espesa. Aplíquesela sobre el cabello y déjela actuar 10 minutos antes de enjuagarse abundantemente.

Es útil saber

Los cuidados capilares a base de vinagre deben realizarse sobre todo después del lavado, para eliminar bien todos los productos que se han aplicado al cabello y para que el tinte, en caso de emplearlo, le dure más. Con todo, desconfíe si se ha hecho la permanente, ya que si se enjuaga el cabello regularmente con agua y vinagre es muy posible que estropee el trabajo de su peluquera.

❋❋❋❋❋

Una aplicación de arcilla y huevo

Aquí tiene otra receta a base de arcilla todavía más fácil de realizar que la anterior: mezcle arcilla verde con una yema de huevo. Aplíquesela sobre el cabello, evitando las puntas. Déjela actuar 20 minutos y luego enjuáguese abundantemente.

❋❋❋❋❋

Un lavado en seco con arcilla y bicarbonato

Este método vuelve a estar de moda después de un periodo de decadencia. Permite espaciar los lavados, a la vez que devuelve el tono y el cuerpo a la melena. Al cabello graso le encanta este tipo de champú, sobre todo el que contiene arcilla. Esta absorbe muy bien el exceso de grasa, pero tiende a pegar el cabello y a hacer que adquiera electricidad estática. ¿La solución? Mezcle a partes iguales arcilla y bicarbonato sódico o de sodio para obtener un polvo más fácil de trabajar y más eficaz. Luego no tiene

---

más que repartir bien el polvo por toda su melena (evitando las puntas), y cepillarse para eliminar los residuos. Además de eliminar el exceso de sebo, ¡este lavado en seco dará volumen a su cabello!

❋❋❋❋❋

Vinagre para secar el cuero cabelludo

Si tiene el cabello graso, durante el enjuague añada vinagre de lavanda (después de haber macerado flores en él durante 3 semanas), de naranja (cortezas, hojas y flores) o, en su defecto, una mezcla a partes iguales de agua de azahar y vinagre de sidra. En cuanto a los problemas de caspa, advertirá que se atenúan con un masaje a base de vinagre y menta.

❋❋❋❋❋

Una loción tónica con limón

Mezcle 25 cl (250 ml) de agua mineral, 2 cucharadas de zumo o jugo de limón, 2 gotas de aceite esencial de salvia romana y otras 2 de ciprés, de lavanda y de cedro. Haga penetrar el líquido dándose un masaje en el cuero cabelludo, y déjelo actuar durante toda una noche. Al día siguiente, lávese el cabello añadiendo 1 gota de aceite esencial de limón y de cedro a 1 nuez de champú. Repita 1 o 2 veces por semana, hasta que su cabello mejore.

❋❋❋❋❋

Un lavado en seco con avena

Esparza una cucharada de avena por el cabello. Frótese y elimínela sacudiendo la cabeza. Esta receta es una excelente alternativa a los champús para lavado en seco de venta en los comercios.

Cabello seco

Cuando el cuero cabelludo se reseca, se debe a la ausencia de la capa hidrolipídica (mezcla de sudor y de sebo) que cubre el conjunto del cabello. Al resecarse, el cabello deja de estar hidratado y protegido, se vuelve áspero y pierde el brillo.

Un lavado con germen de trigo

Puede utilizar el aceite de germen de trigo tal cual, aplicándolo mechón por mechón antes de darse un masaje para favorecer su efecto. Transcurridos unos instantes, emulsione con un poco de agua antes de enjuagar cuidadosamente.

Un lavado con huevo

Según la longitud del cabello, mezcle 1 o 2 huevos batidos con 1 cucharadita de aceite de oliva. Aplíquelo a la vez que se da un masaje, deje reposar 15 minutos y luego enjuáguese abundantemente. También puede mezclar 2 yemas de huevo, 1 cucharada de

aceite de almendras dulces y 2 cucharadas de ron. Deje que actúe durante 15 minutos y, a continuación, enjuáguese abundantemente.

Una aplicación de aceite de oliva

Aplíquese de manera regular un poco de aceite de oliva sobre el cabello y déjelo actuar toda una noche, envolviéndose la cabeza con una tela o protegiendo la funda de la almohada. Si no es suficiente, aplíquese sobre el cabello una mascarilla preparada con 1 yema de huevo, 1 cucharadita de miel y 6 cucharadas de aceite. Masajéese bien el cabello y deje que la aplicación actúe al menos durante 10 minutos antes de efectuar un lavado suave y de enjuagarse.

Miel antes del lavado

Para revitalizar un cabello un poco apagado: mezcle 1 cucharada de miel con 1 yema de huevo, aplíquela sobre el cabello, deje que repose durante 15 minutos y después lávese el cabello y aclare con abundante agua.

Para tratar un cabello seco y quebradizo: mezcle 2 cucharadas de miel con 1 cucharada de aceite de oliva, espere 20 minutos con el cabello cubierto con un gorro de baño o una toalla y enjuáguese cuidadosamente

Una cura de levadura de cerveza

La buena salud de la queratina, uno de los componentes de nuestro cabello (y también de las uñas y de la piel), está asociada a la dosis correcta en nuestro organismo de las vitaminas B3, B5 y B8, y también de cobre, azufre y zinc, elementos en que la levadura es muy rica. Su consumo permite actuar no solo de manera preventiva, contribuyendo a garantizar un aporte suficiente, sino también como tratamiento, para ayudar a recuperar el equilibrio.

antes del lavado. Este tratamiento será aún más eficaz si le añade unas gotas de aceite esencial de romero.

Miel después del lavado

Para dar brillo al cabello y reducir la caspa: mezcle 1 cucharadita de polen seco en 1 vaso de agua y, a continuación, vierta este líquido sobre el cuero cabelludo, masajee y péinese.

Para dar volumen: mezcle 1 cucharadita de miel en un poco de agua tibia y añada unas gotas de vinagre de sidra. Reparta esta preparación sobre la melena húmeda y deje reposar 15 minutos antes de enjuagarse.

Una mascarilla de aguacate

Aplaste la pulpa de 1 aguacate y agregue 1 yema de huevo. Mezcle bien y aplique esta pasta sobre el cabello. Póngase un gorro de ducha (o una bolsa de plástico) y deje que actúe al menos durante 1/2 hora. Después, lávese el cabello como de costumbre. Quizás le costará desenredarlo, pero una vez seco, es una maravilla.

Los aceites vegetales

El método más sencillo para cuidar un cabello seco es utilizar de manera regular un aceite vegetal de calidad. Los de monoi, jojoba y manteca de carité son apreciados para el cabello seco, ya que lo nutren, fortifican y reparan. También puede usar aceite de oliva. Reparta correctamente el producto, insistiendo en las puntas, no solo en el cuero cabelludo. Luego envuélvase la cabeza con una toalla caliente y deje que repose al menos durante 30 minutos o más si dispone de tiempo.

Cabello sin brillo, quebradizo y con las puntas abiertas

El cabello quebradizo, con las puntas abiertas y sin brillo a menudo se debe al hecho de que las glándulas sebáceas del cuero cabelludo no producen suficiente sebo. Entonces el pelo se reseca y adquiere un aspecto apagado.
Una alimentación desequilibrada, usar un secador a una temperatura demasiado alta, la contaminación, el sol, el agua del mar o el cloro de la piscina o alberca, entre otras cosas, pueden acentuar este fenómeno.

La riqueza de la ortiga en zinc, sílice y en vitaminas (sobre todo vitamina B5) le permite actuar sobre el cabello apagado y con las puntas dañadas, devolviéndole su brillo y vitalidad. En efecto, una carencia de sílice fragiliza el cabello y lo vuelve quebradizo.

Enjuáguese siempre abundantemente el cabello con agua tibia después de enjabonarlo. Y échele un último chorro de agua fría para fortificarlo. Cepíllese el cabello con suavidad. Evite las coloraciones o permanen-

tes demasiado frecuentes. Córtese las puntas de manera regular. Elija un champú hidratante y opte por una mascarilla reparadora específica para cabello apagado una vez por semana.

Una cura de levadura de cerveza

Si tiene el cabello débil, quebradizo y con las puntas abiertas, o con tendencia a caer más de lo habitual (¡perdemos entre 50 y 100 cabellos al día!) quizás se trate de un signo de fatiga y/o una leve carencia de minerales (zinc, cobre y azufre), o incluso de vitamina B8 (biotina). De hecho, el estado del cabello a menudo es un reflejo de nuestro estado general. En cualquier caso, la levadura, en forma de copos o de comprimidos, es una solución indicada para reforzar el cabello.

Aceite de oliva para fortalecer

Un poco de aceite de oliva bien distribuido por la melena devuelve poco a poco la luminosidad y el vigor a un cabello apagado, débil y reseco. Aplíquelo regularmente y, si es posible, déjelo actuar durante toda una noche, envolviéndose la cabeza con una tela o protegiendo la funda de la almohada. Si no es suficiente, aplique a su cabello una mascarilla preparada con 1 yema de huevo, 1 cucharadita de miel y 6 cucharadas de aceite de oliva. Masajéese el cabello con ella y déjela actuar al menos 10 minutos antes de lavarse el cabello con un producto suave y enjuagarse.

Una decocción para dar brillo

Haga una decocción poniendo 100 g de raíz de ortiga (*Urtica dioica*) en un cazo con 1 litro de agua mineral fría. Lleve a ebullición y deje hervir a fuego lento durante 15 minutos, hasta que se haya reducido al menos un tercio del líquido. Cuele la decocción con un colador. Una vez fría, vierta una parte de esta preparación sobre el cabello mojado y limpio. Enjuáguese abundantemente con agua fría. Su cabello adquirirá brillo y volumen y estará más suave.

Un aceite capilar

Mezcle 25 cl (250 ml) de aceite de oliva virgen de primera prensada con 5 gotas de aceite esencial de lavanda y la misma cantidad de aceite esencial de romero. Pase esta preparación a un frasco de cristal opaco que cierre herméticamente. Etiquételo. Ponga unas gotas del líquido en las manos y aplíquelo dando un masaje al cuero cabelludo. Desenrédese el cabello y deje que actúe durante

15 minutos. Enjuáguese y luego lávese el cabello. Enjuáguese de nuevo con agua fría. Este aceite debe usarse 2 o 3 veces al mes. Su cabello recuperará la luminosidad.

Un masaje en el cuero cabelludo

Dese un masaje en el cuero cabelludo con 5 gotas de tintura madre de ortiga (se comercializa lista para usar en algunas farmacias y en tiendas de productos ecológicos u orgánicos, o prepárela usted mismo), o con jugo de ortiga (hojas frescas de

> ## Por vía oral
>
> Un complemento alimentario a base de ortiga (por lo general en grageas o comprimidos) permite devolver el vigor y el brillo al cabello. La ortiga, al ser rica en vitaminas (B2, B5, C...), en minerales, oligoelementos o aminoácidos, entre otras cosas, hace que un cabello apagado vuelva a brillar.

ortiga prensadas en una centrifugadora) diluido en un poco de agua. Deje actuar este jugo durante 10 minutos y enjuáguese. Repita la operación 3 días seguidos para dar brillo a su cabello.

Vinagre para enjuagar

Deje macerar durante 2 semanas en un recipiente de cristal 100 g de flores frescas de lavanda en 1 litro de vinagre de sidra. Remueva regularmente. Cuele y agregue 30 gotas de aceite esencial de lavanda. Deje reposar durante 48 horas antes de utilizarlo. Puede conservar esta preparación durante 1 mes en un frasco de cristal cerrado con un tapón de corcho (acuérdese de etiquetarlo). Úselo en el último aclarado después de lavarse el pelo. Basta con diluir un volumen de este vinagre en 8 volúmenes de agua. Su pelo quedará revigorizado y más sedoso.

Caída del cabello

Es del todo normal perder un promedio de 30 a 100 cabellos al día.
En algunos momentos de la vida se puede perder más cabello
de lo normal, lo mismo que en determinados ciclos estacionales
o a causa de ciertos tratamientos (hormonal o anticonceptivo,
tras una quimioterapia o radioterapia, etc.) o incluso después
de un suceso estresante (duelo, accidente, agotamiento).

De la totalidad de los cabellos que tiene un adulto, alrededor del 85 % está en fase anágena (es decir, en fase de crecimiento: el folículo capilar está activo y el tallo crece de 1 a 1,5 cm al mes), el 14 % en fase telógena (correspondiente a la fase de caída) y un 1 % en fase catágena (representa la fase de reposo, es decir, el folículo capilar está inactivo).

Gracias a su riqueza en minerales (sílice, hierro, magnesio, etc.), en oligoelementos (zinc, cobre…) y en vitaminas (del grupo B, sobre todo las vitaminas B5 y B2, que favorecen la aparición de nuevos cabellos), la ortiga devuelve el vigor al cabello. Está indicada para prevenir la caída del pelo y contribuye, asimismo, a su renovación.

Espacie los *brushings* o alisados con secador, las permanentes o las coloraciones. Evite los champús demasiado decapantes y el agua demasiado caliente. En la medida de lo posible, opte por dejar que su cabello se seque al aire libre, en lugar de usar secador. O bien procure colocarlo a una distancia de al menos 20 cm, y regule la temperatura al mínimo.

Una loción fortalecedora y revitalizante

Para obtener mejores resultados, la siguiente receta debe usarse a diario durante 1 mes, friccionando el cuero cabelludo.

📖 *Ingredientes:* • *500 g de hojas frescas de ortiga*

CÓMO PROCEDER: pique muy finas 500 g de hojas frescas de ortiga. ✽ Extraiga el jugo con una prensa o una centrifugadora. ✽ Vierta esta preparación en una botella de cristal opaco que cierre herméticamente. Etiquétela. → Esta loción se conserva varios días en el refrigerador.

Una loción anticaída

📖 *Ingredientes:* • *200 g de hojas frescas de ortiga* • *1/2 litro de agua mineral* • *2 cucharadas de vinagre de sidra*

CÓMO PROCEDER: ponga 200 g de hojas frescas de ortiga en un cazo con 1/2 litro de agua mineral fría. Lleve a ebullición y deje hervir a fuego lento durante 20 minutos. ✽ Retire el recipiente del fuego. Deje en infusión unas 10 horas. Cuélelo. ✽ Añada 2 cucharadas de vinagre de sidra (que fortalece y da un brillo especial al cabello). Mezcle y viértalo todo en un frasco de cris-

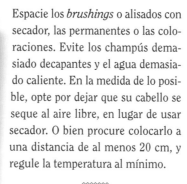

tal opaco que cierre herméticamente. Etiquételo. ✳ Masajéese el cuero cabelludo con unas gotas de esta loción, insistiendo en las zonas donde el cabello tiene más tendencia a caerse. ✳ Deje que actúe durante unos 20 minutos, y luego enjuáguese con un abundante chorro de agua fría. → Repita esta operación cada día durante 2 o 3 semanas.

Es útil saber

Un complemento alimentario a base de ortiga (*Urtica dioica*) permite reducir la pérdida de cabello. Su riqueza en vitaminas, ácido fólico, sílice y zinc hace que la ortiga sea muy útil para combatir la caída del cabello, a la vez que favorece su renovación. Posología: 1 o 2 grageas antes de las comidas, con un gran vaso de agua.

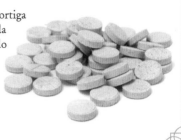

Una mascarilla anticaída

La caída del cabello, además de los factores genéticos, puede tener múltiples causas. Ni la arcilla ni las plantas resuelven los problemas internos, pero sí estimulan la renovación capilar. Mezcle 5 cucharadas de arcilla, 3 de hidrolato de salvia y 2 de agua. Agregue 5 gotas de aceite esencial de romero y otras 2 de palo de rosa diluidas en 1 cucharadita de aceite de jojoba (1 cucharada si el cuero cabelludo está seco). Aplique una capa gruesa sobre la cabeza y deje actuar durante 20 minutos. Enjuague con agua tibia y termine con un lavado suave.

Caspa

La caspa es consecuencia de una descamación anormal de las células superficiales del cuero cabelludo. Se caracteriza por ser como unas escamas minúsculas de forma redondeada. Hay que distinguir entre la caspa seca y la caspa grasa.

La caspa seca son unas pequeñas escamas blancas que no se adhieren al cuero cabelludo; en general se caen cuando nos peinamos, y suelen provocar picores. En cuanto a la caspa grasa, las escamas son bastante más grandes y se aglomeran entre ellas, pegándose al cuero cabelludo; a la larga puede provocar la caída del cabello, ya que asfixian el cuero cabelludo.

Aceite de jojoba

Acostúmbrese a añadir unas gotas de aceite de jojoba puro a su dosis de champú. No es la panacea, pero a la larga la caspa desaparece.

Algunos aceites esenciales

Puede incorporar de 10 a 15 gotas de aceite esencial de lavanda, de enebro o de palo de rosa a su champú. Si en lugar de estos aceites elige el de eucalipto o de geranio, no agregue más de 2 o 3 gotas.

Limón y aceite de coco

Mezcle 2 cucharaditas de aceite de coco y 1 de zumo o jugo de limón. También puede emplear zumo o jugo de limón solo. Masajee bien la raíz del cabello, deje actuar 5 minutos; luego enjuáguese y lave el cabello.

Un masaje con miel…

Diluya en una taza de agua caliente una cucharadita de miel. Masajee el cuero cabelludo con esta preparación cada vez que se lave el cabello.

… O con vinagre

Frótese el cabello con vinagre de sidra puro. Déjelo actuar como mínimo durante 30 minutos, o mejor 1 hora, antes de lavarlo.

Una fricción con sal

Distribuya 2 cucharadas de sal por la cabeza y el cabello, lavado y un poco escurrido. Masajee de 3 a 5 minutos, espere 10 minutos y luego enjuáguese con abundante agua tibia.

Una mascarilla de arcilla

Una vez por semana: prepare una pasta espesa pero maleable mezclando 4 o 5 cucharadas (unos 100 g) de arcilla con otras tantas de agua mineral. Agregue 5 gotas de aceite esencial de tomillo y la misma cantidad de romero y de salvia romana (o de oxicedro) diluidas en 1 cucharadita de aceite de jojoba. Aplique una buena capa sobre el cuero cabelludo y deje que actúe durante 30 minutos. Enjuáguese con agua tibia y lávese la cabeza con un champú suave.

Una mascarilla de limón

Mezcle 125 ml de yogur ecológico u orgánico de leche entera con 2 gotas de aceite esencial de limón y la misma cantidad de romero. Aplique la preparación sobre el cabello húmedo, deje que actúe durante 10 minutos generosos antes de enjuagarse y lavarse el cabello con un champú suave. Entre dos tratamientos, agregue 2 gotas de aceite esencial de limón a 1 nuez de su champú habitual. El yogur y el limón regulan la producción de sebo y restablecen el pH del cuero cabelludo.

Una loción y un masaje de ortiga

Dese un masaje en el cuero cabelludo para oxigenarlo con la loción siguiente 2 o 3 veces por semana (con el cabello seco). Pique 5 puñados grandes de hojas de ortiga frescas. Póngalas en un recipiente. Vierta 1 litro de agua mineral casi a punto de ebullición (pero sin hervir). Deje en infusión durante 20 minutos. Cuele una vez que la infusión se haya enfriado completamente.

Las causas

Existen diferentes factores responsables de la aparición de la caspa: el estrés, una alimentación muy ácida, un desequilibrio hormonal, agresiones al cuero cabelludo (permanentes, teñidos, coloraciones, champús demasiado decapantes), una sudoración excesiva, etc. Las personas con tendencia a tener el cabello graso, o que sufren psoriasis o eczemas, son más propensas a tener caspa.

Disponga esta preparación en un frasco de cristal oscuro que cierre herméticamente. Etiquételo. Deje actuar la loción durante 15 minutos y termine enjuagando con agua tibia. Puede conservarla varios días en un lugar fresco.

Contra la caspa seca

Lávese el cabello como de costumbre y luego enjuáguese. En el último aclarado, masajéese el cuero cabelludo durante 5 minutos con 2 gotas de aceite esencial de lavanda mezcladas con 5 ml de aceite de jojoba. Deje actuar durante 10 minutos y enjuáguese de nuevo, y termine con un chorro de agua fría. Cepíllese suavemente (un cepillado demasiado enérgico favorece la caspa). Hágalo 2 veces por semana.

Champús

Los champús de venta en comercios contienen una mezcla de ingredientes químicos: agentes detergentes (entre ellos laurisulfato de sodio, que es muy agresivo), espumantes, conservantes, emulsionantes y diversos aditivos (colorantes, perfume, antical, estabilizadores del pH, hidratantes, etc.). Además del precio, estos productos contribuyen a la contaminación del agua, y sus múltiples componentes sin duda tienen consecuencias para nuestra salud.

Las recetas siguientes le permitirán equilibrar su presupuesto y ser ecológicamente responsable, ¡a la vez que evita la caspa y ciertas alergias! Contienen aceites esenciales que resultan caros al comprarlos, pero que duran mucho tiempo.

Una limpieza en seco

Es posible, con el champú seco. Este producto que casi había desaparecido de nuestros cuartos de baño, vuelve a estar de moda. Da textura y cuerpo al cabello fino, permite evitar lavados frecuentes, que atacan el cuerpo cabelludo; además, absorbe el exceso de sebo y elimina los olores. Estas son algunas de las cualidades del bicarbonato sódico o de sodio que puede constituir una alternativa excelente a los productos más caros que se comercializan.

CÓMO PROCEDER: mezcle en cantidades iguales bicarbonato sódico o de sodio y talco sin perfumar en un azucarero para espolvorear. ✽ El talco sirve para reforzar la acción absorbente del bicarbonato. ✽ Distribúyalo sobre el cabello, masa-

jee para que penetre el polvo, deje que actúe durante 5 minutos y cepíllese enérgicamente hasta su desaparición total.

Un enjuagado eficaz

Si agrega una pizca de bicarbonato a su champú habitual aumentará su poder limpiador, lo que le permitirá reducir la dosis y, además, así se eliminan del todo los restos de productos para el peinado (laca o aerosol para el cabello, geles y champús secos). Póngase una pizca generosa de bicarbonato en la mano, añada una nuez de champú, diluya con un poco de agua

y distribuya la preparación sobre la cabeza después de mojarse el cabello. Evite aplicar el champú directamente en la parte media del cabello y en las puntas, ya que reseca la fibra capilar.

En el enjuagado: diluya 1 cucharadita de bicarbonato sódico o de sodio en 1 litro de agua tibia. Eliminará la cal o los residuos de agua dura y también los restos de productos de peinado y de limpieza. Si ya ha incorporado bicarbonato al champú, es mejor que use vinagre de sidra o zumo o jugo de limón (1 o 2 cucharadas por cada litro de agua) para el enjuague.

Un champú con arcilla

El champú siguiente limpia con suavidad el cuero cabelludo a la vez que da cuerpo y volumen al cabello fino o débil. También puede añadir aguas florales, aceites esenciales o aceites vegetales de su elección. Lo ideal es alternar las preparaciones caseras con champús ecológicos u orgánicos, dado que las primeras son más económicas que los segundos.

Ingredientes: • 5 cucharadas de ghassoul • 250 ml de agua mineral • 10 gotas de aceite esencial de romero • 10 gotas de aceite esencial de palo de rosa • 5 gotas de aceite esencial de oxicedro • 1 cucharadita de aceite de jojoba

CÓMO PROCEDER: ponga en infusión 5 cucharadas de ghassoul o de cualquier otra arcilla en 250 ml de agua mineral. ✳ Cuando la arcilla esté bien hidratada, agregue 10 gotas de aceite esencial de romero, otras 10 de palo de rosa y 5 gotas de oxicedro diluidas en 1cucharadita de aceite de jojoba. Puede incorporar 1 cucharadita de bicarbonato sódico o de sodio para aumentar el poder limpiador. ✳ Páselo a un frasco limpio y agite antes de cada uso. Esta cantidad es suficiente para 3 o 4 lavados. → Para lavar, mójese el cabello, distribuya el líquido por el cuero cabelludo y masajéese bien para que penetre. Deje que actúe durante 5 minutos, enjuáguese con agua tibia… ¡y listo!

Algunos consejos de utilización

Si usa la base casera, consuma estos champús con bastante rapidez, ya que no contienen conservantes, al contrario que la base neutra ecológica u orgánica. Nunca los aplique a los niños pequeños pues, aunque el riesgo es mínimo, los aceites esenciales pueden ser irritantes.

Una base limpiadora que se prepara en casa

Existen excelentes bases limpiadoras neutras que se venden en las tiendas de productos ecológicos u orgánicos, pero también puede preparar su propia mezcla. Si opta por la base neutra ya lista, solo deberá añadir los mismos ingredientes para el champú hecho en casa.

Ingredientes: • 100 g de jabón en escamas u hojuelas ecológico u orgánico • 1 l de agua mineral

CÓMO PROCEDER: caliente el agua y añada el jabón removiendo hasta que se disuelva por completo. ✳ Deje que se enfríe y viértalo en botellas de 250 ml. → De este modo usted puede preparar varios tipos de champús.

Un champú para el cabello seco

Para un frasco de 250 ml, utilice la base limpiadora casera o ecológica u orgánica y añada 1 cucharadita de aceite de jojoba, 1/4 de cucharadita de bicarbonato alimentario, 1 cucharadita de arcilla blanca diluida en un poco de agua, 15 gotas de aceite esencial de geranio, de lavanda y de ylang ylang. Mezcle bien y agite antes de cada uso.

Un champú para el cabello graso

Agregue a la base limpiadora 1/4 de cucharadita de bicarbonato sódico o de sodio, 1 cucharadita de arcilla verde diluida en un poco de agua, 15 gotas de aceite esencial de lavanda, de salvia romana y de romero y 10 de zumo o jugo de limón.

Un champú anticaída

Añada a la base limpiadora 1/4 de cucharadita de bicarbonato sódico o de sodio, 1 cucharadita de arcilla blanca diluida en un poco de agua, 15 gotas de aceite esencial de ciprés, de cedro del Atlas y de salvia romana y 10 de albahaca.

Cuidados para el cabello

Nuestro cabello y cuero cabelludo están sometidos a múltiples agresiones: coloración, productos para el peinado, permanentes, *brushing* o alisado con secador, agua calcárea, contaminación, etc. ¿Resultado? El cabello queda apagado, el cuero cabelludo pica y la caspa cae sobre la ropa. Es preciso tomar medidas, y, una vez más, el limón puede ayudarnos a solventar el problema satisfactoriamente y con suavidad.

Para aclarar y dar brillo

Para aclarar un cabello castaño o un rubio apagado: vierta el zumo o jugo de limón puro o diluido en un poco de agua sobre el cabello y déjelo secar al sol. Luego enjuáguelo. También se puede pasar el limón solo por algunas mechas, para potenciar el color.

Para eliminar los restos de cal o agua calcárea y de productos para el peinado: añada el zumo o jugo de un limón a la última agua del aclarado después de lavarse el cabello.

Para todos los colores: agregue un poco de zumo o jugo de un limón y una pizca de vinagre de sidra al agua del último aclarado. El vinagre con romero tiene el mismo efecto. En este caso, como cuesta un poco dosificar el vinagre, puede limitarse a echar un chorrito en un gran vaso de agua y, en todo caso, puede aumentar la dosis la vez siguiente.

Para devolver el volumen

Con ortigas: sumerja su peine en jugo de ortigas (basta con extraer el jugo de unas ortigas frescas con una prensa de ajos) antes de peinarse. Con ello dará volumen a su pelo aireándolo. Pero debe peinarse a contrapelo.

Con vinagre y miel: mezcle 1 cucharadita de vinagre de sidra con otra de miel en un poco de agua tibia. Aplíquela sobre el cabello, deje reposar 10 minutos y enjuáguese.

Para devolver el brillo

Añada un chorrito de zumo o jugo de limón y otro de vinagre de sidra durante el último aclarado. Con vinagre de romero logrará el mismo efecto. Como se ha explicado antes, debido a

que cuesta un poco dosificar el vinagre, puede verter un chorrito de vinagre en un vaso grande de agua y, si es necesario, la vez siguiente puede aumentar la dosis.

Una mezcla para fortalecer el cabello débil

Mezcle 1 yema de huevo, 2 cucharadas de zumo o jugo de limón, 1 de aceite de aguacate y 1 de ron oscuro. Bátalo todo y extienda la preparación sobre el cabello húmedo. Deje que actúe durante 10 minutos, enjuague y lávese con un champú suave.

Una loción tónica para el cabello graso

Mezcle 25 cl (250 ml) de agua mineral, 2 cucharadas de zumo o jugo de limón, 2 gotas de aceite esencial de salvia romana y otras 2 de ciprés, de lavanda y de cedro. Deje que penetre dándose un masaje en el cuero cabelludo y permita que actúe durante toda la noche. Al día siguiente lávese el cabello añadiendo 1 gota de aceite esencial de limón y otra de cedro a 1 nuez de champú. Repita esta operación 1 o 2 veces por semana hasta que su cabello mejore.

Colores y permanentes espléndidos

Ambos acaban por estropear el cabello a base de resecarlo en muchas ocasiones. El cabello se escama, pierde su protección natural y se ve apagado. Los cambios de estación también resultan difíciles, y es posible sentirse desanimado por la falta de brillo del cabello o por el mal resultado de una permanente. Ponga remedio a todo durmiendo las horas suficientes y yendo a la peluquería en luna creciente, principalmente en el último cuarto.

Un corte en el momento adecuado

La luna llena favorece un crecimiento rápido del cabello, que también se hace más espeso. Por ello, nuestras abuelas recomendaban cortarlo solo los días de luna llena con el fin de aprovechar este efecto revigorizante. Pero también está indicado cortarlo unos días antes, en particular, tres días antes.

Para regenerar el cabello demasiado fino y quebradizo se tiene que cortar en luna menguante. No crecerá tan rápido, pero estará más sano y espeso. Este corte es, ante todo, una forma de recuperarse, por ejemplo, después de pasar una enfermedad. El corte debe ser ligero, ya que el objetivo no es un cambio de estilo. Más tarde, cuando el organismo se haya recuperado del todo, podrá cortárselo de nuevo, y esta vez en luna llena, varias veces seguidas, para recuperar en unos meses toda la vitalidad de su melena.

Para cortar un cabello corto, elija los periodos de luna menguante. El cabello vuelve a crecer más lentamente.

Contra los piojos

A modo preventivo y curativo, añada 1 gota de aceite esencial de limón y de niaouli en 1 nuez de champú al lavar el cabello. También puede usar 2 gotas de estos mismos aceites en la última agua de enjuagado.

Baños

Los baños permiten aprovechar plenamente los efectos beneficiosos de la arcilla. Embellecen la piel, relajan los músculos y drenan las toxinas. La temperatura es un elemento esencial para que el baño de tina sea óptimo.

A partir de 34 °C, los poros de la piel se dilatan lo suficiente para impregnarse de todos los efectos beneficiosos de los ingredientes añadidos. Si lo nota un poco frío, tenga en cuenta que se desaconseja superar los 38 °C, sobre todo si sufre problemas circulatorios. La temperatura ideal se sitúa, pues, entre 34 y 38 °C, y se elegirá según la sensibilidad y la estación. Un último consejo: evite permanecer dentro del agua durante horas; entre 20 y 30 minutos son más que suficientes para obtener todos los beneficios de un baño de tina.

La elección de la arcilla

Illita o montmorillonita verde para relajar los músculos, caolín para suavizar la piel y arcilla roja o amarilla para estimular la circulación. La arcilla triturada, menos refinada que el polvo, también da buenos resultados. Debe ser consciente de que es preferible introducir la tierra, ya sea en polvo o en trozos, en un guante de baño o en una bolsa de algodón para no obstruir las tuberías.

Un baño de tina relajante y drenante

Antes del baño de tina, fricciónese con un guante de crin o de zacate para eliminar las células muertas de la piel. A continuación, introduzca en una bolsa 3 cucharadas de montmorillonita verde y 2 de caolín, incorpore directamente al agua 1 puñado de sal marina sin refinar y luego diluya en un vaso de leche 1 cucharada de alga espirulina en polvo y 15 gotas de aceite esencial de lavanda, 10 de limón y otras 10 de romero. Ya está listo, ¡ahora no tiene más que disfrutar de estos 20 minutos de puro placer! Por último, séquese y tiéndase un momento en un lugar caldeado o caluroso para que los principios activos sigan actuando.

Es útil saber…

Para que los aceites esenciales se dispersen en el agua hay que diluirlos en una base para el baño o en leche (fresca o en polvo).

Un baño de tina para embellecer la piel

Proceda como en el caso anterior, mezclando 2 cucharadas de caolín y 2 de arcilla roja y agregue 10 gotas de aceite esencial de lavanda, otras 10 de palmarosa (geranio rosa o palo de rosa) y de ylang ylang. Las arcillas y los aceites actúan en sinergia para suavizar y regenerar la piel.

Un baño de tina perfumado como antaño

Mezcle 100 g de bicarbonato sódico o de sodio, 200 g de almidón de trigo (de venta en farmacias) y 80 g de aceite de almendras dulces o de oliva para obtener una pasta homogénea; añada 8 gotas de aceite de rosa o de un aceite esencial de su elección. Consérvelo en un frasco de cristal que cierre herméticamente. Diluya 4 cucharaditas en el agua de baño.

¿Lo sabía?

No hay nada como un buen baño de tina para relajarse y entrar en calor. El calor ayuda a eliminar las toxinas y facilita la absorción de las propiedades beneficiosas de los aceites. Pero un agua demasiado caliente, al dilatar los vasos, tiene un efecto nefasto para la circulación. Se recomienda no superar los 37 °C, la temperatura normal del cuerpo. No permanezca mucho tiempo en el agua: la duración ideal del baño de tina es de 15 a 20 minutos; compre un termómetro de baño, puesto que le evitará la sensación de quemarse.

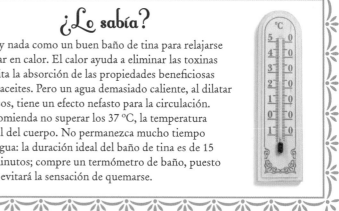

Un baño con bicarbonato

Si echa de menos la espuma y los perfumes, existen recetas para animar este momento de relax sin recurrir a los costosos cócteles químicos de venta en comercios. Para hacer desaparecer el cansancio y las agujetas o dolores musculares, diluya 2 cucharadas de bicarbonato sódico o de sodio bajo el grifo o la llave del baño; justo antes de sumergirse en el agua, llene 1 cuenco con leche (mejora la dilución de los aceites en el agua), añada 1/2 cucharadita de aceite de hueso de albaricoque o chabacano, de almendras dulces o de germen de trigo y 10 gotas de cada uno de estos aceites esenciales: lavanda, romero y enebro. Remueva bien y vierta en el agua. No prepare esta mezcla con antelación si desea conservar todo el perfume y las propiedades de los aceites.

¡Atención!

Lo mejor a veces es enemigo de lo correcto. No sirve de nada poner demasiado bicarbonato en el baño. Quizás refuerce su acción antical, pero también aumentará la alcalinidad del agua y el poder detergente del jabón, lo cual puede resecar e irritar su piel, sobre todo si tiene una piel sensible.

Celulitis

La celulitis es una maldición típicamente femenina que puede afectar incluso a las más delgadas. Sus factores son múltiples: desequilibrio hormonal, mala circulación, sobrepeso, etc. Como resultado, las células adiposas situadas bajo la piel se hinchan de grasa, lo cual crea un relieve, conocido como la «piel de naranja». Al crecer, estas células también comprimen los vasos sanguíneos y linfáticos, lo que agrava los problemas circulatorios y de retención de líquidos.

Evite llevar ropa demasiado ajustada a nivel de las caderas y las piernas, así como unos tacones demasiado altos. Los cambios de peso bruscos y los alimentos grasos, picantes o demasiados salados también deben descartarse. Beba mucho líquido para eliminar toxinas y combatir la retención de líquidos, haga ejercicio para activar la circulación e insista en los cuidados drenantes.

Una limonada diurética

Todas las mañanas, tómese un zumo o jugo de limón puro o diluido en un poco de agua tibia, por lo menos 30 minutos antes del desayuno. Su efecto diurético y antihinchazón está asegurado.

Una exfoliación en seco

Antes de ducharse, hágase una exfoliación en seco con un guante de crin o de zacate sobre las piernas y las caderas, frotando de abajo hacia arriba. La fricción activa la circulación y elimina las células muertas de la piel, lo cual facilita la penetración de los productos.

Un masaje drenante

Mezcle 2 cucharadas de arcilla con 2 de agua. Deje que la tierra se hidrate y añada 1 cucharadita de aceite de avellana, 2 gotas de aceite esencial de limón, otras 2 de ciprés, enebro y romero, y amase para obtener una pasta homogénea. Humedezca la piel, exfolie con un guante de crin o de zacate, aplique la preparación y masajee en círculos concéntricos. Enjuague con una ducha fría y repita el masaje 2 o 3 veces por semana.

Una cataplasma de arcilla

Aplique, más o menos una vez por semana, una cataplasma poco gruesa de arcilla. Las proporciones de la pasta dependen de la superficie que desee cubrir. Para 3 cucharadas de arcilla, agregue 2 gotas de aceite esencial de pimienta negra, limón y pomelo o toronja. Extienda esta preparación sobre un papel de cocina absorbente y aplíquelo sobre la piel por el lado de la arcilla. Sujételo con una venda elástica y deje que actúe de 20 a 30 mi-

Algunas plantas drenantes

Ciertas plantas, cuando se toman en infusión, favorecen la eliminación y descongestionan los tejidos. Es el caso de la ortiga, el té verde, la alcachofa, la albura de tilo, la ulmaria o la parra. En parafarmacias o tiendas naturistas también encontramos estas plantas en grageas o en ampollas.

nutos. Retire la tierra con una espátula y enjuáguese con agua fría.

⬦⬦⬦⬦⬦

Un masaje reafirmante

Después de las cataplasmas o de friccionarse con el guante de crin o de zacate, dese un masaje con un aceite reafirmante y drenante compuesto por 5 gotas de aceite esencial de limón y otras 5 de geranio y de ylang ylang diluidas en 50 ml de aceite de macadamia.

⬦⬦⬦⬦⬦

Otros aceites esenciales

Los aceites esenciales de cedro del Atlas, pomelo o toronja, salvia romana, arándano rojo, pimienta negra o de hierba limón también son muy eficaces. El aceite vegetal de calófilo actúa asimismo contra los problemas de circulación. Recuerde que siempre se desaconseja el uso de aceites esenciales a las mujeres embarazadas o que dan el pecho porque los aceites se absorben.

Cosméticos caseros

Agua floral, vinagre de tocador, jabón, desodorante... La lavanda está presente en un gran número de productos cosméticos y nos seduce con su perfume mágico. Esta planta, apreciada por sus propiedades astringentes y purificantes, también aporta un toque floral fresco y delicado.

⬦⬦⬦⬦⬦

Un agua floral de lavanda

El agua floral de lavanda, también llamada hidrolato o agua de lavanda, se obtiene por destilación de la lavanda con vapor de agua. Es un excelente regenerador de la epidermis sometida a estrés. Exposiciones prolongadas al sol, irritaciones, escozores... La lavanda suaviza y refresca la piel. También puede utilizarla como loción para después del afeitado o como complemento de un desmaquillante, a fin de eliminar cualquier rastro de impureza. Es adecuada, asimismo, para sanear el cuero cabelludo y para fortalecer el cabello. Si no desea elaborarla usted misma, la encontrará en los comercios de productos ecológicos u orgánicos. Elija un agua floral de lavanda ecológica u orgánica, 100 % natural, no diluida, sin parabenos (conservadores químicos) y sin ningún perfume sintético añadido.

📖 **Ingredientes:** • 50 cl (500 ml) de agua mineral • 100 g de flores frescas de lavanda

CÓMO PROCEDER: lleve a ebullición 500 ml de agua mineral. Retírela del fuego justo antes de que comience a hervir y ponga 100 g de flores frescas de lavanda. ✱ Deje en infusión durante 30 minutos y luego cuele con una tela. ✱ Vierta el líquido en un frasco de cristal que cierre herméticamente y etiquételo. ✱ Consérvelo en el refrigerador. Agite el frasco antes de cada uso. ✽ Esta agua floral se conserva un mes. → El agua floral de lavanda es purificante y calmante, limpia, suaviza y reequilibra las pieles con tendencia grasa. Empléela mañana y noche como loción o vaporizándola en la cara y el cuello, insistiendo en la zona T (mentón, nariz y frente). → Sea prudente; si observa un cambio de aspecto o de olor en el agua floral, deje de utilizarla.

Un vinagre de tocador

Ponga a macerar durante 2 semanas en un recipiente de cristal 100 g de flores secas de lavanda en 1 litro de vinagre de sidra. Remueva con regula-

ridad. Cuele y añada 30 gotas de aceite esencial de lavanda. Deje que repose durante 48 horas. Puede conservarlo 1 mes en un frasco de cristal cerrado con un tapón de corcho (acuérdese de etiquetarlo). Úselo en el último aclarado, después de lavarse el cabello. Basta con diluir 1 volumen de este vinagre en 8 volúmenes de agua. Resultado: esta cura revigorizará su cabello y lo dejará más sedoso.

Un jabón a la antigua

Ralle 150 g de jabón de aceite de oliva. Caliéntelo despacio al baño María con 150 g de miel de lavanda líquida y 10 ml de agua mineral. Remueva sin parar con una espátula de madera. Retire del fuego una vez que la preparación esté bien pastosa. Agregue 25 gotas de aceite esencial de lavanda. Modele bien esta plasta en forma de pastillas de jabón, y déjelas secar durante por lo menos 1 semana en un lugar templado y aireado. Estos jabones son especialmente adecuados para las pieles delicadas.

Grietas

Las grietas en la piel de las manos o de los labios, causadas por el frío
y la humedad, pueden tratarse con miel. Lo mismo sucede con los sabañones,
un problema también invernal que se manifiesta con rojeces e hinchazones
muy dolorosas en las extremidades. Sin embargo, no espere un remedio
milagroso, ya que no existe.

Utilice un jabón extragraso cuando se lave las manos, y séquelas cuidadosamente. Aplíquese una crema protectora varias veces al día, y si hace frío, sobre todo no se olvide de los guantes.

Miel para cuidar, nutrir e hidratar

Aplique miel sobre la grieta o el sabañón, o empape de miel una compresa estéril y luego cúbrala con un apósito seco. La miel de lavanda, al parecer, es la más beneficiosa. Para los sabañones, los apiterapeutas también recomiendan una mezcla de miel de lavanda y propóleos (2 g de tintura oficial de propóleos por 100 g de miel). Para las grietas en los labios, diluya miel en aceite de almendras dulces, para tratar, nutrir y a la vez hidratar las mucosas afectadas por el frío.

Un masaje con aceite de oliva

Para prevenir, mezcle 2 cucharadas de aceite de oliva con 1 o 2 cucharadas de arcilla. Masajee durante 30 minutos y enjuague.

Un masaje con glicerina

La glicerina es un cuerpo graso hidratante. Mezcle glicerina con unas gotas de limón y dese un masaje sobre las grietas con la yema de los dedos.

Aceites para aliviar los dolores en los pezones

A lo largo de la lactancia, los pezones pueden doler y agrietarse. Para atenuar estos dolores y favorecer la cicatrización hay que secarlos bien después de cada toma y aplicar de manera regular un aceite de cuidado específico o, simplemente, aceite de almendras dulces o aceite de oliva. Las propiedades hidratantes y cicatrizantes del aceite deberían permitir resolver este problema con rapidez. Pero no se olvide de retirar cualquier resto de aceite antes de volver a dar el pe-

cho a su bebé, ya que quizás no le guste el olor ni el sabor.

Contra los sabañones

Aplíquese sobre las extremidades doloridas por el frío compresas empapadas de aceite de oliva tibio mezclado con zumo o jugo de limón.

Contra las grietas

Si en invierno le salen grietas en las manos, aplíquese sobre las zonas afectadas un emplasto realizado con 2 cucharadas de aceite de oliva mezcladas con otras 2 cucharadas de arcilla diluida en 1 cucharada de agua. Deje que actúe aproximadamente 1/2 hora y luego enjuáguese y séquese las manos con mucho cuidado.

Si tiene los labios agrietados y no le desagrada el sabor del aceite de oliva, aplíquese unas gotas y masajee.

Aguas de colonia y perfumes

Desde tiempos remotos, la lavanda ha sido apreciada por su fragancia suave, no demasiado intensa y refrescante. Es muy fácil elaborar nuestra propia agua de colonia o perfume. Lo esencial es utilizar la dosis exacta de aceite esencial en relación con las proporciones de alcohol.

Calcule un 20 o 30 % de aceite esencial de lavanda en alcohol de 90 o 95° para un perfume, y del 8 al 15 % de aceite esencial de lavanda en alcohol de 80 a 90° para un agua de perfume. Para un agua de *toilette* se precisa de un 4 a un 8 % de aceite de lavanda en alcohol de 80 a 85°. En cuanto al agua de colonia, basta con un 3 o 5 % de aceite esencial de lavanda en alcohol de 70°. Las fragantes flores de la lavanda tienen un perfume alcanforado. Incluso una vez secas conservan toda su fragancia durante mucho tiempo.

Un agua de *toilette*

Mezcle 100 g de flores frescas de lavanda en 1/2 litro de alcohol de 80° y tritúrelas en un mortero. Vierta el producto resultante en un tarro de cristal que cierre herméticamente y deje macerar durante 1 mes, removiendo una vez por semana (con una cuchara de madera). Cuele esta preparación con una tela. Agregue 1/2 litro de agua destilada, a la que incorporará 100 gotas de aceite esencial de lavanda. Mézclelo muy bien. Ponga esta agua de *toilette* en varios frascos pequeños de cristal, ciérrelos con un tapón de corcho y ponga a cada frasco una bonita etiqueta. Habrá preparado una fragancia que es ideal para la relajación y la serenidad. Esta agua de *toilette*, fresca y a la vez suave, se conserva durante 6 meses protegida del calor.

Un agua de colonia

Mezcle 20 gotas de aceite esencial de lavanda con 20 gotas de aceite esencial de limón, 10 gotas de aceite esencial de bergamota y 5 gotas de aceite esencial de romero cineol. Agregue 25 cl (250 ml) de alcohol (tipo vodka) a esta mezcla de esencias. Vierta esta preparación en una botella de cristal y ciérrela con un tapón de corcho. Deje que repose durante 48 horas. Después incorpore 10 cl (100 ml) de agua destilada y 1 cucharadita de fijador (polvo de lirio, aceite esencial de salvia o tintura de benjuí). Cierre y agite suavemente. Deje reposar de nuevo una semana. Filtre. Viértalo en una botella de cristal bonita que cierre herméticamente. Póngale una etiqueta elegante. Esta agua de colonia puede conservarse varios meses si la guarda bien protegida de la luz, en una estancia fresca y ventilada.

Un perfume para hombre

Diluya 1 cucharada de glicerina vegetal en una mezcla de aceites esenciales: 60 gotas de aceite esencial de lavanda (*Lavandula angustifolia*), 30 gotas de aceite esencial de clavo (*Syzygium aromaticum*) y 30 gotas de aceite esencial de cedro (*Cedrus atlantica*). Deje macerar en una botella opaca durante una semana. Después, añada 20 ml de alcohol desnaturalizado y 1 cucharadita de polvo de lirio. Mezcle con una cuchara de madera. Conserve el frasco durante 3 semanas en un lugar seco protegido de la luz y del calor. Cuele y vierta este líquido en un frasco transparente de cristal. Etiquételo. Cuanto más tiempo lo deje madurar, más delicada será su fragancia.

Es útil saber

Un mililitro de alcohol corresponde a unas 20 gotas de aceite esencial calibradas en una pipeta de plástico.

Depilación y afeitado

Las exfoliaciones y mascarillas tienen como función embellecer la tez o nutrir la piel, mientras que los cuidados para después del afeitado o de la depilación están destinados a calmarla. El afeitado, símbolo de virilidad tan esperado entre los chicos, pronto se convierte en una tarea pesada. Lo mismo sucede con la depilación.

Irritación, cortes y alergias con frecuencia van unidas al afeitado. No basta con elegir el utensilio adecuado para rasurarse; también se necesita un *aftershave* adecuado al tipo y a los problemas de piel de cada persona. Buena noticia: ¡el bicarbonato puede sustituir fácilmente a todos estos productos! No reseca como las lociones con alcohol, sanea la piel e incluso ayuda a curar los granos.

La depilación es un problema espinoso que afecta a muchísimas mujeres y a algunos hombres. No faltan técnicas, ya sean manuales o mecánicas, naturales o químicas. Tanto si se corta el vello como si se arranca con el bulbo, cada método tiene sus ventajas e inconvenientes. Los perfeccionistas solo apuestan por la depilación con cera caliente, sin duda eficaz, pero que puede ocasionar quemaduras si no se lleva a cabo correctamente. Por otro lado, este método se desaconseja a todas las mujeres que sufren problemas de circulación. La depilación oriental con miel y limón es igual de eficaz y natural, y no requiere el uso de calor.

Una mezcla para calmar y limpiar

En un cuenco, mezcle 1/2 cucharadita de bicarbonato sódico o de sodio, 1 cucharadita de aceite de hueso de albaricoque o chabacano, 1 cucharadita de arcilla verde en polvo, 20 cl (200 ml) de agua mineral, 3 gotas de aceite esencial de lavanda (calmante y antiséptico), de geranio (cicatrizante y astringente), de menta piperita (tónico) o de árbol del té (antiséptico). Después pase esta mezcla a un frasco. Agite bien antes de cada uso. Vierta un poco de este líquido sobre

Antes del afeitado
Para facilitar el deslizamiento de la hoja, hay que limpiarse la cara a diario para eliminar la piel muerta y otras impurezas que ensucian las hojas de afeitar. Esta acción se puede completar con un buen exfoliado semanal, que desincrusta más a fondo las células muertas, refresca el cutis y evita que crezcan vellos bajo la piel.

un algodón y páseselo por el rostro evitando el contorno de los ojos (a causa de los aceites esenciales). Enjuáguese y séquese. Como esta preparación no contiene ningún conservante, se puede guardar solo 8 o 10 días en un frasco cerrado.

Una solución fácil y tónica

Diluya 1 cucharadita de bicarbonato sódico o de sodio en un vaso de agua tibia y pásese esta loción por la cara con un algodón o un disco de algodón compacto de desmaquillar. Repita varias veces si es preciso. Esta loción actúa como un tónico. Depura la piel y seca los pequeños granos de tendencia grasa. Empléelo a diario, solo o como complemento de un cuidado habitual.

Una loción para después del afeitado

Vierta 20 gotas de aceite esencial de lavanda en 5 ml de Solubol, un excelente emulsionante natural que permite diluir con más facilidad los aceites esenciales en el agua. Mezcle bien. Agregue 15 gotas de extracto alcohólico de propóleos. Tiene la ventaja de ser

cicatrizante y depurativo. Luego dilúyalo todo en 50 ml de agua mineral. Vierta en un frasco de cristal con espray o aspersor. Vaporice directamente sobre las mejillas y el mentón, y dese unos toques suaves. Como resultado, la piel recupera tersura y frescor.

Una depilación con miel y limón

Esta técnica tradicional, utilizada en el Oriente Medio desde hace siglos, requiere cierta práctica. Este procedimiento también se puede utilizar para el vello del rostro. El zumo o jugo de limón sirve para ablandar la pasta y para conservar su ductilidad al trabajarla. Encontramos este cítrico en las recetas de caramelo por el mismo motivo. Además, actúa como antiséptico ligero, lo cual permite evitar granos e infecciones.

CÓMO PROCEDER: mida 1 vaso de azúcar en polvo, 1/2 vaso de agua, 1/2 vaso de miel y el zumo o jugo de 1 limón. ✱ Viértalo todo en un cazo y caliente a fuego lento hasta que la mezcla adquiera un color dorado. ✱ Páselo a una fuente poco profunda (o a un molde de pastel) y deje entibiar en el refrigerador o sumergiendo el recipiente en agua fría. ✱ Amase la pasta para formar una bola, extiéndala sobre la piel y tire con un golpe seco, en sentido del vello, para evitar que se rompa de raíz. Repita la operación tantas veces como sea necesario. Luego límpiese con agua tibia.

Algunos consejos

Si tira en el sentido del vello, evitará que este se rompa por la raíz, lo cual a veces provoca un vello encarnado cuando vuelve a salir. Úntese las manos con glicerina antes de empezar, precaución que le permitirá manipular la pasta sin que se pegue en los dedos.

La acción adecuada en el momento correcto

Como la Luna influye en el crecimiento del cabello, evidentemente también incide en el crecimiento del vello... Espere a la luna descendente para depilarse o afeitarse. Tras la luna llena, el vello crecerá de manera más lenta, y si es descendente, todavía mejor. Y al igual que en jardinería, elija los «días raíces», es decir, aquellos en que se arrancan con facilidad las hortalizas... el vello también cede de una manera más fácil.

En luna llena evite el afeitado y la depilación si es sensible a ellos, ya que puede sufrir todavía más o, involuntariamente, irritarse la piel. Evite, asimismo, las constelaciones de Leo y Virgo.

Manos y uñas estropeadas

Las manos están expuestas a menudo a grietas y otras lesiones debido al gran número de tareas que llevan a cabo todos los días. Las uñas parecen más resistentes, pero en su mayor parte están constituidas por queratina, como el cabello. Tanto si amarillean como si están blandas o quebradizas, su estado es un reflejo de las agresiones externas o de ciertas carencias de vitaminas.

Una cura de levadura de cerveza

Como las uñas están compuestas sobre todo por queratina, el síntoma de las uñas blandas y quebradizas por lo general va acompañado de una mala salud del cabello, una piel apagada o demasiado seca, etc. Opte por la levadura de cerveza en copos para espolvorear en la comida o bien en forma de grageas, y verá cómo sus uñas se fortalecen.

Miel para suavizar las manos

Si tiene las manos agrietadas por el frío o el agua, no hay nada mejor que una cataplasma reparadora y suavizante. Mezcle 1 cucharadita de zumo o jugo de limón, 1 cucharadita de aceite de oliva y 1 cucharada de miel líquida. Extienda la preparación sobre las manos, deje actuar 20 minutos y enjuáguese con agua tibia.

Un baño suavizante de arcilla

En un barreño o bandeja grande con agua fría o tibia, vierta 4 cucharadas de arcilla blanca (caolín) y 1 cucharadita de aceite de germen de trigo. Añada 2 gotas de aceite esencial de lavanda y otras 2 de palmarosa diluidas en un poco de leche, mezcle bien y sumerja las manos de 15 a 20 minutos.

Un baño relajante

Tanto las manos como los pies pueden sufrir por una mala circulación, estar hinchados y doler debido a ciertos trabajos reiterados o por estar expuestos al calor. La receta anterior es del todo adecuada. Pero si tan solo desea suavizar la piel y pre-

Una exfoliación suave

Aquí tiene una idea para eliminar las células muertas: frótese las manos todavía húmedas, como si se las lavase, con una pasta elaborada a partes iguales de bicarbonato sódico o de sodio y aceite de oliva. Insista en las callosidades, si las hay, enjuáguese con agua tibia y séquese. La suavidad está garantizada.

parar sus uñas antes de embellecerlas, sumerja las manos durante 10 minutos en agua tibia con 1 cucharada de bicarbonato sódico o de sodio y 1 cucharadita de aceite de oliva o de germen de trigo.

Una pequeña manicura con limón

Para fortalecer las uñas, sumérjalas todos los días en zumo o jugo de limón durante unos 10 minutos. También podrá aprovechar para hacerse una manicura de verdad, pasando un trocito de piel con la pulpa bajo la parte superior de la uña, a fin de ablandarla.

Aceite de oliva para las uñas

¿Tiene las uñas secas y quebradizas? Masajéeselas todos los días con 1 cucharadita de aceite de oliva y otra de zumo o jugo de limón, insistiendo en la cutícula de la base de la uña. Lo ideal es practicar esta cura por la noche y ponerse guantes para que la mezcla penetre bien durante la noche.

Una decocción de ortigas para tener uñas fuertes

Vierta 50 g de raíz de ortiga en 300 ml de agua fría. Lleve a ebullición y deje que hierva a fuego lento durante unos 15 minutos, hasta que la preparación haya reducido por lo menos un tercio. Retire la cacerola del fuego y deje en infusión 5 minutos. Cuele y luego vierta unas gotas de vinagre de sidra. Deje que se enfríe. Sumerja las uñas en esta decocción durante un rato 2 veces al día durante 3 o 4 días.

Manos blancas

Por la noche, antes de acostarse, pásese por las manos un algodón empapado con zumo o jugo de limón. En la cocina, conserve los limones que ya ha empleado para frotarse las manos después de pelar frutas o verduras y de fregar la vajilla. En cuanto a los dedos manchados por la nicotina, límpielos con zumo o jugo, o con un limón cortado por la mitad.

Limón para neutralizar los olores persistentes

El ajo y la cebolla aromatizan numerosos platillos, pero su olor es bastante difícil de eliminar en las manos. Simplemente fróteselas con medio limón y luego enjuáguese con agua fría. También puede añadir 20 gotas de aceite esencial de limón en el jabón líquido que tiene en el fregadero, y con ello aumentará su poder desodorante.

Bicarbonato para unas manos más limpias

Cuando nos lavamos las manos después de hacer bricolaje, trabajar en el jardín o pelar cebollas, el jabón debe disolver una suciedad que está incrustada y eliminar olores persistentes. Entonces, el bicarbonato sódico o de sodio puede reforzar la acción del jabón y neutralizar los olores. Además, sus granos microscópicos actúan como si de una piedra pómez se tratara. Basta con mojarse las manos, espolvorear un poco de bicarbonato y enjabonarse de la manera habitual. Repita la operación si quedan restos de suciedad.

Para librarse de la grasa

Por supuesto, existen productos profesionales, pero los mecánicos aficionados pueden utilizar este método, igual de eficaz y más económico. Humedézcase las manos y frótelas con una pasta elaborada a partes iguales con bicarbonato y vinagre de alcohol. Eliminará la suciedad y los olores a diésel, y el olor del vinagre desaparecerá muy pronto. Enjuáguese con agua tibia.

Cuidados acordes con la Luna

Elija la luna creciente para cortarse las uñas. Le crecerán más rápido y tendrá las uñas más duras. Pero si no quiere que le crezcan con tanta rapidez, córteselas en luna menguante, durante el primer cuarto. En cambio, el último cuarto debe evitarse siempre, ya que las uñas es-

tán más blandas y se rompen con más facilidad. Durante este período es más adecuado hacerse una cura hidratante.

La luna menguante parece indicada para tratar todos los males de las manos, en particular los que afectan a las uñas. Las constelaciones de Sagitario, Tauro, Cáncer y Leo son las más propicias. Por el contrario, la luna menguante es nefasta para ponerse uñas postizas.

La luna nueva, al igual que la llena, son periodos que exacerban las llagas y los dolores debidos a las uñas encarnadas, a las micosis y otras afecciones. Por tanto, es mejor tratar estas molestias antes y durante la luna llena, simplemente dándose masajes en las manos con una crema hidratante.

Pies cansados

Por desgracia, a menudo los olvidamos, aunque deben soportar nuestro peso durante todo el día y, a veces, dentro de un calzado nada adecuado. Nuestros pies merecen que los cuidemos a lo largo de todo el año, no solo durante los meses de verano, cuando los llevamos descubiertos en unas bonitas sandalias.

Un baño antifatiga

Después de hacer bricolaje o trabajar en el jardín, tras una larga caminata o un día de compras, unas manos o unos pies que han trabajado duro necesitan una cura descongestionante y relajante. Vierta en una palangana grande con agua caliente 4 cucharadas de arcilla roja, 1 cucharada de sal marina gorda y 1 cucharadita de aceite de almendras dulces. Deje que repose mientras el agua se entibia y luego agregue 2 gotas de aceite esencial de ciprés y otras 2 de menta piperita, diluidas en un poco de leche. Sumerja los pies en este baño reparador durante unos 20 minutos.

Un baño relajante

En un barreño o bandeja con 4 o 5 litros de agua tibia, diluya 1 cucharada de bicarbonato sódico o de sodio y 4 gotas de aceite esencial de lavanda.

Lávese los pies antes de sumergirlos en el agua y manténgalos dentro del agua durante 15 o 20 minutos. Aproveche para eliminar callosidades con una piedra pómez o con un poco de pasta de bicarbonato. Séquese bien, sobre todo entre los dedos de los pies (el lugar favorito de los hongos) y terminará el baño con buen pie.

Un baño tónico

En una palangana con agua tibia, vierta 1 cucharada de aceite de oliva, 5 gotas de aceite esencial de ciprés y 5 de aceite esencial de limón, 1 vaso de vinagre de alcohol o de sidra y 1 cucharada de bicarbonato sódico o de sodio. Lávese los pies antes de sumergirlos en la palangana, moviéndolos para mezclar bien. Esta preparación efervescente activa la circulación sanguínea y alivia unas piernas cansadas y unos pies hinchados.

Un baño suavizante

En un barreño o bandeja grande con agua fría o tibia, ponga 4 cucharadas de arcilla blanca (caolín) y 1 cucharadita de aceite de germen de trigo. Agregue 2 gotas de aceite esencial de lavanda y 2 de palmarosa diluidas en un poco de leche. Mezcle bien y sumerja los pies en el agua entre 15 y 20 minutos.

Una exfoliación con salvado y caolín

Aproveche al salir del baño, cuando la piel está más blanda, para hacerse una exfoliación. Prepare una pasta con 2 cucharadas de caolín (arcilla blanca), 2 de agua, 1 de salvado de avena o de trigo y 1 cucharadita de aceite vegetal (almendras dulces, oliva, hueso de albaricoque o chabacano, etc.). Dese un masaje en los pies húmedos con esta mezcla, insistiendo en las zonas de piel más gruesa, las callosidades, si las tiene, y el contorno de las uñas. Enjuáguese con agua tibia y termine con una crema hidratante.

Algunos aceites de masaje

Para realizar masajes, diluya en 1 cl (10 ml) de aceite de almendras dulces unas gotas de aceite esencial de su elección. La lavanda es relajante, el ciprés y la salvia refrescan y eliminan los malos olores, y la menta piperita es apropiada para los pies cansados.

Cuidados acordes con la Luna

Escoja la luna creciente para cortarse las uñas; crecerán con más rapidez y le saldrán más duras. Pero si no desea que crezcan tan rápido, córteselas en luna menguante, durante el primer cuarto. En cambio, el último cuarto debe evitarse siempre, ya que las uñas se ablandan y se rompen con más facilidad. Este periodo es más

adecuado para hacer una cura hidratante para los pies.

La luna menguante parece indicada para tratar todos los males de los pies, en particular los que afectan a las uñas. Los tratamientos parecen menos dolorosos y más duraderos, así que hágase la pedicura en ese momento. Las constelaciones de Sagitario, Tauro, Cáncer y Leo son las más adecuadas.

La luna nueva, al igual que la llena, es un periodo que potencia las llagas y los dolores debidos a las uñas encarnadas, micosis y otras afecciones. Por tanto, es mejor tratar estas molestias antes y durante la luna llena, simplemente dándose masajes en las manos con una crema hidratante.

Tratamientos drenantes y relajantes

Los baños y los masajes proporcionan bienestar y nos relajan, sin tener en cuenta cualquier objetivo terapéutico o estético. Pero si agregamos limón, solo o con algunos aceites, aumentamos su eficacia de manera considerable. Aquí tiene algunas recetas que le ayudarán a limpiarse tanto por dentro como por fuera.

Un baño de tina detox

Para mejorar la circulación y ayudar a eliminar toxinas, mezcle 1 cucharadita de aceite de oliva, 6 gotas de aceite esencial de limón, otras 6 de cedro del Atlas, de enebro y de ciprés en un vaso de leche. Sumérjase en el agua, espere unos 10 minutos para dejar que los aceites actúen y fricciónese de abajo hacia arriba con un guante de crin o de zacate. Así eliminará las células muertas, activará la circulación y potenciará la acción de las esencias.

Un masaje drenante

Después del baño de tina detox, dese un masaje drenante y tonificante insistiendo en las piernas, las ingles y el vientre, siempre con movimientos ascendentes. Mezcle en un frasco de cristal oscuro 30 ml de aceite de almendras dulces, de sésamo o ajonjolí o de girasol, 5 gotas de aceite esencial de limón, 5 de aceite esencial de pomelo o toronja, 3 de aceite esencial de menta piperita y 5 de romero.

Aceites esenciales y embarazo

Los aceites esenciales traspasan la barrera cutánea, de modo que no pueden utilizarlos las mujeres embarazadas o que dan el pecho, y tampoco los bebés y niños de corta edad, dado que su piel todavía es muy frágil.

Un baño de tina relajante

Esta receta es ideal para relajarse tras un día agotador. Sumérjase en un baño de tina no demasiado caliente aromatizado con 8 gotas de aceite esencial de limón, otras 8 de mandarina y de lavanda (diluidas en una base neutra o en leche). Tenga en cuenta que los aceites esenciales actúan tanto por vía cutánea como por vía aérea. Sus fragancias tienen un efecto calmante, cuya acción beneficiosa también se puede aprovechar usando un difusor atmosférico.

Un masaje calmante

No siempre se puede recurrir a los cuidados de un profesional o a manos amigas. Uno mismo puede darse un masaje en los pies, la nuca o el plexo solar con esta mezcla: 5 gotas de aceite esencial de limón y otras 5 de lavanda, naranja dulce e ylang ylang en 50 ml de aceite de almendras dulces. Es ideal por la noche para inducir el sueño.

Cuidados para el cuerpo

Cuando se diluye en el baño de tina, el bicarbonato sódico o de sodio posee un gran número de propiedades: suaviza la piel, relaja los músculos, neutraliza la cal del agua y aumenta el poder limpiador del jabón. Todas estas razones deberían hacer que sustituyera las sales y los jabones espumosos por este simple polvo. Tonificar, dar tersura y suavizar. El limón, asimismo, es muy útil para el cuidado del cuerpo. Por sí solo casi podría sustituir a un tratamiento en un salón de belleza.

Un baño de tina tónico

Calcule 8 gotas de aceite esencial de limón, 6 de romero y otras 5 de ciprés, que mezclará en un vaso de leche para que se puedan diluir los aceites en el agua. Viértalo en la bañera o tina, justo antes de entrar en ella, y permanezca en el agua durante 15 o 20 minutos para aprovechar los principios activos de los aceites. Si el agua tiene mucha cal, agregue 2 cucharadas de vinagre de sidra.

Una exfoliación con azúcar

Mezcle 2 cucharadas de azúcar moreno, el zumo o jugo de 1 limón y 1 cucharadita de aceite de macadamia (ideal para la circulación sanguínea y linfática). En la ducha, con la piel húmeda, dese un masaje en el cuerpo con pequeños movimientos circulares.

Una exfoliación con bicarbonato

Sin duda, usted ya sabe lo que es la exfoliación. Se trata de hacer desaparecer las células muertas y las impurezas que se acumulan en la piel y que persisten tras la limpieza cotidiana. Esta práctica tiene múltiples ventajas: activa la microcirculación, acelera la descamación de las células córneas y estimula la epidermis. ¿Por qué practicar este cuidado con bicarbonato sódico o de sodio? Porque sus minúsculos cristales actúan como un exfoliante, y porque detiene la proliferación de las bacterias responsables de los granos. Por tanto, el bicarbonato purifica la piel a la vez que la limpia. Este cuidado debe realizarse cada 8 o 10 días.

CÓMO PROCEDER: mezcle 2 cucharadas de bicarbonato, la misma cantidad de aceite de oliva y 1 cucharada de copos de avena con un poco de agua tibia. ✻ Remueva bien para obtener una pasta homogénea y, después de ducharse, frótese la piel húmeda con esta preparación, insistiendo en los talones, las rodillas y los codos. ✻ Enjuáguese e hidrátese la piel con una crema corporal.

Para estimular y limpiar una piel seca o madura, mezcle 1 cucharadita de bicarbonato sódico o de sodio, otro tanto de aceite de germen de trigo o de hueso de melocotón o durazno y 1 nuez de crema hidratante facial. Proceda como en el caso anterior, y no se olvide de hidratarse luego con una buena crema, que actuará al máximo sobre una piel liberada de todas sus células muertas.

Aceites para prevenir las estrías

Las estrías nacaradas son provocadas por la ruptura de las fibras de colágeno elásticas que tensan la piel. A menudo aparecen tras un cambio de peso brusco (debido a un embarazo o una dieta) y delatan la falta de elasticidad de la piel. Es difícil hacerlas desaparecer, pero se puede prevenir su aparición. Prepare una mezcla constituida a partes iguales de aceite de aguacate y de argán (25 ml de cada uno), 10 gotas de aceite esencial de limón y la misma cantidad de lavanda. Dese un masaje a diario en el vientre, los muslos y los pechos.

Limón para atenuar las rugosidades de la piel

Después de la ducha, sobre la piel todavía húmeda, pásese un limón cortado por la mitad por las zonas afectadas. También puede aplicarse sobre la piel una compresa tibia con aceite de oliva durante unos minutos.

Manchas de la edad

A pesar de que el rostro se mantenga relativamente joven, las manchas en las manos suelen revelar la edad. No existen muchos remedios contra ellas, pero los hay, y su eficacia es mayor si se aplican de manera regular: quizás las manchas no desaparezcan, pero sí se atenúan.

Aceite de argán

El aceite de argán se recomienda para atenuar las manchas de la vejez. Cuando se aplica todos los días, las aclara.

Zumo o jugo de limón

En masaje: dese un masaje en las manos todos los días con el zumo o jugo de un limón. Luego póngase una crema hidratante y, sobre todo, no exponga las manos al sol. El zumo o jugo de los cítricos es fotosensibilizante, y puede empeorar la situación.

En aplicación: humedezca un algodón en zumo o jugo de limón puro y aplíqueselo sobre las manchas por la noche, antes de acostarse. Primero haga una prueba con las manos, para comprobar que tolera el tratamiento. También puede mezclar 50 gotas de aceite esencial de limón en 30 ml de aceite de rosa mosqueta y masajear todas las noches con esta loción las zonas manchadas.

Cebolla

Pásese a diario por las manos una rodaja de cebolla cruda mojada en vinagre de sidra.

Una solución con cloruro de magnesio

Las manchas de la edad se atenúan tomando una solución de cloruro de magnesio. Realice una cura bebiendo 1 o 2 vasos de solución de cloruro de magnesio al día.

Una loción de abedul

Para prevenir la aparición de manchas, lleve a ebullición a fuego lento hojas y corteza de abedul durante al menos 10 minutos y, a continuación, déjelas en reposo 15 minutos fuera del fuego. Frótese las manos con la preparación resultante.

Transpiración

Preferir las soluciones naturales, sobre todo el bicarbonato, a los desodorantes que se venden en las tiendas no solo es cuestión de economía, sino también de salud. Los productos industriales contienen sales de aluminio, cuya inocuidad está bastante cuestionada. Además, su aroma con frecuencia interfiere con nuestra colonia preferida, lo cual no resulta agradable.

La solución sencillísima

Diluya 1 cucharadita de bicarbonato sódico o de sodio en 1 vaso de agua y dese unos toquecitos en las zonas deseadas con un algodón o un disco compacto de algodón para desmaquillar. Este método es más práctico que espolvorearse las axilas con bicarbonato, y al mismo tiempo deja menos manchas.

Una barra de bicarbonato

El bicarbonato sódico o de sodio limita la proliferación bacteriana, responsable de los olores molestos; además, absorbe en parte la transpiración, aunque sin impedirla. Mezcle 1 cucharada de bicarbonato sódico o de sodio (alimentario), la misma cantidad de fécula de patata o papa, o de maíz (que actúa como aglutinante), 2 gotas de aceite esencial de salvia romana y un poco de agua tibia a fin de obtener una pasta homogénea. Forme una bola aplanada y déjela secar. Bastará con que se pase esta barra por las axilas o por los pies humedecidos para neutralizar los olores de la transpiración.

Un aerosol hecho en casa

Vierta en un vaporizador pequeño los siguientes ingredientes: 1 vaso de agua mineral o destilada, 1/2 cucharadita de agua de hamamelis, 1 cucharadita de glicerina vegetal, 2 cucharaditas de aceite de almendras dulces, 2 gotas de aceite esencial de salvia romana, 2 gotas de aceite esencial de ciprés y, por último, 2 cucha-

Desodorante y antitranspirante

Un desodorante no regula la transpiración, sino que limita la proliferación de las bacterias responsables de los malos olores. Por tanto, contiene, entre otros, un agente antibacteriano y perfume. Un antitranspirante reduce la transpiración y elimina las bacterias gracias a un principio activo, tipo sal de aluminio. También contiene otros aditivos, entre ellos perfumes, para ocultar los olores residuales.

raditas de bicarbonato sódico o de sodio. Mézclelo bien y vaporice esta preparación en las axilas o los pies, y déjelos secar antes de vestirse.

Una infusión de salvia

Tome salvia en infusión a razón de 15 a 20 g por litro de agua hirviendo, 3 veces al día o bien en grageas de polvo total criotriturado (método de fabricación), en una dosis de 2 tazas al día, al mediodía y por la noche, con las comidas.

Un desodorante a base de arcilla

Como absorbe olores y humedad, la arcilla constituye un excelente desodorante y antitranspirante para pies y axilas. Espolvoree las zonas deseadas con caolín extrafino o ultraventilado y estará protegido todo el día, y sin productos químicos. Es posible preparar un desodorante casero mezclando unas gotas de aceite esencial de salvia romana, limón o lavanda con 100 g de arcilla en polvo, que deberá conservar en un recipiente de cristal cerrado.

HOGAR

Información útil

* La dureza del agua: cuanto más dura sea el agua, más minerales disueltos contendrá, como cal y magnesio. Estos pueden reducir la eficacia de los productos de limpieza. Si el jabón y otros productos para lavar hacen poca espuma, y en los cazos y cazuelas se forma un depósito calcáreo, sin duda tiene agua dura.

* Los aceites esenciales: se obtienen por destilación de una planta aromática en agua o por extracción mediante vapor de agua. Tenga cuidado, ya que debido a su alta concentración en principios activos son muy potentes. Úselos con precaución, dado que su abuso puede resultar peligroso.

* La calidad del aire interior: renovar el aire con frecuencia le permite satisfacer sus necesidades de oxígeno, eliminar los malos olores y los contaminantes, hacer funcionar los aparatos de combustión sin riesgo y deshacerse de un posible exceso de humedad. Acuérdese de ventilar todos los días todas las estancias de su vivienda, tanto en verano como en invierno. Limpie, asimismo, de manera regular las rejillas de ventilación que facilitan la ventilación natural de las estancias.

* El porcentaje de humedad: en una vivienda, un porcentaje de humedad inferior al 50 % es lo ideal. En la cocina, el cuarto de baño y los aseos nunca oculte los conductos de ventilación, ya que tendría como consecuencia un aumento de la condensación del vapor de agua en ventanas y paredes. Además, ponga siempre

¿Qué productos naturales utilizar?

El ajo, la arcilla, el bicarbonato sódico o de sodio, el limón, la ortiga o incluso el vinagre son algunos de los productos naturales con numerosas propiedades beneficiosas que le permiten combatir diversos problemas domésticos. Por ello, aparecen de forma recurrente a lo largo de estas páginas, en cualquiera de los temas abordados. Consulte la primera parte de esta obra para familiarizarse con sus principales propiedades y para saber dónde encontrarlos, cómo utilizarlos y cómo conservarlos.

a secar la ropa en una estancia bien ventilada o, si es posible, en el exterior.

* La temperatura ambiente: en la época en que enciende la calefacción, se recomienda una temperatura interior de 19 °C.

* ¡Atención!: ¡si alguna vez desea optimizar el efecto de ciertos productos naturales añadiéndoles determinados limpiadores comerciales, absténgase! Una mezcla de vinagre de vino blanco con lejía o cloro, por ejemplo, produce vapores tóxicos. Por razones similares, tampoco debe mezclar el vinagre de vino blanco con productos que contengan amoníaco. En caso de duda, evite realizar mezclas de este tipo.

Hogar

Animales domésticos

El bicarbonato sódico o de sodio, el fiel polvo multiusos, también es útil para los animales de compañía. Emplee sobre todo bicarbonato alimentario para lavarlos y para sus cuidados, y reserve el «técnico» para la limpieza.

Desodorizar la cama del perro y la caja del gato

Los cojines y fundas se lavan a máquina. La caja (generalmente de plástico) se limpia con una solución compuesta por medio vaso de bicarbonato y otro medio de jabón líquido, diluidos en 5 litros de agua caliente. Si es de mimbre, pase la aspiradora o cepille para retirar el polvo, y luego mezcle 2 cucharadas de bicarbonato y otras 2 de jabón líquido y limpie bien con una esponja bien escurrida. Enjuague y deje que se seque.

Para la caja del gato, use la primera receta, pero alterne con un lavado con lejía o cloro, que desinfecta a fondo. Por último, para evitar olores

Una cuestión de higiene

Cuando a su perro o a su gato se le acumule cera en las orejas, límpieselas con un bastoncillo o hisopo de algodón mojado en un vaso de agua tibia con media cucharadita de bicarbonato alimentario bien diluido y enjuague. Si teme hacer daño al animal porque se mueve (lo cual sucede a menudo), opte por emplear un algodón retorcido en forma de mecha.

desagradables, esparza en el fondo de la caja una capa de bicarbonato sódico o de sodio antes de echar la arena limpia o mezcle 2 cucharadas con la arena.

Limpiar bolsas y cajas de transporte

Las cajas de plástico se limpian fácilmente, pero las fundas flexibles son algo muy distinto. Si no caben en la lavadora, quite la suciedad más visible con una solución a base de 1 cucharada de bicarbonato sódico o de sodio y otra de vinagre de vino blanco, enjuague con una esponja y deje secar. Si los olores no han desaparecido por com-

pleto, espolvoree un poco de bicarbonato hasta que penetre, deje que actúe durante una hora y aspire.

A la correa, el collar y los juguetes también les conviene un buen espolvoreado o lavado con bicarbonato de vez en cuando.

Limpiar las jaulas de los animales pequeños

Para desinfectar el suelo y los barrotes de las jaulas de los pájaros y pequeños roedores, lávelos con una esponja impregnada en bicarbonato sódico o de sodio o jabón líquido, y no se olvide de enjuagarlos. Alterne con lejía o cloro, que es más potente, pero más agresiva.

Arcilla e hidrocarburos

Es bien sabido que la arcilla absorbe las grasas y neutraliza las sustancias tóxicas, aunque también se puede emplear para limpiar un ave manchada de petróleo. Basta con espolvorear abundantemente todas las zonas manchadas y esperar a que la arcilla se caiga después de absorber las sustancias tóxicas. A menudo hay que repetir la operación varias veces.

Electrodomésticos

Los electrodomésticos, como los refrigeradores, las lavadoras
y los lavavajillas se ensucian tanto por fuera como por dentro.
En el caso del refrigerador, que conserva los alimentos (y sus olores), es más evidente;
lo mismo sucede con el lavavajillas si no se pone en marcha después de cada comida.
Además, el carbonato de calcio a menudo se incrusta en el lavavajillas y la lavadora.

Con vinagre de vino blanco y bicarbonato sódico o de sodio es posible sustituir varios productos domésticos contaminantes, lo que redundará en beneficio de su economía y su salud.

Limpiar el refrigerador y el congelador

Para el exterior esmaltado no hay nada mejor que una esponja mojada en agua caliente o tibia con una cucharada de bicarbonato sódico o de sodio. Enjuague y seque con un paño de microfibra. Si quiere más brillo y una mayor protección, enjuague usando agua tibia con vinagre (1 cucharada de vinagre de vino blanco por cada litro de agua). En el interior, la esponja mojada en la misma solución y luego bien escurrida, limpia y desodoriza perfectamente.

Utilice esta misma solución para la **junta de goma** que hay alrededor de la puerta, o aplique en pasta, déjela actuar unos minutos, frote con un cepillo de dientes y enjuague. La goma le quedará limpia, y el bicarbonato impedirá que se forme moho en ella.

Limpiar el hervidor o jarra y la cafetera eléctricos

Una mezcla a partes iguales de vinagre de vino blanco y agua puede sustituir perfectamente los productos industriales, aunque los fabricantes se cuidan mucho de indicarlo. La forma de proceder es la misma que con cualquier desincrustante: efectuar un ciclo con vinagre diluido seguido de dos ciclos con agua clara para enjuagar bien.

Limpiar el lavavajillas y la lavadora

Para el exterior, la lámina y las gomas, emplee la receta anterior. Para el interior, los lavados sucesivos deberían bastar, pero no siempre es así. La cal o el sarro se incrusta y ensucia las máquinas, y los residuos grasos a veces taponan las entradas de agua en el brazo giratorio del lavavajillas. Para solucionar estos problemas, una vez al mes realice un aclarado en vacío

Sobre la utilidad del cepillo de dientes

Entre los utensilios domésticos debería incluirse siempre un cepillo de dientes usado, ya que permite limpiar rincones poco accesibles, y, una vez mojado en vinagre de vino blanco puro, desengrasa y desincrusta perfectamente. Por ejemplo, le permite limpiar la zona que rodea el mecanismo de un ventilador, las hojas de un abrelatas eléctrico, la ranura de una batidora, etc. Reciclar un cepillo de dientes viejo, como cualquier otro objeto, constituye una de las muchas maneras para ahorrar y reutilizar.

vertiendo medio vaso de bicarbonato sódico o de sodio en el tambor de la lavadora o en la cubeta del lavavajillas. La limpieza puede hacerse con vinagre de vino blanco puro. Ponga 1 vaso de vinagre en la cubeta del detergente y encienda la máquina vacía. El vinagre también puede sustituir el producto de aclarado, ya sea de forma ocasional o de manera regular.

Para prevenir las incrustaciones de cal o sarro también puede realizar una vez al mes un aclarado en vacío, vertiendo medio vaso de bicarbonato sódico o de sodio en la cubeta del lavavajillas.

El vinagre de vino blanco permite, asimismo, realizar las desincrustaciones anuales de la lavadora. El vinagre puro, y si es preciso caliente, es eficaz para eliminar la cal o sarro que a veces se acumula a nivel de la entrada de agua. Si vierte medio vaso de

El bicarbonato nunca se puede emplear dos veces seguidas

Ya sea en pasta o en polvo, con el bicarbonato que ha limpiado o desodorizado solo se puede hacer una cosa: tirarlo a la basura. Una vez que ha absorbido los olores o la suciedad, ya no es útil.

bicarbonato en el tambor una vez al mes también evita los depósitos de cal o sarro. En los lavados habituales, para suavizar la ropa o para eliminar un olor a tabaco o a fritura, no dude en agregar 1 cucharada de vinagre en la cubeta del suavizante.

Descongelar el congelador

Un barreño o bandeja de agua hirviendo con un vaso de vinagre de vino blanco también es útil para acelerar el descongelado de un congelador. Después de desenchufar y vaciar

el electrodoméstico, póngalo en el fondo y deje que actúen los vapores del agua con vinagre. El hielo se derretirá antes y la limpieza posterior de las paredes con una esponja será más fácil. No se olvide de que el uso de un objeto metálico para desprender el hielo puede estropear sin remedio su congelador.

Limpiar la plancha

Si no se tiene cuidado, la cal o sarro se va acumulando alrededor de los orificios de las planchas de vapor y, con el tiempo, dejan manchas amarillentas en la ropa. Pasar regularmente un paño empapado con vinagre por la base de la plancha es más que suficiente para prevenir y resolver este problema.

Armarios y roperos

Las bolsitas de lavanda y los enrejados permiten perfumar la ropa
y tienen la ventaja de que ahuyentan las polillas. Puede comprarlos,
aunque también puede hacerlos usted mismo fácilmente.

Realizar un huso de lavanda

📋 **Material:** • 1 m de cinta de satén (1 cm de anchura) • 30 flores de lavanda recién cortadas con un tallo de unos 30 cm • unas tijeras.

CÓMO PROCEDER: corte 30 flores de lavanda con su tallo. Hágalo en el último minuto para que no se sequen. Deben ser flexibles para que no se rompan mientras confecciona el enrejado. ✱ Coloque el ramo cabeza abajo. Con la cinta, sujete los tallos juntos, justo por debajo de las flores. Dé tres vueltas a su alrededor y haga un nudo apretándola bien. ✱ Al nivel de la cinta anudada, doble con cuidado cada tallo de lavanda para formar una especie de jaula, procurando no romper los tallos. ✱ Deje el extremo de la cinta más corto en medio de los tallos, en el interior del enrejado. Tren-

ce el extremo restante de la cinta con los tallos, pasando la punta de la cinta por encima de un tallo y luego por debajo del siguiente tallo. Procure repartir bien los tallos y que la cinta siempre quede plana. ✱ Al final de la primera pasada apriete bien; luego dé una segunda pasada y las siguientes. De una vuelta a otra, la cinta debe quedar intercalada respecto a la pasada anterior, a fin de formar un trenzado a cuadros. En las últimas vueltas, tense bien la cinta. ✱ Termine con un nudo sencillo. Dé varias vueltas sobre los tallos y luego haga dos nudos pasando por las dos últimas vueltas de la cinta. → Para terminar, corte las puntas de los tallos.

Confeccionar una bolsa de lavanda

📋 **Material:** • 1 ramo de lavanda
• 1 cinta de satén o de terciopelo
• 1 retal o retazo de tela de algodón
• 1 hilo a juego con la tela
• 1 tijeras dentadas

CÓMO PROCEDER: cuando termine la floración, recoja la lavanda y déjela secar boca abajo sobre un periódico en un lugar seco, fresco y aireado. ✱ Una vez la lavanda esté del todo seca, desmenúcela sobre una bolsa de papel kraft. ✱ Cosa varias bolsitas de tela. Corte un rectángulo de 50 x 25 cm. Doble este rectángulo por la mitad a lo largo. Cosa a mano o a máquina por el revés de la tela para formar una bolsita. Dele la vuelta. Corte la parte superior de la bolsa con las tijeras dentadas. ✽ Rellene tres cuartas partes de cada bolsa con la lavanda desmenuzada. ✽ Cierre cada bolsa con una cinta bonita de satén o terciopelo, a juego con la tela. → Renueve la fragancia presionando la bolsita de vez en cuando.

Estas bolsas de lavanda son unos antipolillas formidables. Puede acompañar las hojas de lavanda con hojas de menta piperita y granos de pimienta. Colóquelas dentro de los armarios y los cajones de las cómodas. ¡A las polillas no les gusta en absoluto esta mezcla! También puede poner sobre unas bolas u hojuelas de madera una mezcla de 10 gotas de aceite esencial de espliego, 15 gotas de aceite de lavanda y 5 gotas de aceite esencial de laurel (*Laurus nobilis*).

Plata

Para devolver el brillo a los cubiertos y a otros objetos de plata, pruebe los siguientes trucos. Con ellos se ahorrará tener que recurrir a los nocivos productos que venden en los comercios.

Combatir la oxidación con bicarbonato

Forre el interior de una cazuela o de un balde de plástico con papel de aluminio. Llene el recipiente con agua muy caliente (pero no hirviendo), diluya 3 cucharadas de bicarbonato sódico o de sodio y 1 de sal gorda (por 1,5 litros de agua) y sumerja el o los objetos durante 1 hora. No introduzca demasiadas piezas a la vez: para obtener un buen resultado es preferible que no se toquen. Si le parece que el efecto no es satisfactorio –lo cual sucede cuando las piezas están muy oxidadas–, después de sacarlas, púlalas con una pasta preparada con agua, bicarbonato y sal fina. Entonces el óxido desaparece con mucha facilidad. Aclare los objetos y abrillántelos con un paño suave. Para las joyas cinceladas y los objetos antiguos, haga una prueba en una superficie pequeña, ya que el resultado a veces es incluso demasiado brillante.

¡Atención, frágil!

Nunca frote los objetos o los cubiertos de plata o metal plateado con una esponja abrasiva, ya que podría rayar definitivamente la superficie. Tampoco limpie con excesiva frecuencia los objetos bañados, ya que a la larga desgastará la capa superficial: terminará desapareciendo y quedará el metal base expuesto.

Otro método, más tradicional, consiste en espolvorear el bicarbonato sobre una esponja húmeda, frotar suavemente y enjuagar. Para los objetos cincelados, utilice un cepillo de dientes y pasta de bicarbonato sódico o de sodio. Aclare, seque y dé brillo con un paño suave. Este sistema es adecuado también para el cobre, el cromo y, por supuesto, el acero inoxidable.

Dar brillo en un baño de vinagre de vino blanco

Las piezas de plata: si tiene mucha paciencia, un baño de vinagre de vino blanco puro devuelve poco a poco el brillo a las piezas de plata. Las posibles manchas negras deberán eliminarse con un paño impregnado de vinagre muy caliente.

Las joyas: no tema limpiar sus joyas de plata sumergiéndolas unos instantes en vinagre. Puede repetir la operación si es preciso. Pero sobre todo evite emplear este método para avivar ópalos, turquesas y materias de origen orgánico (perlas, ámbar, etc.).

El acero inoxidable: incluso el vinagre diluido termina con las manchas blanquecinas que se forman en las cacerolas o los fregaderos de acero inoxidable. Hay quien recomienda darles brillo a continuación con unas gotas de aceite de oliva o con agua gasificada.

El aluminio: desde la cacerola hasta los pomos o manijas de las puertas, cualquier objeto de aluminio se limpia fácilmente con agua y vinagre o con vinagre sin disolver. Por ejemplo,

puede verter vinagre puro en las piezas metálicas de la ducha y dejar que actúe durante una noche. ¡Le quedarán como nuevas!

Los objetos de cobre: para combatir la oxidación que crea feos depósitos verdosos, sumerja los objetos durante 10 minutos en un baño de vinagre hirviendo y sal marina, en una dosis de 2 cucharaditas de sal por 1 taza de vinagre. Luego aclare y seque con cuidado, ya que esta mezcla ataca el metal. Esta solución debe evitarse, sin embargo, en monedas de colección, ya que puede reducir su valor en el mercado.

El bronce: para una limpieza que dejará el metal brillante, vierta 1 cucharadita de sal en 1 taza de vinagre de vino blanco y mezcle esta solución con harina para obtener una pasta. Aplíquela sobre los objetos y déjela actuar durante 2 horas antes de enjuagar con agua caliente. Esta misma solución devolverá el buen aspecto al cobre, al estaño y al latón.

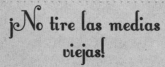

¡No tire las medias viejas!

Recicle y ahorre. Para dar brillo al acero inoxidable, unas medias viejas enrolladas en una bola son mejor que cualquier paño. No lo dude, con los calcetines tipo media obtendrá el mismo resultado.

Velas caseras

Las bellas velas perfumadas fabricadas únicamente con cera de abeja
no abundan hoy en día, aunque todavía es posible conseguirlas. No obstante,
puede realizarlas usted mismo por el placer de hacerlo o para distraer
a sus hijos durante una tarde de lluvia.

Sin duda, lo más difícil será encontrar la materia prima. A veces se puede adquirir en las droguerías, en tiendas de productos para manualidades o, en su defecto, también puede comprar la cera directamente a un apicultor o por Internet.

Velas enrolladas

Este método es, con mucho, el más sencillo y práctico con los niños porque no requiere fundir la cera. El inconveniente es que estas velas se consumen con más rapidez.

 Material: • hojas de cera estampada (placas de cera de abeja con la forma de las celdas, que los apicultores utilizan para sus colmenas) • una mecha • un secador de cabello.

CÓMO PROCEDER: extienda una hoja de cera sobre la superficie de trabajo, con el lado más largo en horizontal. Córtela, si es preciso, con una navaja o un cúter para que la vela tenga la altura deseada. ✽ Coloque la mecha encima del margen derecho vertical, de modo que sobresalga 1 cm por arriba. Ablande esta zona con un secador. Doble el borde donde se encuentra la mecha y enrolle hasta el otro borde, sin dejar de calentar con el secador cuando sea necesario (lo ideal es hacerlo entre dos, uno sosteniendo el secador y el otro enrollando). ✽ Disponga este primer esbozo de vela sobre otra hoja, de nuevo sobre el margen vertical derecho, y repita la operación. Cuantas más hojas utilice, mayor será el diámetro de la vela (y la mecha deberá ser más gruesa). ✽ Una vez terminada la vela, alise el borde de la última hoja con el dedo o con una navaja. → Proceda del mismo modo con la base de la vela, que colocará sobre un plato o en una palmatoria.

Velas moldeadas

También puede realizar velas moldeadas a partir de cera de abeja fundida y vertida en un molde. Si ya tiene cierta experiencia en materia de velas, pruebe, pero teniendo en cuenta dos aspectos esenciales: la cera de abeja debe fundirse a baño María (nunca directamente en una cacerola), y hay que mezclarla con parafina para que luego se pueda extraer del molde (la parafina se contrae al enfriarse, pero la cera de abeja no).

Cal o sarro

Todo objeto en contacto frecuente con el agua puede acumular cal o sarro, sobre todo si el agua es muy calcárea. La utilización de vinagre y bicarbonato sódico o de sodio sigue siendo el medio más eficaz de evitar y eliminar estos depósitos persistentes.

La cal o sarro tardará más en depositarse si, después de usarlos, seca los fregaderos y los platos o pisos de la ducha, entre otras cosas, con una esponja humedecida con un poco de vinagre de vino blanco; además, procure no dejar agua estancada en los diversos recipientes.

Las cacerolas

La solución más eficaz es verter una buena dosis de vinagre de vino blanco en el fondo de la cacerola, añadir agua y llevarla a ebullición. El olor a vinagre sobre el fuego no es muy agradable, pero sus cacerolas recuperarán su mejor aspecto.

El interior de las jarras

Para recuperar una jarra o una botella de cristal muy manchada por la cal o sarro, llene una tercera parte con vinagre y añada un puñado de sal gorda. Agite enérgicamente, vierta agua y deje que actúe durante unas horas. Luego enjuague varias veces con agua clara y deje que se seque boca abajo para evitar que se deposite la cal o sarro.

La grifería o llaves de agua

En este caso se recomienda emplear vinagre de vino blanco puro. Para todas las zonas difíciles (grifos o llaves, cabezales de ducha…) donde también se acumula mucha cal o sarro, vierta vinagre y deje actuar al menos 10 minutos antes de frotar con un cepillo de dientes usado o con bastoncillos o hisopos de algodón. Si la base de los grifos o las llaves se resiste, extienda una pasta a base de bicarbonato sódico o de sodio (2/3 de polvo y 1/3 de vinagre de vino blanco). Deje actuar, frote con un cepillo de dientes y enjuague.

Los desagües

Cuando sea posible, una vez al año, desenrosque el tapón y la rejilla de salida del agua de los fregaderos, lavabos, bañeras o tinas y platos o pisos de ducha. Los diversos elementos no solo presentan depósitos de cal o sarro, sino que también contienen residuos alimentarios o corporales aglutinados en unos filamentos negruzcos. Ponga en remojo las piezas móviles de metal en un recipiente con agua caliente y vinagre, y frote las piezas fijas con vinagre puro.

Los inodoros

Para quitar la cal o sarro del fondo de la taza del inodoro, vierta una cacerola con agua hirviendo y 3 tazas de vinagre de vino blanco, y frote enérgicamente. Si los resultados no son satisfactorios, frote con bicarbonato sódico o de sodio y deje que actúe toda una noche.

¿Caliente o frío?

En cuanto a eliminación de la cal o sarro, el vinagre caliente, o incluso hirviendo, es el más eficaz. A menudo es suficiente con vinagre frío. Antes de juzgar el resultado, déjelo actuar un cuarto de hora aproximadamente. Si no está satisfecho, siempre estará a tiempo de calentarlo…

Cacerolas y sartenes quemadas

¿Quién no ha hecho alguna vez alguna preparación culinaria demasiado rápido o se ha olvidado una cacerola en el fuego? Los trucos siguientes le ayudarán a salir del apuro y a salvar el fondo de sus utensilios.

¿Cómo despegar una costra de pasta carbonizada? Existen soluciones, pero siempre pasan por poner en remojo y fregar; a veces requieren lejía o cloro y, en otras ocasiones, frotar mucho. El vinagre y el bicarbonato sódico o de sodio no le ahorrarán el remojo, pero sí le facilitarán la limpieza.

Eliminar una costra gruesa quemada

Vierta 3 o 4 cm de agua muy caliente en el fondo del recipiente, medio vaso de bicarbonato y 2 cucharadas de vinagre de vino blanco. En contacto con el vinagre, el bicarbonato produce unas burbujas que ayudan a que se desprendan los residuos. Deje que actúe durante varias horas o toda una noche. Al día siguiente, el depósito saldrá con facilidad.

Para los restos quemados recalcitrantes, frote con pasta de bicarbonato sódico o de sodio o con una esponja húmeda impregnada de bicarbonato en polvo. Utilice el mismo sistema para los fondos de cacerolas y de sartenes que se han ensuciado.

Limpiar las sartenes antiadherentes

Si algún alimento se ha «pegado», evite el estropajo, ya que resulta muy pernicioso para el revestimiento. Llene la sartén aún caliente con agua tibia y diluya 1 cucharada de bicarbonato. Deje que actúe durante unos minutos, pase el lado de esponja del estropajo y enjuague. Su sartén quedará limpia y, además, este tratamiento refuerza sus propiedades antiadherentes.

Utensilios de aluminio

Se suele decir que el bicarbonato ataca la superficie de este metal. Las opiniones están divididas, pero, en caso de duda, para limpiar los utensilios de aluminio opte por usar ortigas. Llene la cacerola de agua, incorpore un buen puñado de hojas de ortiga y lleve a ebullición durante unos 10 minutos. Después solo tendrá que frotar el fondo, y la cacerola quedará limpia.

Pegamento

Tanto si se ha acabado el pegamento como si este se resiste a salir, sepa que siempre puede recurrir a los buenos métodos de antaño para conseguir sus objetivos.

Elaborar un pegamento a base de ajo

Sin duda habrá observado que el ajo cortado se pega en los dedos. Esta propiedad, que en la cocina a veces resulta molesta, durante mucho tiempo se ha utilizado en arte para adherir hojas de oro y plata sobre superficies de madera pintadas, como los iconos, los cuadros o los manuscritos. Al parecer, también se usó como conservante (en concreto, en el pegamento de piel de conejo, cuya adherencia aumenta) y para desinfectar superficies ya enlucidas que se quieren pintar. También en ebanistería se añadía a veces un poco de jugo de ajo para obtener un pegamento más fuerte. Por último, a comienzos del siglo xx, los fabricantes de gafas o anteojos empleaban el jugo de ajo prensado para mejorar la sujeción de los cristales o micas en las monturas.

Así pues, si necesita pegamento, pruebe el ajo. Lo más sencillo es cortar un ajo por la mitad, frotar una de las dos partes que va a pegar y luego presionar. Es bastante eficaz, pero no funciona con todos los materiales. Por otra parte, casi es igual de fácil preparar el «auténtico» pegamento de ajo, que es mucho más fiable.

Cómo proceder: prense varios dientes de ajo para extraerles el jugo. ✱ Cuélelo (con unas medias viejas, por ejemplo) presionando con los dedos para extraer la máxima cantidad. ➔ Este pegamento se conserva algún tiempo en el refrigerador. Puede utilizarlo puro o añadir un poco de agua (muy poca) para obtener la consistencia adecuada antes de extenderlo con un pincel.

Para pegar cristal, por ejemplo, para adherir un cristal a un marco de metal (un posavasos o portavasos) o los cristales de relojes y de gafas o anteojos, agregue una pizca de yeso en polvo muy fino al jugo de ajo y su pegamento se convertirá en una masilla un poco líquida.

Despegar etiquetas

El vinagre muy caliente, cuando se aplica tantas veces como sea necesario, logra arrancar la etiqueta de un tarro de cristal, aunque esté muy bien pegada. También permite quitar calcomanías. Este método es eficaz sobre todo con cristal, plástico, fórmica y pintura lavable. No lo es tanto con otros soportes. Con la tela, por ejemplo, intentar quitar una mancha de pegamento es particularmente delicado. Hay quien sugiere añadir sal, en este caso (1 dosis por cada 4 de vinagre puro). Pero esta mezcla decapante puede dañar el color de la alfombra o tapete tratado, sin llegar a eliminar por completo los restos de pegamento.

Quitar el papel de empapelar o papel tapiz

Una mezcla en caliente, compuesta a partes iguales de agua y vinagre, ayuda, en cambio, a quitar un viejo empapelado o papel tapiz de una pared. Según la superficie, pase esta solución con una esponja o con un rodillo. Empape bien el papel si está pegado sobre una pintura lavable, o limítese a humedecerlo si está adherido directamente a un soporte de yeso o una placa de yeso laminado. Deje que actúe durante 30 minutos. Para despegarlo, use una espátula de cristalero y la solución de agua y vinagre. En general, es preciso dar varias pasadas para que el soporte quede del todo limpio.

Cuero

Diversos productos de tratamiento del cuero contienen cera. Para elaborar su propia mezcla y renovar, o hidratar, una chaqueta o un sofá de cuero, ante todo debe conseguir cera de abeja para fundir, por ejemplo, en pepitas o escamas, aguarrás y aceite de lino o vaselina.

El método más rápido consiste, sin embargo, en calentar la cera al baño María hasta que se haya derretido (la cera se funde a 64 °C y se inflama a 120 °C). Retire la cacerola del fuego, dejando el bote dentro del agua y, con todas las ventanas abiertas o al aire libre, incorpore poco a poco el aguarrás, removiendo la preparación. Una vez que se haya enfriado, cierre el bote para evitar que el aguarrás se evapore.

Atención, ¡en ningún caso caliente el aguarrás y la cera juntos!

Añadir el aceite o la vaselina

Una vez que se haya enfriado la mezcla de cera y aguarrás, agregue el aceite de lino o la vaselina. Remueva bien antes de usar esta preparación. Si le ha quedado demasiado espesa y le resulta difícil aplicar la pasta, puede añadir un poco de aguarrás para que se diluya un poco la mezcla. Ahora solo tiene que pasar esta mezcla por el cuero con un paño suave, dejar que se seque y darle brillo.

Para obtener 1 kg de cera de abeja:

📋 **Ingredientes:** • 750 ml de aguarrás • 250 ml de aceite de lino o 200 g de vaselina

Mezclar cera y aguarrás

Tanto la cera como el aguarrás son sustancias inflamables, por lo tanto, el método más lento y seguro es no calentarlos. En este caso, introduzca la cera en copos en un bote de aguarrás, ciérrelo, remueva a menudo y espere 1 o 2 días, hasta obtener una preparación espesa.

Vinagre y cuero

Si el cuero se guarda en un lugar húmedo, por ejemplo en un sótano, cría moho. Para recuperarlo antes de que quede totalmente inservible, elimine el moho con un paño impregnado con vinagre puro y luego aplique una mezcla a partes iguales de vinagre y aceite de lino.

Cocina

La cocina es el lugar de la casa más expuesto a la suciedad.
Aunque cada vez se venden más detergentes que afirman
ser «multiusos», son pocos los que limpian tanto acero inoxidable
como fórmica, melamina o baldosas. El bicarbonato sódico o de sodio es uno
de ellos. Un solo producto para todo, ¡un gran ahorro de espacio y de dinero!

Para suelos embaldosados, de linóleo o laminados

Diluya 2 cucharadas de bicarbonato en 1 litro de agua caliente o tibia. Aumente las proporciones en función de la superficie que desee limpiar. Pase un paño (de microfibra, de algodón o de tiras) y enjuague con agua tibia. El aclarado no es indispensable, pero proporciona más brillo y un mejor acabado. Si hay grasa en el suelo, puede añadir 1 cucharada de vinagre de alcohol. Otra ventaja, y no de las menores: los niños pequeños pueden arrastrarse por el suelo sin riesgos de absorber residuos tóxicos del detergente (ver página 234).

Para los muebles de la cocina y la superficie de trabajo

Pase una esponja impregnada con una solución de bicarbonato sódico o de sodio (1 cucharada por cada litro de agua caliente), aclare y seque. En caso de manchas persistentes, insista añadiendo un poco de polvo de bicarbonato en la esponja. Si las puertas de los muebles son de madera natural o barnizada, escurra bien la esponja. El vinagre de vino blanco (1 cucharada) ayuda a desengrasar, pero no se aconseja emplearlo con maderas delicadas.

Las superficies de trabajo de acero inoxidable se limpian muy bien con esta misma preparación. Frote con movimientos circulares, enjuague y seque. Las propiedades ligeramente abrasivas del bicarbonato devuelven todo su brillo al metal.

Para las cocinas de fogones esmaltadas y las placas eléctricas

Tanto si las placas tienen grasa como si presentan residuos de cocción, espolvoree con bicarbonato sódico o de sodio una esponja (que no rasque) previamente humedecida con agua caliente, y frote en el sentido de la placa. Si los restos están requemados e incrustados, extienda el bicarbonato en pasta, deje

Basta de marcas en las paredes

Las marcas de dedos y otras manchas se eliminan bien en una pared blanca gracias a las propiedades abrasivas del bicarbonato sódico o de sodio. Frote la zona manchada con una esponja húmeda, muy escurrida, y espolvoreada con este polvo; aclare y seque. Sobre las pinturas de color y el papel pintado, primero hay que hacer una prueba para comprobar cómo reacciona el soporte.

actuar 15 minutos y enjuague con una esponja húmeda. En cuanto a la cocina y los quemadores de gas, enjuague usando agua con vinagre.

Para las placas de vitrocerámica

Proceda del mismo modo que se ha indicado. Para las manchas rebeldes, caliente un poco la placa, para que la grasa se despegue con más facilidad, y utilice una rasqueta o espátula especial para vitrocerámicas.

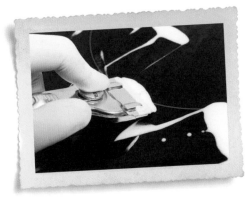

Para el fregadero y los grifos o las llaves

El bicarbonato sódico o de sodio es ideal para limpiar el fregadero, ya sea de acero inoxidable, de porcelana, de piedra o sintético. Tiene la ventaja de neutralizar las grasas y eliminar la cal o sarro. A diferencia de los detergentes industriales, no deja ningún residuo que contamine las verduras que usted enjuaga dentro.

Para limpiar el fregadero: espolvoree una esponja húmeda con suficiente bicarbonato sódico o de sodio según el grado de suciedad, frote y enjuague con agua caliente. Seque el acero inoxidable para evitar los restos de cal o sarro. También puede llenar el fregadero con agua tibia o caliente, diluir 2 cucharadas de bicarbonato, frotar con una esponja y aclarar usando agua con vinagre.

Para limpiar los grifos o las llaves: pase una esponja empapada con agua y bicarbonato sódico o de sodio, aclare y seque. Para los depósitos de cal o sarro al pie de los grifos o las llaves, evite los productos antical o antisarro, puesto que son extremadamente corrosivos. Extienda una pasta de bicarbonato (2/3 de polvo y 1/3 de vinagre de vino blanco). Deje que actúe, frote con un cepillo de dientes para limpiar bien alrededor del pie y aclare.

Para el horno

El horno no se limpia todos los días, tanto si es eléctrico como de gas, pero es una de las tareas de las que prescindiríamos de buena gana. Y con mayor motivo si se tiene en cuenta que los productos comerciales son sumamente nocivos. Incluso aclarándolos bien pueden quedar partículas susceptibles de depositarse sobre los alimentos cuando se vuelve a usar el horno. ¿Por qué el bicarbonato sódico o de sodio puede sustituir los desengrasantes químicos? Tan solo porque es ligeramente abrasivo y neutraliza las grasas. No nos evita la tarea de limpiar, pero hace que sea menos tóxica.

CÓMO PROCEDER: prepare una solución muy concentrada a base de bicarbonato sódico o de sodio y de cristales de soda (el otro nombre del carbonato de sodio): 1 taza de bicarbonato y 4 cucharadas de cristales de soda diluidos en 50 cl (500 ml) de agua tibia. El objetivo es obtener un líquido muy espeso o una pasta poco

líquida. Los cristales de soda refuerzan el poder desengrasante del bicarbonato. ✳ Con la ayuda de una esponja, impregne bien las paredes y la puerta del horno, frío o tibio, y deje que actúe durante toda una noche. ✳ Al día siguiente, limpie con agua caliente. ✳ Si los residuos son demasiado gruesos o resistentes, emplee una rasqueta o espátula de plástico, que no rayará el revestimiento. ✳ Para las manchas más difíciles, frote con una esponja húmeda espolvoreada con bicarbonato puro. → Por último, aclare con agua tibia y vinagre, y luego seque.

Un limpiador multiusos

Tome un recipiente de plástico de 2 litros, tipo botella de detergente. Con un embudo (es más fácil), ponga 2 cucharadas de bicarbonato y la misma cantidad de vinagre de alcohol, añada un poco de agua caliente, espere a que se reduzca la efervescencia y llene el resto de la botella. Agite bien antes de usarlo. Se puede añadir de 15 a 20 gotas de aceites esenciales de pino o de limón por su aroma y por sus propiedades desinfectantes. Pero este ingrediente es caro, y no es indispensable.

También para el microondas

Este aparato no escapa a las salpicaduras de grasa y de otras sustancias. Evidentemente, se puede emplear un limpiador doméstico tradicional, pero estos productos suelen estar perfumados y, en este caso, de nuevo las emanaciones residuales pueden impregnar su taza de té o el chocolate de los niños.

Cuando el interior simplemente está grasiento, es muy sencillo: introduzca un cuenco de agua con 3 cucharaditas de bicarbonato y deje que hierva entre 3 y 5 minutos.

Si los residuos son más gruesos, diluya 1 o 2 cucharaditas de bicarbonato en un cuenco de agua tibia, limpie con una esponja y aclare. Cuando la suciedad esté muy incrustada, impregne la pasta con un poco de líquido y deje que actúe durante una hora antes de enjuagar.

Sin olores

El bicarbonato sódico o de sodio tiene la doble ventaja de neutralizar las grasas y los olores. Si considera que su microondas (o el horno) huele a pescado, o a un guiso, simplemente entre dos usos introduzca un pequeño cuenco lleno de bicarbonato y este absorberá los olores. No se olvide de retirarlo antes de usar de nuevo el horno.

Niños y hogar

En la actualidad, cada vez hay más estudios orientados a demostrar que el aire que respiramos dentro de nuestros pisos o departamentos y casas no está libre de contaminantes. Muebles, pinturas y moquetas o alfombras liberan sustancias nocivas para nuestro organismo sin que seamos conscientes de ello.

Los niños están sometidos a los mismos problemas, pero para ellos son todavía más perjudiciales porque son más frágiles. Algunos son inevitables; no obstante, se pueden minimizar los riesgos en lo que respecta al bricolaje y a la limpieza doméstica. El bicarbonato sódico o de sodio, como hemos visto, está perfectamente indicado para sustituir a un gran número de detergentes.

Evitar las emanaciones y los residuos nocivos

Si limpia los suelos embaldosados, de linóleo o laminados con bicarbonato sódico o de sodio (ver página 230), estos estarán muy limpios y sus hijos podrán jugar por el suelo sin riesgo de

¡Cuidado!

No añada bicarbonato sódico o de sodio al agua del baño del bebé. Antes de los dos años, los niños tienen una piel muy delicada, y su protección todavía se está desarrollando. Incluso cuando sean un poco mayores, sea prudente.

respirar o, lo que es peor, de ingerir residuos nocivos. Lo mismo puede decirse de las mesas de trabajo de la cocina y de los aparatos domésticos que a los niños tanto les gusta manosear.

Reducir los riesgos de irritación y de alergia

Para la ropa de los bebés, utilice detergentes y sustituya la lejía o el cloro y los suavizantes comerciales por bicarbonato y vinagre (ver página 238). Así minimizará los riesgos de irritación y de alergia. Lave las sábanas y la ropa nueva (salvo la lana y la seda) con bicarbonato para eliminar las sustancias del apresto o el almidón de fábrica.

Sanear el ambiente

Ventile la habitación y vaporice con una solución preparada con 1 cucharadita de bicarbonato diluida en 50 cl (500 ml) de agua tibia y 10 gotas de aceite esencial de limón, árbol del té o lavanda. Agite bien antes de cada uso. Evite, no obstante, utilizar este vaporizador justo encima de la cuna del bebé. El rociado, que es menos

fino que un aerosol, deposita una capa ligeramente húmeda.

Limpiar en seco colchones y moquetas o alfombras

Eliminará los olores y neutralizará los alérgenos de los ácaros (ver página 243). Este tipo de tratamiento también es útil para los juguetes de peluche que no pueden lavarse, o que son demasiado grandes y no caben en la lavadora.

Grasa

Ya sea en los platos, la cocina o el horno, en ocasiones resulta difícil eliminar ciertos residuos difíciles de grasa. En esos momentos, acuérdese del vinagre, que desgrasa tanto como numerosos productos de limpieza industriales. Y además no contamina…

Desengrasar los platos

Como complemento del lavavajillas, un vaso de vinagre de vino blanco en agua muy caliente facilita en gran medida la eliminación de grasas. Para un uso cotidiano, vierta 3 cucharadas de vinagre en su producto habitual.

Desengrasar la cocina

El vinagre de vino blanco puro a menudo resulta muy útil para eliminar las manchas difíciles de grasa o de sustancias quemadas alrededor de las placas de cocción eléctricas o de los quemadores de gas. Si estos están muy sucios, desmóntelos y déjelos una noche sumergidos en vinagre puro, y después enjuáguelos con agua. Una limpieza con vinagre y con la esponja también es útil para las vitrocerámicas.

Desengrasar el horno

La pared se limpia a diario con una esponja impregnada en vinagre, y el grill con un estropajo de aluminio sumergido en vinagre.

Para las salpicaduras de grasa más tenaces, aplique una pasta elaborada con 2/3 de bicarbonato sódico o de sodio y 1/3 de agua, deje que actúe al menos durante 1 hora, o incluso todo un día, según el grado de suciedad, y enjuague usando agua con vinagre.

Si su horno está muy sucio y usted quiere evitar el uso de productos industriales, caliente el horno a temperatura máxima durante 5 minutos. Después de apagarlo, extienda sobre las paredes una mezcla que combine detergente en polvo diluido en 4 veces su volumen de vinagre. Espere unas horas, rasque con una espátula de madera o una rasqueta o espátula de plástico y, a continuación, aclare utilizando agua con vinagre.

Humedad

Como sabe, las arcillas se distinguen por dos propiedades bastante características: son hidrófilas e hidrófugas. Si están secas, sus partículas se empapan de agua, y una vez mojadas, se tornan impermeables. Estas cualidades son muy interesantes para la industria que, por supuesto, saca provecho de ellas.

Todas las arcillas son absorbentes, pero algunas más que otras. Es el caso de la sepiolita, una arcilla de estructura fibrosa que absorbe hasta… ¡un 100 % de su peso en agua y un 70 % en aceite! Se utiliza como arena para animales, y también como absorbente industrial, para recoger los líquidos vertidos en suelos (hidrocarburos o grasas). También se vende arcilla deshidratante en polvo o granulada para proteger de la humedad objetos de arte, documentos o ropa, e incluso para acelerar el secado del yeso, el cemento o las pinturas en la construcción.

Confeccionar bolsitas antihumedad

Para proteger telas, papeles o material eléctrico que se ha guardado en maletas o cajas, introduzca una o varias bolsas de arcilla (triturada o en polvo). Para ello, utilice filtros de café de papel, que cerrará con un punto de pegamento o un cordón. Para la ropa de vestir o de cama, añada a la arcilla unas gotas de aceite esencial de lavanda, cedro del Atlas, mirto o vetiver, puesto que perfuman y ahuyentan a las polillas.

Conseguir un absorbedor de humedad casero

Este procedimiento no tiene como objeto competir con los deshumidificadores eléctricos, pero puede ser apropiado para una estancia pequeña, un armario o un trastero o cuarto de triques. Tome una garrafa de plástico de 5 litros, córtela por la mitad, quite el tapón y coloque la parte superior boca abajo, como un embudo, sobre la parte inferior. Forre el interior del embudo con una tela de algodón y llénelo con 250 o 300 g de arcilla troceada gruesa. La arcilla se impregnará de la humedad del ambiente y absorberá el agua, la cual fluirá hasta el fondo del recipiente. Usted tan solo tiene que vaciar la garrafa cuando se haya llenado y sustituir la arcilla cuando esté demasiado húmeda.

Es útil saber

Para absorber la humedad del suelo de un sótano o un garaje o cochera, esparza arena para gatos. Es un sistema eficaz, pero solo trata los síntomas, no resuelve el problema, cuya causa es preciso averiguar.

Carpintería de PVC

El PVC, o policloruro de vinilo, es un material del que resulta difícil escapar hoy en día. Con frecuencia sustituye la madera o el metal en ventanas y puertas exteriores e interiores en nuestras viviendas. Este material es muy resistente en la intemperie, pero no todo son ventajas; entre otras cosas, no es fácil de limpiar.

Humo, grasas y polvo son algunas de las cosas que ensucian la carpintería de PVC, que a menudo es blanca. Como no es cuestión de darle una mano de pintura, y como los productos comerciales a menudo son poco eficaces, los cierres de este material a menudo están sucios.

Para las superficies realmente sucias

Diluya 2 cucharadas de bicarbonato sódico o de sodio, otras 2 de vinagre de alcohol y 1 cucharada de cristales de soda en un barreño o bandeja con 4 o 5 litros de agua caliente (pero no hirviendo). Lave con una esponja, aclare y seque con un paño de microfibra. Para las manchas resistentes, utilice una solución compuesta por 1 cucharada de cristales de soda y 1 cucharadita de lejía o cloro por cada 2 litros de agua tibia.

Para una simple limpieza habitual

Mezcle 2 cucharadas de bicarbonato sódico o de sodio y otras 2 de vinagre de alcohol en un barreño o bandeja con agua caliente. Lave con una esponja, enjuague y seque como en el caso anterior.

No se olvide de las ranuras de drenado, generalmente situadas en el marco inferior de las ventanas. Cuando los agujeros de evacuación están obstruidos, el agua se estanca, lo cual puede causar un mal funcionamiento del conjunto.

Evite

La limpieza en seco con productos abrasivos, ya que rayan la superficie del PVC. El polvo y la suciedad se incrustan en las rayas, y entonces todavía son mucho más difíciles de eliminar. Debe descartarse también el uso de gasolina o de disolventes, ya que dañan este material y hacen que sea más frágil.

Si los cierres no son de PVC

Para los marcos de las ventanas de acero inoxidable es del todo adecuada una limpieza con bicarbonato sódico o de sodio. Para ello, espolvoree en una esponja húmeda más o menos bicarbonato, según el grado de suciedad, frote y aclare con agua caliente. Por el contrario, este tipo de tratamiento se desaconseja en el caso de los cierres de aluminio.

Detergente y suavizante

¿Por qué tomarse la molestia de preparar estos productos cuando los encontramos en los comercios? La respuesta es sencilla: para ahorrar y para evitar las sustancias químicas que abundan en ellos.

Prepare su propio detergente

A menos que le apetezca llevar a cabo procesos complejos, es preferible usar una base limpiadora ya lista, en nuestro caso un jabón elaborado a base de aceites vegetales, como el de aceite de oliva. Descarte el que encontramos en los supermercados, ya que sus componentes no son realmente naturales. Asegúrese de que no contenga glicerina, puesto que es una sustancia que suele impermeabilizar la ropa. Por último, debe saber que algunos jabones blancos se fabrican a partir de aceite de palma, cuya producción intensiva es responsable de una deforestación terrible.

El jabón verde se elabora con aceite de oliva, pero es más apropiado para la higiene. ¡La elección no es fácil!

📋 **Ingredientes:** • 3 litros de agua • 150 g de jabón de aceite vegetal rallado o en escamas • 2 cucharadas de bicarbonato sódico o de sodio

CÓMO PROCEDER: lleve a ebullición 2 litros de agua, agregue el jabón rallado o en escamas en forma de lluvia y remueva a fuego lento hasta que obtenga una mezcla homogénea. ✱ Deje que se entibie un poco, incorpore el agua restante y el bicarbonato y remueva bien. ✱ Vierta la preparación con la ayuda de un embudo en una botella de detergente. ✱ Agite bien antes de cada uso. ✱ Ponga algo más de medio vaso (150 ml) de producto en el cajetín o recipiente de la lavadora o en la bola de plástico dosificadora. → Puede añadir 1 cucharada de bicarbonato al detergente si la ropa está muy sucia.

Preparar un suavizante muy eficaz

Los suavizantes que se venden perfuman, pero suavizan poco la ropa, y a veces provocan alergias. Otro problema: se solidifican en el cajetín o recipiente de la máquina, formando una pasta compacta y pegajosa.

📋 **Ingredientes:** • 300 ml de vinagre de alcohol • 2 cucharadas de bicarbonato sódico o de sodio • 500 ml de agua tibia • 10 gotas de aceite esencial de lavandín o de limón (opcional)

CÓMO PROCEDER: tome una botella de 1,5 litros, no de 1 litro, para evitar que la mezcla rebose. ✱ Vierta con un embudo el agua tibia y el bicarbonato y agite para disolver bien el polvo. ✱ Añada el vinagre y el aceite esencial y espere a que se reduzca la efervescencia antes de taparlo. → Remueva antes de cada uso; vierta el contenido de un vaso en el cajetín o recipiente del suavizante de la lavadora.

Combatir las micosis

Para desinfectar la ropa blanca se puede hervir o utilizar lejía o cloro, salvo si no soporta este tipo de tratamiento. En el caso de las micosis, cuando hay que tratar las sábanas, las toallas, la ropa interior y la ropa de vestir, el bicarbonato –que es fungicida– constituye un aliado muy valioso. Simplemente vierta 1 taza llena o 4 cucharadas de bicarbonato en el cajetín o recipiente de la lejía o cloro, además de su producto habitual. Puede emplear este método incluso aunque no haya hongos. El bicarbonato hace

que el agua sea menos dura y refuerza la acción del detergente, lo que permite reducir la dosis de este.

Revitalizar la seda y el blanco

El vinagre también puede reavivar un poco la seda que ha perdido su brillo. Para ello, después de un lavado a mano, simplemente ponga la ropa en remojo durante 1 hora en agua fría con un poco de vinagre (2 o 3 chorros para una palangana pequeña). El vinagre también blanquea el algodón blanco, pero en este caso las dosis son mayores (2 tazas). En un primer momento, el agua debe estar hirviendo y la ropa debe ponerse en remojo durante toda la noche. Atención: ya sea a máquina o a mano, ¡nunca mezcle lejía o cloro con vinagre!

Fijar los colores

Se considera que el vinagre también fija el color de la ropa que destiñe. Pero el resultado no siempre es duradero, ni siquiera tras varios remojos sucesivos de 1 hora en agua tibia con un poco de vinagre y sal. Todo depende de la calidad del tinte.

Con la Luna es posible lograr mejores resultados

Si tiende la ropa blanca por la noche y en el exterior, el hecho de ignorar que los rayos lunares son casi tan fuertes como los solares en ocasiones induce a cometer errores. La Luna ejerce una acción beneficiosa en el caso de la ropa blanca, pero según las fases crecientes o decrecientes, la ropa también puede amarillear o, al contrario, quedar más blanca. Si la pone a secar en luna llena, le quedará más blanca. ¡Pero sobre todo nunca ponga a secar la ropa de color exponiéndola a los rayos lunares!

La luna menguante es adecuada para el lavado de la ropa del hogar, pero evite las constelaciones de Tauro, Virgo y Capricornio. Evite, asimismo, los signos de agua para tender la ropa fuera, y no airee sus paños por la noche cuando la Luna pasa por estas constelaciones, o bien la humedad hará que resulten desagradables. Aproveche, en cambio, estos signos de agua para lavar toda su ropa de vestir, ya sea en luna creciente o menguante.

Muebles de jardín

El mobiliario de jardín no escapa de los efectos de la intemperie, aunque permanezca en el interior durante el invierno. El plástico se oscurece, la madera y el mimbre se deforman y enmohecen, y el metal se oxida incluso estando pintado.

Podemos proteger los cojines de sillas y sofás espolvoreándolos con bicarbonato sódico o de sodio antes de guardarlos, pero ¿qué se puede hacer con los muebles que pasan meses en el sótano, el desván o el garaje o la cochera? Las tiendas de bricolaje están repletas de productos detergentes, corrosivos... y caros. En cambio, el bicarbonato, una vez más, resulta de gran ayuda para estas operaciones de limpieza: elimina la grasa, detiene el desarrollo de los hongos responsables del enmohecimiento y su grano abrasivo termina con los rastros residuales.

Limpiar el plástico

Emplee una solución preparada con entre 2 y 4 cucharadas de bicarbonato y 1 cucharadita de lavavajillas por cada litro de agua caliente. Adecúe las proporciones en función de las superficies que vaya a tratar y del grado de suciedad. Frote con una esponja, deje actuar unos minutos y aclare usando agua con vinagre (o con un chorro de agua, si tiene muchos muebles). Insista en las manchas difíciles con un poco de pasta de bicarbonato. Este tratamiento también es

apropiado para muebles de resina trenzada –un material por completo sintético a pesar de su denominación–. Cepíllelos previamente para quitarles el polvo.

Limpiar el mimbre y la madera

Cepille bien y luego lave como se ha indicado, pero sin mojar demasiado los muebles. Deje que se sequen al aire libre, pero evite dejarlos a pleno sol si no quiere que el material se deforme.

Si la madera está enmohecida, pase una esponja empapada con agua que contenga mucho vinagre y 1 cucharadita de bicarbonato sódico o de sodio. Frote en el sentido de la veta y deje que se seque.

Limpiar el metal oxidado

Si el mobiliario de jardín presenta algunas manchas o puntos de óxido, en primer lugar, retire el óxido más visible con un cepillo metálico. Luego puede frotar los muebles con una patata o papa cortada por la mitad, previamente espolvoreada con bicarbonato sódico o de sodio (ver también página 251).

Moho

El vinagre de vino blanco tiene propiedades desinfectantes que le permiten acabar con la mayor parte de los gérmenes y mohos. Tal vez no sea tan eficaz como la lejía o el cloro para la limpieza de objetos en contacto con bacterias u hongos, pero sanea perfectamente la casa a diario.

¿Cómo utilizarlo en el hogar?

En las viviendas antiguas no es extraño que aparezcan manchas de moho debidas a la condensación en las cocinas o los cuartos de baño. A largo plazo, la solución del problema pasa, sin duda alguna, por una mejora en el sistema de ventilación. Pero mientras tanto puede frotar con vinagre puro las zonas afectadas por el moho, ya sean las juntas de las baldosas, la junta de estanqueidad de la

bañera o los montantes o soportes de las ventanas.

Por lo general, el vinagre de vino blanco se emplea sobre todo puro, con una esponja, para limpiar todas las superficies u objetos susceptibles de albergar gérmenes: el plato o piso de la ducha, la bañera, los inodoros, el cubo de la basura, la caja del hámster o incluso la pajarera… A diferencia de la lejía o cloro, es totalmente inocuo para personas y animales, y no hace falta aclarar. Para los inodoros, después de limpiarlos no dude en verter 2 o 3 tazas de vinagre puro en el conducto, y deje que actúe 1 hora antes de tirar de la cisterna. El vinagre no solo elimina la cal o sarro, desinfecta y desodoriza, sino que también contribuye al mantenimiento de las fosas sépticas en las casas de campo que no están conectadas al alcantarillado.

¿Cómo utilizarlo en el jardín o el sótano?

El vinagre de vino blanco es apropiado, asimismo, para eliminar las costras de salitre que a veces apare-

¡Atención!

Nunca pruebe a sumar la eficacia de la lejía o cloro con la del vinagre de vino blanco, ya que al mezclarlos desprenden vapores tóxicos. Por razones similares, tampoco mezcle el vinagre de vino blanco con productos que contengan amoníaco.

cen en los recipientes de cerámica en forma de manchas blancas. También en este caso hay que emplear vinagre puro y frotar enérgicamente con un cepillo o un estropajo de lana de acero. Luego hay que enjuagar bien con agua clara y, generalmente, repetir la aplicación la semana siguiente.

El cuero que se guarda en un lugar húmedo, por ejemplo un sótano, también enmohece. Para recuperarlo antes de que se estropee por completo, retire el moho con un paño impregnado de vinagre y luego aplique una mezcla a partes iguales de vinagre y aceite de lino.

Animales dañinos

El limón es, hasta cierto punto, eficaz en la lucha sin piedad
que nos enfrenta a mosquitos, hormigas
y otros insectos voladores o andantes.

Este cítrico contiene sustancias bioquímicas capaces de ahuyentar a los insectos. Pero no es el único, ya que plantas como la melisa, el geranio, el vetiver o el cedro comparten estas mismas propiedades. Cuando se conoce la toxicidad de los productos comerciales, se elige, sin duda, esta solución natural.

Ahuyentar a mosquitos y hormigas

Para evitar que nos piquen los mosquitos por la noche, mezcle 10 gotas de aceite esencial de limón o de melisa en 20 ml de aceite de almendras dulces y frícciónese con esta loción. Las velas perfumadas con aceite de limón o de melisa también son muy útiles al anochecer.

Con las hormigas es muy sencillo: basta con dejar enmohecer medio o un cuarto de limón y colocarlo en los lugares por donde pasan. También puede rociar su trayecto con zumo o jugo de limón.

Ahuyentar a los gatos

Por supuesto, no se trata de hacer ningún daño a estos animales adorables, pero si se ha cansado de que su felino favorito ataque sus plantas de interior, pruebe con limón. En general, los gatos detestan su olor. Coloque unas cortezas o cáscaras de limón sobre la tierra de las macetas o de las jardineras, y proteja así sus plantas… y a su animal, ya que algunos vegetales pueden ser tóxicos para él.

En el jardín, si los gatos o los perros han adoptado la molesta costumbre de hacer sus necesidades entre sus plantas, pruebe disponiendo en varios lugares estratégicos unas bolas de papel de periódico y trapos impregnados de vinagre de vino blanco. Los intrusos preferirán buscar otro jardín… Sin embargo, tenga cuidado para que el remedio no sea peor que la enfermedad, puesto que el vinagre también es un herbicida eficaz (ver página 315).

¿El fin del ácaro doméstico?

Todos conocemos la existencia de esos bichos microscópicos y monstruosos que proliferan con toda impunidad por nuestras alfombras o tapetes, ropa de cama, etc. Apenas nos molestarían, puesto que son invisibles, si no provocasen alergias respiratorias severas. Ahora bien, varias pruebas realizadas en el laboratorio han demostrado que espolvoreando bicarbonato sódico o de sodio de forma homogénea sobre las moquetas o alfombras, o colchones se obtienen unos resultados muy interesantes. No se mata al ácaro doméstico, ¡pero se impide que provoque daños al bloquear el desarrollo de los alérgenos causantes de los problemas respiratorios!

Ahuyentar al pulgón

Tanto en el jardín como en el balcón, utilice un pulverizador lleno de agua y zumo o jugo de limón (un cuarto de agua por tres cuartos de zumo o jugo de limón). Unos trozos de limón pasado en el pie de las plantas también son eficaces. Ahuyentan las hormigas que, como sabemos, crían al pulgón con la mielada que segregan.

Librarse de las polillas de la ropa

Es una ardua tarea. Hay que impedir que las polillas adultas pongan huevos y, a la vez, deshacerse de las larvas, ya que son ellas las que devoran los tejidos. Aleje a estos animales introduciendo en los armarios y cajones unas bolsitas de muselina llenas de corteza o cáscara de limón o de naranja y clavos de especia. Para librarse de las larvas, limpie regularmente los armarios y despliegue y sacuda a menudo la ropa. Utilice fundas para guardar los suéteres y abrigos durante el verano.

Combatir las polillas de los alimentos

Si no consigue deshacerse de estas molestas mariposas (y, sobre todo, de las pequeñas orugas a las que dan lugar), que colonizan y devoran nuestras provisiones de arroz, pasta y harina, ¡pruebe con ajos! Coloque unos dientes de ajo sin pelar en la alacena, cortados en dos o en tres trozos, o bien láminas de ajo en unos platillos (que deberá cambiar cada 2 semanas). Si con esto no basta, vacíe la alacena y pulverice las paredes con purín de ajo (fermento para controlar plagas). Sin duda, la alacena le quedará un poco «perfumada», pero este sistema debería dar buen resultado.

Una trampa para las moscas de la fruta

En un cuenco, mezcle vinagre de sidra con lavavajillas hasta obtener una mezcla un poco viscosa, que atraerá a las moscas de la fruta y se ahogarán en el líquido.

Popurrí para armarios

Perfume los armarios a la vez que ahuyenta a los insectos perjudiciales llenando un pequeño cuenco con cortezas o cáscaras y rodajas de limón secadas al horno y unos clavos de especia. Cuando la fragancia natural se pierda, añada unas gotas de aceite esencial de limón.

Olores persistentes

En la actualidad sabemos que los desodorizantes que se venden en las tiendas están lejos de ser inofensivos tanto para la salud como para el entorno. Sustituyamos, pues, aerosoles y difusores de perfumes ambientales simplemente por bicarbonato o arcilla, ¡dos productos ecológicos u orgánicos y económicos!

Además de eliminar los olores, el bicarbonato sódico o de sodio es biodegradable y no es tóxico. La industria lo utiliza para tratar ciertos humos de las fábricas. La arcilla puede absorber hasta un 100 % de su peso en agua, pero también se muestra sobre todo eficaz para capturar los gases y, por tanto, los olores. El zumo o jugo de un limón o el vinagre también pueden ser útiles.

Desodorizar el agua

¡Atención! Se trata solo de hacer desaparecer el olor a cloro, no de hacer potable el agua no apta para consumo. Ciertamente, la arcilla puede atrapar sustancias tóxicas y eliminar bacterias, pero sin un análisis previo, usted no puede estar seguro del resultado. Para desodorizar el agua del grifo o la llave, ponga 2 cucharaditas rasas de arcilla blanca o verde en una botella de 1,5 litros. Deje que repose varias horas (como con la leche de arcilla) y filtre el agua superficial.

Desodorizar el cubo de la basura, los ceniceros y otras cosas

Después de limpiar el cubo de la basura (grande o pequeño), espolvoree el fondo con un poco de bicarbonato sódico o de sodio. También puede echar un poco en la bolsa de plástico o incluso en los desperdicios. Es útil si ha tirado restos que huelen mal (colillas, melón, pescado o pañales) y de los que no puede deshacerse enseguida. Para los ceniceros, ponga 1 pizca de bicarbonato en el fondo antes de usarlos, o bien si los ha vaciado y no tiene tiempo de lavarlos. Y límpielos usando agua con bicarbonato. ¡No se olvide tampoco del cenicero

Es útil saber

Si su coche ha perdido aceite, a menos que usted haya vertido gasolina en el suelo del garaje o cochera o en el enlosado del jardín, eche una buena capa de arcilla o de arena para gatos, que absorberá el olor y el líquido.

del coche! Puede espolvorear con bicarbonato, asimismo, la cesta de la ropa sucia y el calzado deportivo –que deberá sacudir antes de volver a usar.

Desodorizar armarios e incluso habitaciones

Antes que nada, procure determinar la causa de los malos olores. Pueden indicarle un escape de agua, un alimento olvidado, un ratón muerto o cualquier otra causa que requiera una intervención. Pero si el armario simplemente huele a humedad o a encerrado, coloque dentro un pequeño cuenco lleno de bicarbonato, que deberá cambiar cada 2 meses.

En una habitación recién pintada o poco utilizada, un cuarto de baño que huele a humedad o un garaje o cochera, disponga en las esquinas unos recipientes llenos de bicarbonato sódico o de sodio (lo cual no le impide ventilar cuando sea posible).

Desodorizar los baños

Para perfumar estos espacios evite los productos químicos de venta en las grandes superficies o supermercados, y recurra a las soluciones caseras, sanas y sencillas. Un pequeño cuenco lleno de arcilla verde en polvo, impregnado con unas 10 gotas de aceite esencial de limón y de pino absorberá los olores. Cámbielo 1 o 2 veces al mes.

Desodorizar objetos

Los libros y papeles procedentes de un sótano o un desván a menudo desprenden un fuerte olor a moho, y lo mismo sucede con ciertos objetos o juguetes antiguos que no se pueden limpiar. La receta es sencilla: introduzca el o los objetos en una bolsa de papel o una caja de cartón con bicarbonato en el fondo (o en un pequeño cuenco). Séllela con cinta adhesiva y deje que actúe durante 5 o 6 días. El olor desaparecerá.

Desodorizar el refrigerador

El refrigerador conserva los alimentos, pero también suele guardar restos de olores que persisten. ¿Cómo remediar este problema? Simplemente disponiendo en su interior uno o varios pequeños cuencos (según el volumen de aire) llenos de arcilla troceada o en polvo para que absorban los olores indeseados. Basta con renovar su contenido en cuanto dejen de cumplir su cometido. También puede poner en una estantería del refrigerador un pequeño cuenco destapado lleno de bicarbonato sódico o de sodio, y se librará del olor a queso, melón y otros aromas persistentes. Sustitúyalo cuando deje de tener efecto.

Desodorizar el lavavajillas

El lavavajillas también puede oler muy mal si no se pone en marcha después de cada comida. No obstante, esta molestia se evita con facilidad espolvoreando 3 o 4 cucharadas de bicarbonato en la cubeta. Este método se puede aplicar a la ropa sucia que espera en el tambor de la lavadora o, incluso mejor, en el cesto.

Desodorizar el horno

Grasa quemada, pescado o queso gratinado suelen dejar recuerdos con sus olores. Después de sacar la bandeja o charola con el alimento, deje la corteza o cáscara de un limón en el horno muy caliente durante unos 10 minutos. Aromatizará el ambiente y absorberá los olores molestos.

Desodorizar el microondas

Disponga en el interior del horno un cuenco con zumo o jugo de limón y encienda el aparato durante 1 o 2 minutos. El vapor desengrasante se deposita en las paredes, y usted no tendrá más que pasar una esponja para eliminar los depósitos y los olores. También puede emplear la solución siguiente: llene un recipiente no metálico hasta la mitad con agua y vinagre a partes iguales. Llévelo a ebullición calentándolo durante 2 minutos a máxima potencia. Déjelo reposar durante 1 hora sin abrir la puerta, de modo que los vapores del vinagre hu-

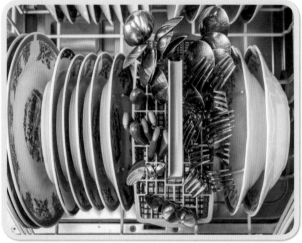

La manzana de ámbar

Tanto en los roperos como en los baños, cuelgue un limón o una naranja en la que habrá pinchado clavos de especia. Esta «manzana» olorosa perfuma y ahuyenta a los insectos.

medezcan las paredes y desprendan la suciedad. Seque solo un poco… y repita si el resultado no está a la altura de sus expectativas.

⸰⸰⸰⸰⸰⸰⸰

Desodorizar con vinagre de vino blanco

El vinagre de vino blanco también tiene propiedades desodorizantes. Hay quien lo emplea, por ejemplo, para eliminar los malos olores del interior del calzado usando un algodón húmedo. Otros ponen de vez en cuando cuencos con vinagre dentro de los armarios que huelen a encerrado. Y también hay quien lo utiliza para desodorizar toda una estancia y para eliminar los olores: tanto a fritura como a tabaco frío o a pintura. Existen varias formas de proceder: colocar una cacerola con vinagre ca-

liente en el centro de la estancia, poner un cuenco con vinagre frío sobre cada radiador, pulverizar vinagre sin diluir en varios puntos de la estancia, o incluso verter unas gotas de vinagre en un humidificador de aire.

Pero el vinagre no tiene un olor muy agradable, y si bien oculta los malos olores, no por ello perfuma el ambiente. El resultado será más satisfactorio para su nariz si prepara un vinagre mejorado con ramitas de canela, cortezas de naranja, flores de lavanda o pétalos de rosa, que deberá poner a macerar durante por lo menos una semana. De este modo no obtendrá un vinagre con una fragancia marcada a una fruta o a una flor, sino que su olor será más suave y menos agrio.

Un perfume de vacaciones

El problema puede plantearse para el material de *camping* o de playa guardado de un año para otro. Para evitar los olores y el moho, espolvoree los sacos de dormir, la tela de la tienda, las alfombras del suelo, la sombrilla, los flotadores y los colchones de agua con una fina capa de bicarbonato antes de guardarlos. Así solo tendrá que sacudirlos o pasar el aspirador antes de volver a utilizarlos. Este sistema también se puede aplicar, con buenos resultados, a los cojines de las sillas de jardín que guardamos en invierno, así como a las mantas y edredones que guardamos en verano.

Plástico

El plástico culinario tiene muchas ventajas y algunos inconvenientes.
Conserva los olores y cuesta mucho limpiarlo cuando ha estado
en contacto con alimentos grasos.

Los envases que han conservado atún, sardinas en aceite o ciertos quesos con un olor muy intenso son una pesadilla (salvo para los que tengan un lavavajillas). Y las botellas de plástico (o de cristal) que han contenido aceite o vino que ha dejado sedimentos no son menos difíciles de recuperar.

Para los recipientes y utensilios

Déjelos en remojo en el fregadero con 4 cucharadas de bicarbonato sódico o de sodio y 1 cucharadita de lavavajillas por cada litro de agua caliente, o bien llénelos de agua caliente con 1 o 2 cucharaditas de bicarbonato y un poco de lavavajillas. Frote con una esponja, enjuague con agua caliente y deje que se sequen.

Bicarbonato y aceite

Cuando se derrama aceite sobre las baldosas o la superficie de trabajo es una catástrofe. ¡Cuesta mucho acabar con él! Sin embargo, basta con espolvorear la mancha con bicarbonato sódico o de sodio. El polvo absorbe la grasa y tan solo hay que recoger las bolitas y aclarar usando agua caliente con vinagre. La harina puede cumplir la misma función; también sirve para deshacerse de los restos de aceite después de vaciar una freidora.

Para las botellas

Vierta con un embudo 2 cucharadas de bicarbonato sódico o de sodio, otras 2 de vinagre de alcohol y llene tres cuartas partes de la botella con agua caliente (no hirviendo). Agite bien la mezcla, tapando con un dedo la abertura. No cierre la botella herméticamente durante esta operación, ¡puesto que la preparación de vinagre y bicarbonato es tan explosiva como el champán! Deje actuar unos minutos, agite de nuevo y enjuague con agua muy caliente. Sus botellas quedarán como nuevas.

Para las tablas de cortar

Estos utensilios tan útiles, ya sean de plástico o de madera, se estropean en el lavavajillas. El problema es que se impregnan de olores persistentes. Por otro lado, los restos se incrustan en las marcas del cuchillo, que se convierten en verdaderos nidos de bacterias. ¿Qué hacer? Espolvorearlas abundantemente con bicarbonato, dejarlo actuar 5 o 10 minutos, frotar y enjuagar con agua caliente. Sus tablas estarán limpias, saneadas y desodorizadas.

Planchado

Planchar la ropa no siempre es una tarea fácil. Sin embargo,
es posible facilitarla y hacerla más agradable con un poco de vinagre
y algunos trucos de las abuelas.

Facilitar el planchado

Un vaporizador lleno de vinagre de vino blanco diluido constituye un buen auxiliar cuando se trata de eliminar falsos dobleces. Y resulta muy útil cuando hay que planchar tejidos delicados que no soportan un planchado al vapor a altas temperaturas.

La mezcla, mitad agua mitad vinagre, puede usarse vaporizando directamente sobre el tejido mientras se plancha. Pero también es posible eliminar arrugas de toda una pieza colgada en una percha, para facilitar el planchado o incluso hacerlo innecesario. Por último, para tejanos o pantalones de mezclilla y otros pantalones, no dude en utilizar el método tradicional, que consiste en colocar, entre el pantalón y la plancha, una tela impregnada de vinagre diluido (y luego escurrida). El mismo procedimiento es útil para quitar la marca de un dobladillo si el pliegue no está desgastado o no se ha desteñido. En general hay que insistir varias veces.

Perfumar el agua de la plancha

Con esta agua para planchar, ¡su ropa olerá bien dentro de las cómodas y armarios!

Un primer método consiste en verter un poco de agua desmineralizada en el depósito específico de la plancha de vapor y añadir 4 gotas de aceite esencial de lavanda antes de empezar a planchar.

También puede verter en un recipiente 1 litro de agua desmineralizada. Agregue 5 ml de vinagre de vino blanco y 30 gotas de aceite esencial de lavandín. Mézclelo y viértalo en un frasco de cristal. Etiquételo. Puede introducir de manera regular esta agua en la plancha si es de vapor.

¡Atención!

No ponga el vinagre diluido directamente en el depósito de la plancha de vapor, ya que el ácido acético desincrustaría la cal o sarro de la plancha y en sus prendas aparecerían manchas de cal o sarro…

Óxido

Muebles de jardín o herramientas manchadas… No siempre se puede evitar la formación del óxido, pero sí se puede combatir, y sin necesidad de utilizar productos químicos agresivos con el entorno.

Con vinagre de vino blanco

El vinagre de vino blanco por lo general se emplea para limpiar el óxido o la herrumbre. Cuando se trata de una simple mancha en un objeto de metal, un paño mojado en vinagre de vino blanco en general es suficiente. Para los utensilios de hierro o acero, sobre todo herramientas de jardín, opte por una bola de papel de periódico mojada con vinagre de vino blanco, con la que frotará enérgicamente. No se olvide de secar bien la pieza después, para no favorecer la formación de nuevos depósitos y, si lo desea, unte con aceite sus herramientas u otros objetos para evitar la reaparición del óxido.

Con bicarbonato

Hay que destacar que el bicarbonato no restituirá un metal muy corroído. Por el contario, si solo se trata de manchas o puntos de óxido, retire primero el grueso del óxido con un cepillo metálico o con lija, y luego frótelo con una patata o papa cortada por la mitad y previamente espolvoreada con bicarbonato. También puede extender una pasta de bicarbonato sódico o de sodio y agua y luego frotar con papel de aluminio, utilizando el lado más brillante de la hoja.

Facilitar el desmontado

Un tornillo o una bisagra carcomidos por el óxido siempre resultan difíciles de desmontar. Para facilitar la operación y no tener que forzar demasiado la pieza y estropearla, vierta previamente vinagre caliente en la zona deseada y déjelo actuar unos minutos. Si consigue extraer la pieza, a continuación ponga en remojo los elementos de metal durante 12 horas en un baño de vinagre puro. Seque bien y unte con un poco de aceite antes de volver a montar las piezas.

Cuarto de baño

El cuarto de baño a menudo está poco ventilado y sufre los males clásicos de las estancias húmedas, el moho y los olores. Depósitos de cal o sarro, salpicaduras y residuos de jabón son algunos de los problemas que se resuelven con productos comerciales, pero se necesitan varios para hacer frente a todas las manchas. El bicarbonato sódico o de sodio, sin nada más, limpia, da brillo, combate el moho y elimina los olores. También es un buen aliado para mantener los inodoros limpios.

Para la ducha, la bañera o tina y el lavabo

Para la bañera o tina y la ducha (plato y baldosas), pulverice vinagre de vino blanco en las superficies, pase una esponja húmeda espolvoreada con bicarbonato sódico o de sodio y aclare. Para el lavabo, espolvoree el bicarbonato sobre la pila, limpie con una esponja mojada con vinagre y aclare. Se puede prescindir del vinagre, pero repele la suciedad y da un brillo más duradero. Si la bañera o tina está muy sucia, espolvoréela con bicarbonato y pulverice con vinagre.

Para las cortinas y las alfombras o tapetes de la bañera

Si tiene una cortina de plástico en la ducha, pase una esponja húmeda impregnada de bicarbonato y lávela de vez en cuando en la lavadora (ciclo delicado) con 3 cucharadas de bicarbonato sódico o de sodio

en el cajetín o recipiente para el detergente.

En cuanto a las alfombras o tapetes antideslizantes, donde a menudo se forma moho, espolvoréelas directamente con bicarbonato sódico o de sodio. Luego frótelas con un cepillo, aclare con agua tibia y deje que se sequen. De este modo quedarán protegidas contra el moho.

La mampara o cancel de la ducha se limpia con una esponja mojada en una solución compuesta por 1 cucharada de bicarbonato sódico o de

Juntas como nuevas

En el cuarto de baño, las juntas de silicona o de cemento tienden a enmohecerse. Para la silicona, pase una esponja húmeda cubierta de bicarbonato sódico o de sodio y frote para eliminar las manchas negras. Para las juntas de cemento de los azulejos, tenga a mano un cepillo de dientes húmedo, pase primero un poco de pasta de dientes (blanco) y luego frote con una solución compuesta por 1 cucharadita de bicarbonato diluida en un poco de agua tibia. No moje demasiado para no disolver el cemento.

sodio y 1 cucharada de vinagre de vino blanco diluida en 1 litro de agua caliente. A continuación, seque con un paño de microfibra.

Sifones o tuberías atascados

En la medida de lo posible, evite emplear los desatascadores químicos que venden en los comercios. A menudo contienen sosa, de modo que son peligrosos para las tuberías y para el medio ambiente.

Desatascar con suavidad

Para ello, basta con mezclar bicarbonato sódico o de sodio, sal gorda, vinagre de vino blanco y un poco de fuerza. Vierta en el desagüe 1 vaso de bicarbonato (o de cristales de soda si está completamente taponado), 1 vaso de sal gorda y 1 vaso de vinagre de vino blanco. Utilice una o dos veces la ventosa para mezclar todos los ingredientes y deje que actúe durante 30 minutos. Vierta agua hirviendo y siga trabajando con la ventosa, pro-

Truco

Para evitar el problema, acuérdese de poner una rejilla de malla fina sobre el agujero de evacuación. Esta precaución impide que se acumulen restos del lavado en el sifón o la tubería.

curando tapar el agujero del rebosadero. En general, este sistema es tan eficaz y mucho menos tóxico que los productos específicos para este fin.

Combatir los malos olores

Para neutralizar los malos olores procedentes del sifón o la tubería, ponga 2 cucharaditas de bicarbonato sódico o de sodio en el agujero del desagüe, del lavabo o de la bañera o tina. Espere 15 minutos y abra el grifo o la llave del agua caliente. O bien vierta 1/2 taza de bicarbonato y déjelo actuar toda la noche.

Mantener los desagües

Si puede, una vez al año desenrosque el tapón del desagüe y la rejilla de salida de agua de los fregaderos, lavabos, bañeras o tinas, o platos o pisos de ducha. No solo los diversos elementos presentan depósitos de cal o sarro, sino que además contienen residuos alimentarios o corporales aglutinados en unos filamentos negruzcos. Ponga en remojo las piezas móviles de metal en un recipiente con agua caliente y vinagre de vino blanco, y frote las piezas fijas con vinagre puro.

Suelos

Baldosas, parqué, moqueta o alfombra… Con independencia
del revestimiento que tenga en su piso, ¡el vinagre de vino blanco
y el bicarbonato sódico o de sodio serán para usted grandes aliados,
económicos y ecológicos u orgánicos!

Una taza de vinagre de vino blanco
en 1 litro de agua caliente permite
limpiar la mayor parte de suelos. Para obtener un producto de limpieza
perfumado hay quien pone a macerar
previamente unas flores de lavanda y
de tomillo en vinagre. Basta con colar 2 o 3 semanas después, pasar el
líquido a una botella y añadir agua
muy caliente antes de usarlo.

Las baldosas

Es el revestimiento por excelencia
que se limpia con vinagre de vino

blanco: 2 vasos para un cubo de agua
caliente son más que suficientes. Si
las baldosas están muy sucias, incorpore a la mezcla 2 cucharadas de bicarbonato sódico o de sodio, o bien,
sal gorda; incluso puede añadir unas
gotas de lavavajillas. El mismo tratamiento es excelente para los suelos
de ladrillo o de piedra.

También puede mezclar 75 cl (750 ml)
de vinagre de vino blanco con 25 gotas de aceite esencial de lavandín.
Vierta todo en un pulverizador y ro-

cíe directamente el suelo con esta
preparación antes de pasar la fregona
o trapeador. Su embaldosado recuperará un aspecto brillante y, sobre todo, olerá bien. Asimismo, puede diluir 2 cucharadas de bicarbonato sódico o de sodio y otras 2 de vinagre de
vino blanco en 3 litros de agua caliente. Añada 15 gotas de aceite esencial de lavanda y mezcle bien.

Las baldosas de cerámica

En las casas antiguas todavía existen
suelos de cerámica, de color rojo ladrillo. Su tonalidad, apagada por los
años, puede recuperar un aspecto
hermoso si los cubre con una capa de
cera. Para ello puede utilizar las mezclas a base de cera de abejas y aguarrás disponibles en los comercios.
Pero también logrará un suelo boni-
to, cubierto por una fina capa dura,
brillante e impermeable, con una
preparación casera a base de encáus-
tica y agua.

La principal dificultad reside en encontrar la potasa (hidróxido de potasio), que no se vende en las drogue-

rías, y que, por tanto, hay que comprar por Internet.

CÓMO PROCEDER: caliente 100 ml de agua y añada progresivamente 150 g de cera (en escamas o copos). ✱ Remueva hasta que la mezcla esté bien homogénea. ✱ Derrita 25 g de potasa (hidróxido de potasio) en un poco de agua caliente. ✱ Ya fuera del fuego, agregue la potasa fundida a la preparación de cera y agua. ✱ Deje que se enfríe y aplique una primera capa. ✱ Al día siguiente pase una segunda capa y deje que se seque bien antes de pulir. → Tenga cuidado cuando manipule la potasa (hidróxido de potasio), dado que puede producir quemaduras graves. Se aconseja encarecidamente que se ponga unos guantes y una prenda de manga larga.

Los parqués

Al contrario de lo que se podría pensar, un parqué encerado no se resiente si se le pasa un paño mojado en vinagre diluido. Pero para no llevarse la capa de cera hay que emplear agua fría, no caliente. Esta precaución es innecesaria con un parqué laminado.

Ni para el mármol ni para el cemento

El ácido acético contenido en el vinagre ataca tanto el mármol como el cemento. Son dos tipos de revestimiento para los cuales su uso es del todo inadecuado. Por el contrario, después de unas obras, puede eliminar unas salpicaduras de cemento en un embaldosado o sobre piedra vertiendo vinagre hirviendo encima.

Las baldosas de plástico

Todos los revestimientos plásticos generalmente se limpian con agua y vinagre, a los que, si es preciso, se puede añadir un poco de aceite para darles brillo.

Las moquetas o alfombras

Después de pasar el aspirador, si la moqueta o alfombra requiere una limpieza más a fondo, humedézcala y frótela con un cepillo o una esponja mojada en agua caliente y vinagre. Para las manchas difíciles utilice vinagre puro. En numerosos casos, este simple lavado evita un tratamiento más drástico, a la vez que reaviva los colores.

Manchas y limpieza en seco

El bicarbonato sódico o de sodio puede actuar en seco, pero todo depende de la naturaleza del soporte y de la mancha. De cualquier modo, si quiere obtener un resultado satisfactorio, es preciso actuar cuanto antes.

En lo que respecta a la ropa y las telas delicadas, recurra a la tintorería. Para los sofás, las butacas, los sillones, las alfombras, los tapetes y las moquetas imposibles de transportar, realice siempre una prueba en un rincón que se vea poco. No intente limpiar seda, cuero o ante, ni tampoco muebles antiguos o frágiles. Acuérdese también de la arcilla en polvo, que a menudo es eficaz para limpiar en seco.

Limpiar sofás, butacas, sillones, alfombras, tapetes y moquetas

Para hacer desaparecer una mancha en telas que no toleran el agua, espolvoree con bicarbonato sódico o de sodio la superficie que vaya a tratar, permita que penetre bien, deje actuar 1 hora y pase la aspiradora o un cepillo para eliminar cualquier rastro de polvo. En general, este tipo de intervención permite evitar cercos, algo que no siempre se consigue con los quitamanchas comerciales.

Limpiar muebles y parqués de madera

Si se trata de muebles o parqués de madera poco frágiles, puede aplicar con cuidado bicarbonato sódico o de sodio sobre la mancha con la ayuda de un paño, respetado siempre el sentido de la veta.

Refrescar las telas

En este ámbito, el bicarbonato sódico o de sodio actúa desde distintos frentes. Elimina la suciedad incrustada, hace desaparecer los olores y aviva los colores. Pase la aspiradora para quitar bien el polvo, espolvoree bicarbonato sódico o de sodio, cepille para que penetre bien, deje actuar 1 hora o 2 y aspire de nuevo para que desaparezca cualquier rastro. Este sistema también es adecuado para los colchones y para los asientos de los vehículos.

Utilizar bien la arcilla en polvo

La arcilla se muestra eficaz sobre todo con manchas de grasa, pero también actúa sobre manchas de vino tinto, pintura al óleo o incluso de betún o grasa para zapatos. Es apropiada para soportes frágiles y difíciles de limpiar, como la seda o las tapicerías, el ante o el cuero, los muebles de ebanistería o los parqués, el mármol, las baldosas de cerámica, el granito o el hormigón pulido. Su ventaja: no deja ningún rastro.

Actúe cuanto antes para evitar que la mancha se seque. Pase un secante sobre la arcilla sobrante o ráspela con cuidado con la hoja de un cuchillo, del exterior hacia el interior para no extender la suciedad. Espolvoree abundantemente la zona manchada con arcilla en polvo, deje que actúe durante 2 o 3 horas, retire la mayor parte de la arcilla aspirando, sin tocar, y cepille para eliminar el resto.

Manchas y tejidos lavables

Sobre todo, hay que actuar con la mayor rapidez posible. Una mancha
que se ha lavado (o, lo que es peor, planchado) se fija a la tela.

Utilice agua fría o tibia (salvo para la grasa, que requiere agua caliente) y pase un paño sin frotar, del exterior hacia el interior. Pasar un paño permite absorber la suciedad sin incrustarla. Antes de empezar, haga una prueba en un rincón poco visible para asegurarse de que resistan el material o el color.

¿Cuándo utilizar el bicarbonato?

Para la grasa: las manchas de grasa (aceite, mantequilla, salsas o maquillaje) se eliminan mojando con agua tibia o caliente y aplicando bicarbonato sódico o de sodio en polvo o en pasta antes de introducir las prendas en la lavadora.

Para las frutas y demás: para eliminar las manchas de fruta, mermelada, café, huevo, chocolate o vino, moje con

¡Atención!

Cuando se aplica un quitamanchas, sea cual sea, lo más prudente es hacer una prueba en una parte poco visible de la tela, ya que a veces el remedio es peor que la enfermedad…

agua fría, extienda el bicarbonato en pasta, dé unos toques con un paño y deje que se seque antes de lavar la prenda. O bien pruebe con una mezcla de agua fría, bicarbonato y vinagre de vino blanco, dé unos toques, enjuague y repita la operación si quedan restos.

¿Cuándo hay que optar por el limón?

Para la sangre: empape con agua fría y añada un poco de zumo o jugo de limón; deje actuar y enjuague. **Si las manchas están secas,** moje con agua fría o tibia y cubra con una pasta a base de bicarbonato sódico o de sodio y zumo o jugo de limón. Deje que actúe y enjuague usando agua con jabón.

Para la tinta: si la tinta es indeleble, hay pocas posibilidades de que desaparezca. Si se trata de un rotula-

dor, retire el exceso con un papel absorbente y dé unos toques con un algodón mojado en agua y limón, o espolvoree sal gorda y vierta zumo o jugo de limón. También se puede aplicar una mezcla compuesta de dos tercios de zumo o jugo de limón y un tercio de bicarbonato sódico o de sodio; deje que se seque y enjuague con agua.

Para el óxido: empape con zumo o jugo de limón y espolvoree con sal fina. Deje que penetre frotando un poco, permita que actúe durante 1 hora antes de enjuagar y deje que se seque.

¿Cuándo recurrir al vinagre de vino blanco?

Para el chicle: en primer lugar, ponga el tejido sobre un cubito de hielo; de este modo se endurece y así se retira con más facilidad. Luego frote con vinagre diluido. A menudo con esto no basta y se necesita vinagre caliente, aunque este tratamiento puede dejar rastros.

Para la hierba, los pegamentos o la cerveza: frote con vinagre puro y deje que actúe durante 1 hora antes de introducir la prenda en la lavadora. Esta opción es aplicable a todas las manchas resistentes (mostaza, salsas, tintes, etc.).

Para blanquear la ropa interior de algodón

Deje en remojo unos 10 minutos en un lavabo o una palangana con el zumo o jugo de 2 limones por cada litro de agua hirviendo.

Inodoros

No faltan detergentes para garantizar la limpieza de los inodoros,
pero no es fácil encontrar uno que limpie la taza, la tapa y el suelo y que,
al mismo tiempo, desodorice. ¡El bicarbonato sódico o de sodio sí lo hace,
y sin contaminar!

Para la taza

Vierta 3 cucharadas de bicarbonato, otras 3 de sal fina, 1 vaso de vinagre de vino blanco y agua muy caliente, y limpie con la escobilla. Deje que actúe durante 15 minutos, frote y tire de la cisterna. Si la taza tiene mucha cal o sarro incrustado, vierta 2 vasos de cristales de soda (más potentes), 1 vaso de bicarbonato, 2 litros de agua muy caliente, 1 puñado de sal gorda y 1 taza de vinagre de vino blanco hirviendo. Moje también las paredes de la taza y espolvoree cristales de soda. Deje que actúe durante varias horas antes de limpiar y tirar de la cisterna.

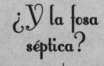

¿Y la fosa séptica?

Para mantener en buen estado la fosa séptica, además de los productos especiales, vierta (1 vez por semana, no más) una taza de bicarbonato en el inodoro. Contribuye a mantener un pH adecuado.

Para la tapa y el asiento del inodoro

Pase una esponja mojada en agua caliente y bicarbonato sódico o de sodio, aclare usando agua con vinagre y seque con un paño de microfibra.

Vajilla

No sugerimos que sustituya su detergente para la vajilla por bicarbonato, pero aquí tiene algunos trucos para facilitar esta tarea si no tiene lavavajillas, ¡o incluso si lo tiene! En efecto, este polvo mágico puede ayudar con lo que la máquina no siempre puede conseguir.

Detergente casero para la vajilla

Tome una garrafa o una botella de 500 ml, un embudo y vierta 1 cucharadita de bicarbonato sódico o de sodio, 1 cucharada de cristales de soda y 2 cucharadas de jabón negro (o jabón líquido en escamas), incorpore agua caliente y mezcle bien. Agite antes de cada uso. Obtendrá un lavavajillas eficaz, económico y ecológico u orgánico.

Decapar y dar brillo

Algunos cristales no toleran bien el lavavajillas y se vuelven opacos. Gracias al poder ligeramente abrasivo del bicarbonato se les puede devolver la transparencia. Frote con una esponja húmeda impregnada de bicarbonato. Utilice este mismo método para dar brillo a las cacerolas de acero inoxidable y de esmalte, aclare y luego seque.

Dar una segunda vida a las esponjas o estropajos para cocina

Las esponjas o estropajos para cocina se desgastan y se ensucian –incluso enjuagándolos después de usarlos–. Si los lava con lejía o cloro diluido, los desinfecta, pero es un tratamiento bastante agresivo. Otra opción es ponerlos en remojo unas horas en el fregadero medio lleno de agua caliente, con 3 cucharadas de bicarbonato y otras 3 de vinagre de vino blanco. Esponjas o estropajos para cocina y cepillos para lavar quedarán limpios y saneados, y el fregadero también. Y en cuanto a los estropajos metálicos, introdúzcalos en un recipiente lleno de bicarbonato después de cada uso.

Lavar mejor

Cuanto más dura sea el agua, menos eficaz será el detergente para la vajilla. ¿Cómo saberlo? El jabón produce poca espuma, y las cacerolas y los cazos se cubren de un depósito calcáreo. El bicarbonato sódico o de sodio suaviza el agua –lo cual aumenta el poder limpiador del detergente–, al mismo tiempo que ataca las grasas. Si lava la vajilla a mano, diluya 1 cucharada de bicarbonato en el fregadero y lave con su producto habitual. La película de grasa y los restos de alimentos se eliminarán con más facilidad.

Para limpiar las botellas de cristal o de plástico que han contenido aceite, introduzca un poco de bicarbonato sódico o de sodio, añada agua caliente, agite bien, lave con lavavajillas y aclare.

Barniz casero para madera

En los comercios hay barnices y pinturas que contienen propóleos.
Pero algunos pequeños apicultores utilizan preparaciones caseras
para impermeabilizar sus colmenas y otros objetos de madera
que están expuestos a la intemperie.

Aquí tiene dos recetas distintas para preparar su propio barniz para madera a base de propóleos. El primer método es, con mucho, el más fácil de realizar, y permite obtener una tintura que protegerá la madera durante unos dos años. El segundo es mucho más delicado y requiere pruebas previas, ya que el propóleos no se mezcla siempre bien con los demás ingredientes. No obstante, en caso de lograrlo, su mueble u objeto mantendrá un bello aspecto barnizado durante varios años.

El método más sencillo

CÓMO PROCEDER: ponga en una botella de cristal 100 o 150 g de propóleos en trozos (adquiéralos con un apicultor) y 1 l de alcohol de 70°. ✽ Deje que repose hasta que el alcohol esté bien teñido y en el fondo de la botella se forme un depósito. ✽ Agite 2 veces al día durante 1 semana. ✽ Cuele la mezcla, por ejemplo con una gasa. → Aplique esta tintura con un pincel o brocha. Para lograr una buena protección, dé 3 manos.

El método más delicado

CÓMO PROCEDER: deje ablandar unos trozos de propóleos en un poco de alcohol de 70°. ✽ Mezcle el propóleos ablandado con aceite de lino y cera de abeja. Por 400 g de propóleos, por ejemplo, calcule 250 g de cera de abeja y 800 g de aceite de lino. ✽ Caliente a fuego lento, sin que hierva, hasta obtener una mezcla homogénea. → Deje que repose durante 2 semanas y aplique el barniz en caliente sobre la madera con la ayuda de un pincel o brocha.

Cuidado con las manchas

Pese a sus incontables cualidades, el propóleos presenta un gran inconveniente. Mancha muchísimo, y a veces de forma indeleble. Los principales productos capaces de disolverlo son la acetona, el alcohol, el amoníaco, el benceno, el éter o el tricloretileno. Pero el resultado puede ser imperfecto, y su ropa puede salir perjudicada. En cuanto a los recipientes utilizados para calentar el propóleos, sepa que quedarán inservibles para cualquier otro uso…

Vasos, cristales y espejos

Para la limpieza habitual de todas las superficies de cristal, ya sean cristales
de ventanas, espejos o el sobre de vidrio de una mesa de café, el bicarbonato
sódico o de sodio (que desengrasa) y el vinagre de vino blanco
(que protege y da brillo) resultan muy eficaces.

Para azulejos y espejos

Diluya 1 vaso de vinagre de alcohol y
2 o 3 cucharadas de bicarbonato en
2 litros de agua caliente. Frote los
azulejos con una esponja bien empapada, ya que esta mezcla efervescente
permite eliminar la suciedad y disolver la grasa sin esfuerzo. Utilice una
escobilla de goma para eliminar buena parte del agua de los azulejos, y
termine secando con un papel de
periódico arrugado. En los espejos
(que deberá mojar menos), seque
simplemente con un paño de microfibra. El resultado es impecable. Después de probar esto, renunciará a sus
productos habituales, con lo cual sus
armarios se vaciarán y su bolsillo se
lo agradecerá.

Truco

Si emplea una escobilla de goma
para cristales, antes de secar,
pásela en vertical por un lado
y en horizontal por el otro;
así verá mejor si quedan restos
de agua.

Para unos cristales muy sucios

Antes de mejorar el resultado con vinagre (ver a continuación), frote los
cristales con una esponja espolvoreada con bicarbonato sódico o de sodio
y enjuague. Si los cristales presentan
salpicaduras de pintura, aplique sobre estas manchas vinagre caliente,
deje que actúe durante 10 minutos y
quítelas con la hoja de un cúter o con
una hoja de afeitar.

Para vasos y cristalería

Para devolver a los vasos y copas todo su brillo, vierta 1 cucharada de
vinagre de vino blanco y 1 cucharada de sal en el agua de lavar la vajilla. Para las copas es preferible usar
solo agua fría y vinagre, y secar de
inmediato.

Para el parabrisas

Parabrisas, cristales y retrovisores se
limpian igual que los cristales domésticos. La única particularidad son
los posibles restos de pegamento de
los adhesivos, que se disuelve fácil-

mente con vinagre caliente. Para dejarlos perfectos, pase un paño impregnado de vinagre por la goma de
los limpiaparabrisas.

Coche y garaje

¡No, el coche no funciona con bicarbonato! Pero podemos usar este polvo para limpiar el automóvil, la moto, la bicicleta e incluso el garaje o la cochera. Aunque el bicarbonato es ligeramente agresivo, en ningún caso puede rayar la pintura ni los cromados. En cambio, sí ayuda a desprender los insectos, los restos de barro y los excrementos de pájaros que a menudo manchan las carrocerías y son resistentes a numerosos productos.

Para el exterior

Diluya 4 cucharadas de bicarbonato sódico o de sodio y otras 4 de vinagre de alcohol en 4 litros de agua tibia. Si las superficies están muy sucias, añada 1 cucharada de detergente para la vajilla. Frote con una esponja, aclare y dé brillo con una gamuza o un paño de microfibra normal para la carrocería y especial para cristales y acero inoxidable. En lo que concierne a la limpieza de los cristales, consulte la página 263. Para los cromados, utilice una pasta compuesta por 3 volúmenes de bicarbonato por 1 volumen de agua. Aplíquela con una esponja húmeda o un cepillo, frote, aclare y dé brillo.

Las manchas incrustadas des-aparecerán con una solución concentrada compuesta por 2 o 3 cucharadas de bicarbonato sódico o de sodio y 1 litro de agua caliente. Deje que actúe durante unos minutos, frote suavemente y aclare.

Para el interior

Una buena pasada con el aspirador puede bastar, salvo si suele llevar niños o animales, o todo a la vez. En cualquier caso, tendrá que enfrentarse a problemas de manchas y olores tan diversos como molestos. Primero, pase el aspirador por las alfombrillas o tapetes y los asientos para eliminar el polvo, espolvoree con bicarbonato y cepille para que penetre. Deje que actúe durante 1 hora y vuelva a pasar el aspirador. Para eliminar las manchas, consulte la página 257.

Por último, no se olvide de vaciar y lavar el cenicero antes de cubrirlo con una fina capa de bicarbonato pa-

¡Renuncie a los ambientadores!

Sustituya los árboles mágicos y otros ambientadores de fragancias inverosímiles por bolsitas de bicarbonato en las guanteras de las puertas y bajo los asientos. Sustitúyalos cada 2 meses para circular dentro de un ambiente sano.

ra que absorba los intensos olores del tabaco frío (ver página 245).

Para el suelo del garaje o cochera

Para las manchas de aceite recientes, espolvoréelas con bicarbonato, arcilla o arena para gato para absorber al máximo (olor y líquido). Luego limpie con una solución compuesta por 2 cucharadas de cristales de soda, 1 de bicarbonato y 1 de vinagre de alcohol diluidas en 1 litro de agua caliente.

Viajes

Si se va de viaje a un país donde el agua no es potable o bien va a un *camping*,
pero no le apetece tener que llevarse demasiados productos de limpieza,
el vinagre y el bicarbonato sódico o de sodio serán sus aliados.

Purificar el agua

Unas gotas de vinagre de sidra o de vino en 1 litro de agua eliminan los microbios. Si viaja a un país donde se recomienda evitar el consumo de agua, le será muy útil llevarse un pequeño frasco de este valioso líquido.

Del camping al restaurante: si acampa, el vinagre le permitirá desinfectar el agua antes de utilizarla para lavarse o cocinar. Si no desea privarse de frutas muy apetitosas, pero teme sus efectos desastrosos en su intestino, lávelas previamente usando agua con vinagre. Y si la higiene de algún café o restaurante le preocupa, vierta un chorrito de vinagre a sus platos, o beba un poco de agua con vinagre antes de la comida. Todas estas precauciones deberían evitarle una de las desagradables diarreas de los turistas, capaces de arruinar el mejor de los viajes.

A la moda local: la guindilla o el chile posee las mismas propiedades antisépticas, y si la incorpora a una salsa o a un caldo, también eliminará los posibles gérmenes.

Lavar y lavarse en un camping

Si solo puede llevarse uno o dos productos, estos tienen que ser el bicarbonato sódico o de sodio… y jabón de aceite vegetal en escamas o un jabón de aceite de oliva. Con estos dos productos podrá con muchas manchas y diversas tareas: lavar la ropa, lavar la vajilla y asearse.

Cómo proceder: *antes de salir de casa (ya que no es muy práctico estando de vacaciones) diluya 60 g de jabón de aceite vegetal ecológico u orgánico en escamas en 2 litros de agua.* ✱ *Caliente a fuego medio, sin dejar de remover, hasta que la mezcla quede del todo homogénea.* ✱ *Deje que se entibie y añada una cucharada de bicarbonato sódico o de sodio, 5 gotas de aceite esencial de limón y otras 5 de lavanda.* ✱ *Vierta la preparación en una botella de lejía o cloro grande y vacía o en varios frascos.* → *Agite bien antes de cada uso.*

También puede fregar los platos y las cacerolas usando tan solo bicarbonato. Basta con dejar los utensilios en remojo en un barreño o bandeja con 1 cucharada de este polvo, frotar y aclarar –agregue bicarbonato a la esponja, si es preciso–. No habrá espuma, pero le quedará todo limpio.

72% HUILE MARSEILLE VEGETAL

COCINA

Información útil

UTENSILIOS BÁSICOS

❋ Cuenco o bowl mezclador: debe ser bastante hondo para que permita batir una preparación con el batidor de varillas o de globo, amasar una masa o reservarla mientras leva.

❋ Colador chino: se trata de un pequeño colador cónico con un mango. Su fina malla hace que sea indispensable para colar salsas o *coulis*.

❋ Cuchillo de trinchar: este cuchillo de hoja muy larga permite trinchar los asados o cortar las aves y grandes piezas de carne asada.

❋ Cuchillo de puntilla: este pequeño cuchillo de cocina de hoja fina acabada en punta básicamente sirve para preparar y cortar verduras.

❋ Pelador: este cuchillo pequeño de hoja curva, también llamado «mondador», permite pelar sobre todo las hortalizas.

❋ Batidor de varillas o de globo: el batidor, que consta de varillas de acero, es necesario para montar a mano las claras de huevo a punto de nieve.

❋ Escurridor: sirve para escurrir las verduras cocidas, así como la pasta y el arroz. Es mejor escoger un escurridor con pies o patas, ya que es más estable.

❋ Rallador multiusos: existe en dos versiones, una cilíndrica con una manivela, y otra de cuatro lados que forman una especie de pirámide truncada.

❋ Vaso dosificador o taza medidora: este recipiente graduado, de plástico rígido o cristal, es muy práctico para medir volúmenes de líquido o ciertos ingredientes (harina, azúcar en polvo, etc.).

❋ Y también: una cuchara y una espátula de madera, un cucharón, una tabla de cortar, un prensaajos y un abrelatas.

MATERIAL DE COCCIÓN

❋ Cacerolas: elija tres, preferiblemente una pequeña, una mediana y una grande. Los materiales más recomendables son el esmalte, el hierro esmaltado, o bien, el acero inoxidable.

❋ Olla: con su tapadera, la olla es el utensilio de cocción tradicional para las cocciones lentas. Elíjala sobre todo de hierro esmaltado o de acero inoxidable, dos materiales que son buenos conductores del calor.

❋ Bandeja honda para horno: esta bandeja, rectangular u ovalada, permite asar en el horno las piezas grandes de carne o aves. Debe ser lo bastante grande para que quepa la grasa y el jugo de cocción.

❋ Bandeja o refractario para gratinar: esta bandeja sirve para hornear toda clase de preparaciones saladas o dulces. Es mejor elegirlas de barro, cristal o porcelana, aptas para introducirlas en el horno.

❋ Sartenes: escoja dos sartenes, una grande y otra pequeña. Puede ser conveniente elegirlas con revestimiento antiadherente.

❋ Sartén honda: esta sartén provista de tapadera sirve para rehogar y saltear ciertos alimentos.

Cocina

¿Qué productos naturales utilizar?

El ajo, la arcilla, el bicarbonato sódico o de sodio, el limón, la ortiga o incluso el vinagre son algunos de los productos naturales que poseen numerosas propiedades beneficiosas.

Por ello aparecen de forma recurrente a lo largo de estas páginas. Consulte la primera parte de esta obra para familiarizarse con sus principales cualidades y para saber dónde encontrarlos, cómo utilizarlos y cómo conservarlos…

Algunos trucos útiles

Para empezar, aquí tiene algunos trucos útiles que, sin duda, le facilitarán la vida entre los fogones.

Utilizar ajo

Para pelarlos con más facilidad: apoye la base de cada diente sobre una tabla, o dele unos golpecitos suaves con el mango de un cuchillo. Si con eso no basta, sumerja los dientes durante 10 o 15 minutos en agua caliente. Para una variante rápida, introduzca los dientes en un cuenco con un poco de agua y caliéntelo durante 50 segundos en el microondas programándolo en «calentar». Pero tenga cuidado, porque si el agua se calienta demasiado, el ajo perderá la vitamina C.

Para evitar que se pegue demasiado: sin duda, habrá observado que el ajo cortado se pega a los dedos o al cuchillo; si desea evitar esta molestia, espolvoree los dientes con sal antes de cortarlos.

Para librarse del olor: el olor a ajo es desagradable y tenaz en el cuchillo y en la tabla de cortar. Enjuáguelos con abundante agua fría, ya que el agua caliente es totalmente ineficaz. También puede frotarlos con una rodaja de limón antes de enjuagarlos. Esto también funciona si desea acabar con el olor que queda en las manos.

Aligerar algunos platos

Si le gustan las tortillas de huevo u omelets ligeros y esponjosos, bata tres huevos con una pizca de bicarbonato sódico o de sodio, un poco de leche (para obtener la reacción ácido-base), sal, pimienta, una nuez de mantequilla y… ¡ya solo tiene que calentar la sartén!

Para hacer un puré de patata o papa cremoso y ligero, añada un poco de bicarbonato sódico o de sodio después de incorporar la leche.

Para montar los huevos a punto de nieve con más rapidez, no dude en agregar una pizca de bicarbonato a las claras antes de batirlas. Le quedarán más firmes y henchidas.

Por último, para preparar una fondue de queso más fácil de digerir, incorpore una pizca de bicarbonato sódico o de sodio justo antes de servirla.

Claras a punto de nieve más firmes

Unas gotas de zumo o jugo de limón antes de montar las claras a punto de nieve permiten obtener una preparación esponjosa y consistente que mejorará sus recetas.

¿Hay que retirar el germen del ajo?

Se suele decir que si se quita el germen, el ajo resulta más fácil de digerir. De hecho, al parecer, esto es eficaz para algunas personas, pero no para otras. En caso de duda, es preferible quitarlo. Salvo, por supuesto, cuando vaya a cocer unos dientes enteros. En cuanto al ajo tierno, no intente retirar el germen, ya que todavía no lo tiene.

Elaborar mermeladas bien ligadas

En ocasiones, a los principiantes les cuesta lograr la consistencia deseada, sobre todo cuando la fruta es muy jugosa. Si prepara una jalea o una mermelada de limón, conserve las semillas, póngalas en un trozo de tela, anúdela y cuézalas con la fruta y el azúcar. La pectina que contienen actúa como una gelatina natural. También puede añadir un poco de zumo o jugo de limón a la mermelada antes de envasarla para que ligue mejor.

Mezclar limón y verduras

Exprimir zumo o jugo de limón sobre las verduras aporta un suplemen-

Aceite esencial de limón

Para aromatizar una crema o una pasta, el zumo o jugo o incluso la corteza o cáscara de limón se puede sustituir por una o dos gotas de aceite esencial. Esta solución es muy eficaz en las preparaciones a base de leche, ya que el ácido cítrico del limón fresco hace que se agrien o corten.

to de vitamina C y favorece la asimilación del hierro y el calcio. Además, le da sabor, lo que permite reducir el consumo de sal.

Para conservar el zumo o jugo, las rodajas y las cortezas o cáscaras de limón

Congele el zumo o jugo de limón en una bandeja de cubitos de hielo, y las rodajas envueltas una por una en film transparente. De este modo no solo tendrá siempre a mano rodajas y zumo o jugo fresco, sino que no tendrá que estropear una pieza entera para decorar una copa o para aromatizar un plato. Puede utilizar este mismo método con las ralladuras (congélelas envueltas en film transparente). Asimismo, puede secarlas al horno, pero sus propiedades no se conservarán tan bien.

Nunca ponga en contacto el aluminio y el limón

Al parecer, el aluminio libera sustancias neurotóxicas cuando está en contacto con sustancias ácidas. En caso de duda, elija el papel sulfurizado para elaborar papillotes o incluso para proteger la bandeja del horno.

Exprimir un limón sin exprimidor

Si no tiene un exprimidor a mano, haga rodar el limón sobre una superficie plana presionándolo para que se ablande, córtelo por la mitad y, a continuación, pinche los dientes de un tenedor en una de las mitades y exprímalo sin estrujarlo.

Quitar el moho del queso

No es preciso desechar un queso solo porque presente un poco de moho blanquecino en la superficie. Muchos pequeños productores de queso no pasteurizado consumen su queso mucho después de la fecha de caducidad que aparece en la etiqueta. Para quitar el moho, basta con humedecer un cuchillo en vinagre antes de cortar la parte enmohecida. Y para evitar su aparición puede utilizar el mismo sistema cada vez que corte un trozo.

Conservar frutas y verduras

Para evitar la oxidación: algunas frutas y verduras una vez cortadas o ralladas tienden a oxidarse con el aire y a ennegrecerse, lo que hace que no resulten atractivas. Es lo que sucede, entre otras, con los aguacates, las alcachofas, los champiñones o los plátanos. Por su parte, las zanahorias ralladas pierden muy pronto sus vitaminas. Para evitar este inconveniente y conservar todas sus cualidades, rócielos con zumo o jugo de limón.

Para prolongar la vida de la fruta: para que las manzanas, las peras y los plátanos duren más tiempo, añada un limón a la cesta de la fruta.

En las macedonias: el zumo o jugo de limón impide que la fruta se oxide en contacto con el aire, la hace más jugosa y hace que liberen su jugo. Para obtener un jugo de sabor más intenso, puede diluir una cucharada de azúcar en polvo en el zumo o jugo de uno o dos limones con un poco de alcohol blanco (aguardiente o vodka), o bien agua de azahar.

Atenuar olores demasiado intensos

Ciertos alimentos, sin estar estropeados, pueden desprender un olor un poco fuerte. Es el caso del pescado, sobre todo cuando se compra envasado en las grandes superficies o supermercados. Para evitarlo, espolvoree el pescado o la carne crudos con bicarbonato sódico o de sodio, frótelos para que penetre y deje que repose aproximadamente media hora. Lávelos bien antes de cocinarlos.

Algunas personas no toleran bien la carne de caza, que normalmente tiene un sabor más intenso que la carne de carnicería. Si usted es una de ellas, evite comer este tipo de carne, o bien, emplee el mismo método recomendado para los bistecs un poco duros (ver página 274). Otra posibilidad consiste en añadir una cucharadita de bicarbonato sódico o de sodio en el momento de la cocción.

Pelar cebollas sin lágrimas

Sin duda, alguna vez al pelar cebollas sus ojos habrán empezado a escocerle y a llorar. Para evitar estas molestias basta con introducirlas en el congelador unos 10 minutos antes de pelarlas, o bien 1 hora en el refrigerador. Asimismo, puede pelarlas bajo el grifo o llave abierta al mínimo.

Hacer más esponjosa una pasta *sablée*

A diferencia de la masa quebrada, a la que se asemeja, la pasta *sablée* requiere una yema de huevo. Es más frágil y más difícil de manipular que la anterior, y es adecuada para elaborar tartas de fresas y galletas *petit-sablés*. Agregue 1 cucharada de zumo o jugo de limón después de incorporar el huevo, y la pasta será más fácil de trabajar y menos elástica, ya que el ácido cítrico degrada el gluten (una proteína de la harina).

Ligar bien la mayonesa

Para conseguir mayonesa más consistente y más digestible, emulsione una yema de huevo, mostaza, sal y pimienta; añada el aceite en un hilillo, sin dejar de remover, e incorpore el zumo o jugo de limón para terminar (desde unas gotas hasta un limón, según la cantidad de mayonesa).

Ablandar la carne un poco dura

Para la carne hervida, añada una cucharadita de bicarbonato por litro de agua al inicio de la cocción.

Para la carne a la parrilla, asados o guisos, frote los trozos de carne con bicarbonato, deje que reposen unas horas en el refrigerador, enjuáguelos bien y séquelos antes de cocinarlos.

Para que la piel de un pollo o la grasa de las costillas de cerdo queden crujientes, espolvoree un poco de bicarbonato antes de la cocción.

Desglasar las carnes con vinagre

El vinagre es uno de los líquidos más utilizados para desglasar las carnes rojas, de caza y el pato. Esta antigua técnica culinaria consiste, simplemente, en recuperar los jugos de cocción de la carne. Es fácil de llevar a la práctica: basta con retirar la grasa líquida del fondo de la sartén o la olla al final de la cocción, verter un chorrito de vinagre y raspar con una espátula de madera para que se desprendan los filamentos de carne. Cuando utilice vinagre, agregue un poco de agua para alargar el jugo. El vinagre de jerez siempre es apropiado. El vinagre de sidra combina muy bien con el jugo del tocino asado. Y los de frambuesa y miel suelen ser los preferidos para los magrets de pato, a los que aportan un sabor agridulce. Pruebe con otros…

Cocer las carnes con vinagre

El pollo al vinagre es una receta de la cocina tradicional francesa. Después de cortar el ave en cuartos, se dora y se añade un vaso de vinagre de vino al estragón. Luego la salsa se monta con mantequilla. El conejo cocinado de este modo también es muy sabroso, si se opta por un vinagre de sidra o de vino blanco, suavizado con un poco de miel de romero. A excepción de algunos platos cocinados con vinagre, en general, la salsa al vinagre se prepara aparte.

Caramelos blandos de mantequilla

Existen numerosas golosinas con miel, pero no todas ellas son fáciles de elaborar. No obstante, la receta de los caramelos blandos de mantequilla es sencilla. La siguiente permite preparar 50 o 60 caramelos.

📖 *Ingredientes*: • 250 g de azúcar de sémola • 100 ml de leche • 80 g de miel • 1 vaina de vainilla • 150 g de mantequilla • aceite de cacahuete

☞ **PREPARACIÓN:** en una cacerola, mezcle el azúcar de sémola, la leche, la mantequilla y la vaina de vainilla cortada por la mitad a lo largo y a la que habrá raspado las semillas. ✳ Lleve a ebullición a fuego lento, removiendo con una cuchara de madera. ✳ Incorpore la mantequilla poco a poco, a fuego lento, y prosiga la cocción, sin dejar de remover, hasta que la preparación adquiera un tono dorado oscuro. ✳ Coloque un círculo para tarta de 22 cm sobre una hoja de papel sulfurizado untada con un poco de aceite. Vierta el caramelo encima y deje que se enfríe. ✳ Retire el círculo y corte el caramelo en dados, envuélvalos en celofán y consérvelos en una caja.

→ **PARA UNOS CARAMELOS MÁS BLANDOS.** Obtener unos caramelos perfectos no siempre es fácil. Su consistencia depende en gran medida de la temperatura y del tiempo de cocción. Se añade el zumo o jugo de un limón cuando la preparación adquiere un bello tono dorado rojizo, de esta forma se detiene la cocción y también se evita que el caramelo se oscurezca.

Compotas saladas y condimentos caramelizados

Varios pescados y carnes, en particular la carne de cerdo, de caza y el pato, son más sabrosos si se acompañan de compotas, confituras saladas o condimentos caramelizados. Todas estas preparaciones aparecen en los libros de cocina, pero en general contienen azúcar, no miel. No obstante, la miel puede reemplazar perfectamente al azúcar.

☞ **CÓMO ACOMPAÑAR PESCADOS Y CARNES.** Como acompañamiento del pescado, prepare una compota con mantequilla, cebollas picadas y miel. A continuación, agregue unos dados de manzana y vinagre de sidra. Cueza hasta que la fruta se ablande. Con la carne de caza o con pato, saboree unas chalotas o echalots confitados, que se preparan del siguiente modo: dore 2 chalotas o echalots y agregue 2 cucharadas de miel. Remueva durante 3 minutos e incorpore 2 cucharadas de vinagre. Deje que hierva unos minutos hasta que obtenga una consistencia de jarabe.

☞ **CÓMO CARAMELIZAR UNAS CEBOLLAS GRELOT.** Ponga 500 g de cebollas en agua hirviendo durante unos minutos. ✳ Dórelas. ✳ Añada 2 cucharadas de miel y, en cuanto empiece la caramelización, agregue 100 ml de vino blanco seco, luego 2 cucharadas de vinagre y después otra cucharada de miel. ✳ Deje que se confiten a fuego lento durante media hora, aproximadamente, removiendo a menudo.

Acidez de las frutas y verduras cocidas

Una vez cocidas, algunas frutas y verduras liberan una acidez más o menos soportable, dependiendo de la sensibilidad de cada persona. Por lo general, se les añade azúcar, lo que oculta el problema sin resolverlo. Sin embargo, ¡las calorías están ahí! El bicarbonato sódico o de sodio puede neutralizar la acidez, lo cual permite reducir el aporte de azúcar y evitar el ardor de estómago.

Compotas, jaleas y mermeladas

Los cítricos tienen una fama muy consolidada de ser ácidos, pero no son los únicos. Según el grado de madurez, la estación y la insolación recibida, el ruibarbo, los albaricoques o chabacanos, las fresas o ciertas ciruelas no se quedan atrás una vez cocidos. Para solucionar este inconveniente, agregue una pizca de bicarbonato sódico o de sodio por cada kilo de fruta durante la cocción. Como resultado, tendremos menor acidez, menos azúcar y una fruta que conservará todo su sabor.

El bicarbonato también permite mejorar la consistencia de las jaleas de las frutas rojas e impide que el azúcar cristalice. Puede agregar un pellizco igualmente a las conservas caseras, así como a las macedonias de fruta fresca.

Salsas y sopas

Aunque el tomate o jitomate es una fruta, se consume como si fuera una hortaliza, al igual que la acedera, y ambos revelan su acidez al cocinarlos. Para evitar este problema, basta con añadir una pizca de bicarbonato al comienzo de la cocción. Puede hacer lo mismo con las salsas al vino blanco o al limón, así como con ciertas salsas y sopas en conserva (que los aditivos y conservantes acidifican).

¡Atención!

Sea moderado con el bicarbonato sódico o de sodio, ya que tiene un sabor alcalino pronunciado que podría alterar el gusto de sus preparaciones.

Agar-agar y gelatina

La gelatina, bien conocida por todos, es un ingrediente necesario en muchas recetas tradicionales. Su alternativa es el agar-agar, una sustancia que se extrae de las algas.

do fuerte) unos 2 minutos y luego dejar que se enfríe. ¡Eso es todo! En cuanto la temperatura desciende de los 40 °C, el agar-agar empieza a cuajar. Se deja enfriar y después se conserva en el refrigerador por lo menos durante una hora.

En efecto, la gelatina es un producto proteico que se obtiene a partir del colágeno que se encuentra en los tejidos animales, concretamente en la piel, los huesos y los cartílagos de bovinos y cerdos. El agar-agar, una sustancia transformada extraída de algas, es una alternativa interesante a la gelatina, y también a otros ingredientes aglutinantes, como los huevos o la harina. Por otra parte, el agar-agar es el gelificante más potente de todos los conocidos. Su fuerza de gel es 4 o 5 veces superior a la de otros gelificantes de origen vegetal, ¡y 8 veces más intensa que la de la gelatina!

Cómo utilizarlo

Usar el agar-agar es muy fácil. Basta con mezclarlo con un líquido (o semilíquido), preferiblemente frío, llevar esta preparación a ebullición, mantenerla en el fuego (no demasia-

Dosificarlo

Si bien su utilización no puede ser más sencilla, la dosificación es bastante delicada. Basta con una cantidad muy pequeña para gelificar una preparación. La relación polvo/líquido más frecuente es de 2 g por medio litro. Si no dispone de una balanza

suficientemente precisa, use una cucharita estándar. La dosis corriente de 2 g corresponde a una cucharadita rasa. Y para simplificarnos la vida, algunos fabricantes comercializan el agar-agar envasado en bolsitas de 2 o 4 g.

Conocer la equivalencia agar-agar/gelatina

Como el agar-agar es 8 veces más potente que la gelatina, ello significa que 1 g de agar-agar equivale a 8 g de gelatina. En la práctica, es mejor calcular 2 g de agar-agar en polvo por 3 hojas de gelatina, es decir, 6 g.

Sustituya también el pie de ternera

Numerosas recetas de terrina con carne requieren cocerla con una pata de ternera, que más tarde se retira. Este aporta la gelatina que hace cuajar la preparación. Para modificar estas recetas usando agar-agar, basta con retirar la pata de ternera e incorporar el agar-agar diluido al final de la cocción.

Arcilla y cocción

¡Es posible cocinar con arcilla sin que ello signifique tener que comer tierra! Simplemente se trata de sacar partido a las propiedades aislantes y refractarias de este material.

Si se envuelve un alimento con una capa protectora de arcilla, este se cuece como si se tratara de un estofado (se obtiene el mismo resultado con una costra de sal). Esta técnica ancestral permite, además, conservar las vitaminas, potenciar los aromas y prescindir de materias grasas. Y aunque utilice un poco de aceite o de mantequilla, las grasas no se oxidarán como en una cocción tradicional.

Elegir bien la arcilla

Sencillamente, use arcilla de ceramista roja o gris, que encontrará en tiendas de manualidades. Dadas las cantidades que se precisan, es preferible comprar una pella o bola de ar-

cilla lista para usar, en lugar de hacer la mezcla en casa.

Un ejemplo de receta

¿Desea cocinar con arcilla? Aquí tiene un ejemplo de receta: pularda (gallina de mínimo 6 meses de edad) rellena de uvas y pasas en costra de arcilla. Los ingredientes son para 5 personas.

Ingredientes:
• 1 pularda eviscerada y limpia • 500 g de uvas blancas o negras • 100 g de pasas • 100 g de setas de su elección • 1 pella o bola de arcilla de 3 kg • 1/2 vaso de vino blanco seco • aceite de oliva • sal • pimienta

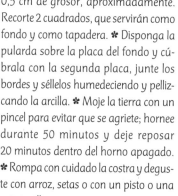

☞ **PREPARACIÓN:** precaliente el horno a 200 °C. ✽ Ponga las pasas en remojo en el vaso de vino blanco que reservará. ✽ Lave las uvas frescas, corte los granos por la mitad y retire las semillas; limpie las setas, córtelas y mézclelas con las uvas y las pasas. Rellene la pularda con esta preparación. ✽ Úntela con aceite de oliva, rocíe vino blanco y salpimiente. ✽ Con la arcilla, forme una lámina de

0,5 cm de grosor, aproximadamente. Recorte 2 cuadrados, que servirán como fondo y como tapadera. ✽ Disponga la pularda sobre la placa del fondo y cúbrala con la segunda placa, junte los bordes y séllelos humedeciendo y pellizcando la arcilla. ✽ Moje la tierra con un pincel para evitar que se agriete; hornee durante 50 minutos y deje reposar 20 minutos dentro del horno apagado. ✽ Rompa con cuidado la costra y deguste con arroz, setas o con un pisto o una *ratatouille*.

Es útil saber

Podemos beneficiarnos de las ventajas de este tipo de cocción si empleamos una cacerola de cerámica. Es una compra interesante, pero el uso de este utensilio requiere ciertas precauciones, en particular, evitar los choques térmicos y los golpes en el momento de lavarla.

Bebidas con miel

Calientes o frías, con o sin alcohol, hay un sinfín de recetas de bebidas que contienen miel, y muchas presentan numerosas variantes. Aquí tiene las bases de las principales mezclas a partir de las que dar rienda suelta a su imaginación.

Con té y alcohol

En esta variante del grog tradicional (bebida invernal elaborada con agua, un destilado como ron, coñac o whisky, y azúcar), el agua hirviendo se sustituye por té, al que se añade, a partes iguales, miel, zumo o jugo de limón y ron (u otro aguardiente).

Con leche y huevo

La mezcla de huevo, leche y miel, que se toma caliente o fría, posee numerosas variantes. Se trata simplemente de batir a la vez, o pasar por la batidora o licuadora de inmersión, leche caliente y una yema de huevo, y luego incorporar la miel. A esta receta básica, algunos le añaden aguardiente y otros, agua de azahar. La leche puede ser natural o aromatizada con una ramita de canela o una vaina de vainilla.

Con leche y frutas

Los batidos o licuados con fruta combinan muy bien con la miel. El plátano, el limón, la leche y la miel, por ejemplo, son un buen maridaje, pero hay otras muchas posibilidades. Basta con pasar los distintos ingredientes por la batidora de inmersión o licuadora hasta obtener un líquido cremoso. Se trata de una deliciosa forma de mezclar la fruta con los lácteos.

Con zumos o jugos de fruta

La miel no solo endulza los zumos o jugos, sino que también les aporta su aroma. Así, puede probar la acertada mezcla de agua, zumo o jugo de frambuesas frescas, limón y miel; o maridar un zumo o jugo de naranjas exprimidas con miel y sal marina. Otra opción consiste en cocer la fruta en agua con miel (100 g por 1 kg de albaricoques o chabacanos, por ejemplo), dejar que se enfríe y pasar la preparación por la batidora o licuadora de inmersión. Así obtendrá néctares para degustar helados…

¿Miel en el café?

Al igual que el té o las tisanas, el café puede endulzarse con miel. No importa si es sólida o líquida, en cambio, debe elegir un néctar poco aromatizado, de sabor más bien neutro, como la miel de acacia.

Con un aguardiente

Con diversas especias, la miel realza el sabor de un aguardiente o un vino caliente. Para mejorar un aguardiente, en primer lugar hay que macerar las especias en alcohol por lo menos durante 2 semanas (bayas de enebro, canela y pimienta blanca, por ejemplo), antes de incorporar poco a poco la miel calentada en un poco de agua (200 o 300 g de miel por 1 l de alcohol). A continuación, solo hay que colar la bebida y verterla en una botella.

Bebidas con gas

El bicarbonato sódico o de sodio no se toma solamente diluido en un vaso de agua tibia. Puede hacer burbujear los zumos o jugos de fruta y también está presente, de forma natural, en ciertas aguas minerales con gas.

Aguas digestivas

Las aguas más ricas en bicarbonato son, con toda seguridad, las de Vichy. La estación termal es célebre por las cualidades terapéuticas de sus fuentes desde la época galorromana. El agua de Vichy St-Yorre contiene 4 636 mg de bicarbonato por litro, y la de Vichy Célestins, 2 989 mg. Antes de la aparición de fármacos más sofisticados, estas aguas se vendían en las farmacias para aliviar las digestiones difíciles. Hoy las encontramos en todos los supermercados, pero siguen reivindicando numerosos beneficios en términos de salud.

Además de su acción reguladora sobre la acidez del estómago, el bicarbonato, al parecer, mejora la hidratación del cuerpo. También se afirma que permite una mejor recuperación tras un esfuerzo, pues ayuda a eliminar el ácido láctico segregado por los músculos después de haber trabajado. Sin embargo, al igual que todas las aguas minerales con propiedades probadas, es preferible no consumirlas de manera regular.

Sodas caseras

Soda… ¿Le dice algo este nombre? De hecho, es una abreviatura de *soda water*, término que se utilizaba en Inglaterra en el siglo XIX para un agua gaseosa o un jarabe con gas a base de agua con bicarbonato. Podemos reproducir esta explosión de burbujas diluyendo una cucharadita colmada de bicarbonato alimentario por cada litro de zumo o jugo de fruta (limón, naranja, pomelo o toronja…) o una pizca por vaso. La acidez natural de la fruta es lo que provoca esta reacción «explosiva». Elija los zumos o jugos caseros, sin aditivos y mucho menos dulces que los industriales.

¿Caramelos con bicarbonato?

Se trata, evidentemente, de pastillas de Vichy. El procedimiento, que consiste en extraer las sales presentes en las aguas de las fuentes termales, fue descubierto a comienzos del siglo XIX por un químico, miembro de la Academia de Medicina. Pero fue el farmacéutico de Vichy, que buscaba un medicamento para ayudar a la digestión, quien elaboró las primeras pastillas de bicarbonato. Estas golosinas sanas y refrescantes, muy apreciadas por la emperatriz Eugenia, la esposa de Napoleón III, fueron reconocidas por decreto imperial en 1862. Hoy en día, las sales minerales extraídas de las aguas termales se secan, se trituran y se mezclan con azúcar antes de aromatizarlas con menta, limón o anís. De este modo el agua se transforma en pastilla y el bicarbonato en caramelo.

Limón y cocina

Encurtido en sal, aceite o vinagre, solo o con especias, guindillas o pimientos, o cebolla, el limón realza el sabor de los alimentos que acompaña. Las recetas mediterráneas y orientales de limones encurtidos, *achards* (un estilo de encurtido) o *chutneys* han popularizado esta práctica en la cocina. El limón y la lima son interesantes cuando se asocian a muchos productos del mar. El limón marida con los pescados, cuyo sabor potencia sin alterarlo, o con mariscos y crustáceos, acompañando su sabor yodado.

Los usos culinarios del limón son múltiples, tanto si se utiliza en cuartos como en rodajas, solo la piel o en zumo o jugo, con un lenguado a la *meunière* o una merluza fría, para aromatizar una salsa o para perfumar un papillote. Otro uso que conserva todas sus vitaminas consiste en emplearlo para «cocer» la carne del pescado o del marisco. ¡No hace falta calor, ya que es el ácido cítrico el que actúa! Al contrario, se busca frescor. El tartare o tártara, la marinada o el ceviche se elaboran siguiendo este procedimiento.

Limones confitados en aceite

Lave con cuidado 6 o 7 limones ecológicos u orgánicos. Retire los extremos hasta la pulpa y corte las piezas en rodajas y luego en cuartos. Dispóngalos en una ensaladera y espolvoréelos con 3 cucharadas de sal gruesa. Remuévalos bien para repartir la sal. Cubra la ensaladera y deje que reposen durante 24 horas a temperatura ambiente. Escúrralos durante 2 horas en un colador. Séquelos y luego introduzca las rodajas en tarros esterilizados, compactándolas. Añada 1 hoja de laurel, cubra con aceite de oliva y conserve los tarros en un lugar fresco. Espere unos 15 días antes de consumirlos.

Achard o encurtido de limón

Encontramos *achards* o encurtidos y *chutneys* en la India y en los países mediterráneos. Estas conservas de frutas o verduras marinadas en sal, vinagre y especias acompañan a arroces, carnes y pescados. Se necesitan limones ecológicos u orgánicos, lavados y cepillados, cuyos extremos se cortan hasta la pulpa. Luego se cortan en rodajas, y estas a su vez en cuartos. Disponga una primera capa en el fondo de

un tarro esterilizado; espolvoree con cúrcuma (o curry dulce) y un poco de sal fina. Repita la operación hasta llenar el tarro. Presione y llene los huecos con sal fina, y termine con 1 cucharadita de vinagre de alcohol y otra de zumo o jugo de limón. Cierre y deje que repose durante 2 meses, poniendo el tarro boca abajo de vez en cuando.

<><><><>

Aceite de oliva con limón

Vierta 4 gotas de aceite esencial de limón en 1 litro de aceite de oliva virgen, y utilice este aceite aromatizado cuando le apetezca con ensaladas o pescados.

<><><><>

Vinagre con limón

Pele 2 limones ecológicos u orgánicos y exprímalos. Ponga el zumo o jugo y las pieles en una botella de cristal esterilizado. Lleve a ebullición 1/2 litro de vinagre de sidra, y viértalo tibio en

Bebidas festivas

El *limoncello* italiano o la *cedratine corsa* son licores que tradicionalmente se han elaborado a base de limón o de cidro y alcohol. Los cócteles más sofisticados, desde la década de 1920, usan en gran medida el sabor ácido del limón. Ya sea la lima o el limón, esta fruta se incluye en bebidas tan emblemáticas como el Gin-fizz, el Tom Collins, el Bloody Mary, el Martini o el mojito.

la botella, con el limón. Cierre herméticamente y conserve a temperatura ambiente durante 3 semanas, agitando la mezcla cada 2 días. Puede colarlo, si lo desea, antes de utilizarlo. Esta preparación tiene la ventaja de combinar las vitaminas y los minerales del limón con el vinagre.

<><><><>

Pescado crudo marinado

La marinada tradicional a base de vinagre o de vino, sal o azúcar y hierbas aromáticas antiguamente servía para conservar la carne o el pescado, para que resultaran más tiernos o para atenuar un sabor demasiado fuerte antes de la cocción. Justo lo contrario hace este método procedente de la Polinesia, que consiste en dejar reposar durante unas horas la carne del pescado cortada en tiras o en dados y sumergida en zumo o jugo de limón o de lima. Esta preparación a menudo se suaviza con leche de coco y respeta el sabor del producto.

<><><><>

Ceviche

Esta receta de múltiples variantes es una tradición en numerosos países de

Una limonada casera

Antiguamente, la gaseosa, al igual que la limonada, se elaboraba con zumo o jugo de limón, azúcar y agua sin gas. La gaseosa a base de gas carbónico aparece, como otros refrescos con gas, a finales del siglo XIX, con los procedimientos de gasificación del agua. Para hacer una limonada casera con gas, simplemente hay que mezclar zumo o jugo de limón, azúcar y agua con gas. O algo más atrevido pero sin ningún riesgo: exprima 1 limón en un gran vaso de agua, añada 1 cucharadita colmada de azúcar y 1/2 cucharadita de bicarbonato alimentario. Obtendrá una limonada con gas muy burbujeante para beber de inmediato.

América Latina. También incorpora el limón (o lima) para cocer pescados, pulpo y marisco. Al parecer, los pueblos autóctonos ya preparaban marinadas con sal y frutas fermentadas, antes de adoptar el limón importado por los españoles. En general, la guindilla o el pimiento, el chile, la cebolla, las especias y otros acompañamientos diversos enriquecen este plato.

Aquí tiene una receta fácil de preparar para 3 o 4 personas: **ceviche de sardinas con lima**.

☞ **PREPARACIÓN:** tome 12 sardinas frescas, filetéelas y trocee los filetes después de quitarles las espinas. ✳ Lave, escurra y pique una ramita de cilantro, exprima 2 limones y 1 lima ecológicos u orgánicos, y rállelos. ✳ En un cuenco o bol, mezcle con un tenedor el zumo o jugo de los limones, las cortezas o cáscaras, 1 cucharada de aceite de oliva, el cilantro y 1/2 cucharadita de bayas de pimienta rosa. ✳ Disponga las sardinas en una fuente honda y rocíe con esta salsa. ✳ Cubra con film transparente y deje marinar 2 horas en el refrigerador. ✳ Sírvalo fresco después de añadir una pizca de flor de sal.

〰〰〰

Marisco, ostras y limón

A veces se escucha que el zumo o jugo de limón exprimido sobre los moluscos elimina las bacterias que pueda haber en ellos. Sin embargo, hay que tener en cuenta que habría que dejarlo actuar durante un buen rato para conseguir dicho resultado. El interés del limón es otro: como el molusco se contrae por efecto del ácido cítrico, este movimiento permite comprobar que está vivo y que, por tanto, está fresco. Esta costumbre se remonta a la época en que el transporte desde el mar hasta la mesa del consumidor era mucho más lento que hoy en día. Es mejor conservar este hábito para asegurarse de que los productos que se van a degustar están bien frescos.

Conservas en aceite de oliva

El aceite permite conservar ciertos alimentos (berenjenas, alcachofas pequeñas, setas, pimientos, tomates o jitomates, queso de cabra, etc.), cuyo sabor realza. Para preparar conservas caseras refinadas, es preferible elegir un aceite de oliva afrutado y aromatizarlo con hierbas aromáticas.

Conservar en ciertas condiciones

El aceite no ofrece las mismas garantías que los demás agentes conservantes (alcohol, vinagre o sal); por ello, las conservas que prepare deben consumirse como máximo al cabo de 6 meses. Por las mismas razones, hay que utilizar una botella (o garrafa) de aceite que no esté empezada y unos tarros de cristal (con tapa de rosca o junta de caucho) perfectamente esterilizados. Consérvelos en un lugar fresco e introdúzcalos en el refrigerador en cuanto los haya abierto. Y no se olvide de anotar en una etiqueta la fecha de envasado.

Dosificar bien los ingredientes

Para preparar estas conservas, calcule los ingredientes en función de la cantidad que desee preparar, el tamaño de los tarros y también su consumo, puesto que estas conservas no se mantienen en buen estado durante mucho tiempo. La regla esencial es incorporar suficiente aceite en cada tarro para que los ingredientes floten

un centímetro largo en la base, y que quede el mínimo espacio posible entre la superficie del líquido y la tapa, a fin de evitar una posible oxidación. No emplee un gran número de plantas aromáticas a la vez.

Un ejemplo de receta

La alcachofa, originaria de Sicilia, se utiliza mucho en la cocina italiana, sobre todo en los *antipasti*. La variedad *poivrade*, pequeñas alcachofas violetas, se pueden comer crudas. En primavera son las primeras que llegan a los puestos de los mercados, pero su tempora-

da es bastante corta. Aquí tiene una receta para hacer una conserva de **alcachofas pequeñas en aceite**, que después podrá utilizar en múltiples recetas o simplemente degustarlas como aperitivo.

☞ **PREPARACIÓN:** prepare las alcachofas tiernas (violetas) eliminando las hojas duras y conservando solo 2 o 3 cm de los tallos. ✳ Póngalas en una olla grande y cúbralas de aceite. ✳ Añada 2 o 3 pizcas de sal y 1 cucharada de zumo o jugo de limón, tape la olla y deje cocer a fuego suave unos 30 minutos, según el tamaño de las alcachofas. Verifique la cocción de las alcachofas atravesando el tallo con la punta de un cuchillo. ✳ Deje que se enfríen y luego envase las alcachofas con el aceite de cocción en tarros previamente esterilizados. ✳ Incorpore un diente de ajo cortado por la mitad y una ramita de tomillo en cada tarro. ✳ Añada aceite, si es necesario, para que las alcachofas queden bien cubiertas. ✳ Cierre los tarros y deje macerar durante 1 mes en un lugar fresco y protegido de la luz.

Conservas en vinagre

El vinagre permite, sobre todo, preparar conservas de verduras o frutas.
Cuando se emplea solo, sin ningún otro coadyuvante, tiene como única misión
conservar. Cuando se combina con sal y especias, y si es preciso con azúcar
o miel, conserva el alimento alterando su sabor inicial. Aquí tiene tres ejemplos.

Tarro de setas

Tras una recolección excepcional, tal vez desee poner algunas setas en conserva. Quíteles las briznas de hierba, límpielas por encima y blanquéelas unos minutos en agua con vinagre y sal. De este modo estarán precocidas y en parte limpias de impurezas. Enjuáguelas varias veces con agua clara hasta que estén limpias, y llene la mitad de un tarro, apretándolas bien. A continuación, vierta vinagre puro, sin diluir, hasta el borde, para evitar que se formen burbujas de aire. Cierre. Esta conserva puede durar varios años, y usted solo tendrá que enjuagar las setas antes de cocinarlas.

Tarro de pepinillos

Limpie los pepinillos con agua fría y frótelos con un paño grueso para secarlos y eliminar las partes rugosas, sin estropear la piel. Póngalos a macerar todo un día en sal gruesa. Escúrralos, remójelos unos minutos en agua con vinagre y vuelva a escurrirlos. Llene los tarros hasta dos tercios de su altura y añada plantas aromáticas, especias y los condimentos de su elección (semillas de mostaza, cebollitas, semillas de cilantro…). Termine con vinagre puro, siempre hasta el borde, y cierre.

Tarro de cerezas

Llene tres cuartas partes de un tarro con cerezas maduras sin el pedúnculo y bien limpias. Caliente un vinagre suave con azúcar (o miel), un poco de canela y clavos de especia, y llévelo a ebullición. Cuélelo y viértalo sobre las cerezas, también a ras del borde. El vinagre no debe diluirse ni siquiera con la fruta, ya que no conservaría tan bien. Si no le gusta su sabor ácido, la próxima vez añada más azúcar o miel. La dosis media es de 200 g de azúcar por 1 litro de vinagre, pero cada cual tiene su gusto.

Esterilizar bien los tarros

Las conservas caseras se preparan en recipientes de cristal, preferiblemente dotados de un sistema que permita un cierre hermético. Si no dispone de un esterilizador, llévelos a ebullición en una olla grande durante 40 minutos, déjelos secar sobre un paño muy limpio y luego manipúlelos sin tocar el interior del tarro.

Frutas y verduras confitadas

Antes de que se empleara el azúcar, en la Antigüedad y en la época medieval
la miel permitía elaborar compotas, mermeladas o pastas de fruta, en resumen,
aderezar la fruta, conservarla y confitarla.

Fruta confitada en tarros

Tome frutas maduras y, si es preciso, blanquéelas para que resulten más permeables. Colóquelas enteras (cerezas) o en cuartos (albaricoques o chabacanos) en tarros hervidos o, aún mejor, esterilizados. Disuelva miel en un vinagre suave (preparación llamada «oximiel»), agregue unos clavos de especia y espume regularmente. Cuando la mezcla rompa el hervor, vierta el jarabe sobre la fruta a través de un colador. Cierre el tarro cuando la fruta esté completamente cubierta por el oximiel.

Frutos secos con miel

Albaricoques o chabacanos, membrillos, frutos rojos y ciruelas damascenas maridan particularmente bien con la miel. Lo mismo se puede decir de la mayoría de los frutos secos. También puede añadir a su miel unos trozos de avellanas, almendras o pasas, y saborear esta preparación cuando le apetezca. Además, las nueces no se ponen rancias cuando están bañadas en miel.

Salteados dulces

Asimismo, puede preparar revoltillos de verduras ralladas. Solo tiene que cortarlas en tiras muy finas o en pequeños dados, luego saltearlas simplemente con mantequilla y miel, y al final de la cocción, añadirles un chorrito de limón o de vinagre. Sus verduras quedarán solo aromatizadas si la cocción es muy rápida, o casi confitadas si dura alrededor de media hora a fuego muy lento.

Aceite de oliva aromatizado

En la actualidad, se encuentra con bastante facilidad aceites aromatizados con ajo, albahaca, estragón, hierbas aromáticas, guindilla o pimiento, trufa o incluso con cortezas o cáscaras de cítricos, entre otras cosas. Si lo desea, usted mismo puede aromatizar con facilidad un aceite de oliva a su gusto.

Preparar

Seleccione las hierbas o las plantas aromáticas. Si se trata de guindillas o pimientos, ajo o chalota o echalot, sumérjalos 2 minutos en agua hirviendo. Enjuague las hierbas y séquelas con cuidado. Luego, dispóngalas en la botella previamente escaldada. Vierta el aceite de oliva que haya elegido y cierre la botella. Déjela macerar unos 15 días, protegida de la luz.

Si el cuello de la botella es demasiado estrecho, realice la preparación en un tarro, deje macerar y luego cuele el aceite aromatizado vertiéndolo en la botella.

Presentar

Elija una botella bonita provista de un pico o tapa vertedora para poder presentarla en la mesa; si no consume mucho, use una botella de 50 cl (500 ml), ya que el aceite puede ponerse rancio con bastante rapidez.

Perfumar la vinagreta

Si en realidad no desea preparar aceite de oliva aromatizado, por lo menos puede aportar fácilmente un pequeño toque de fantasía a sus vinagretas tan solo añadiéndoles hierbas o condimentos.

Según los ingredientes que desee aliñar, debe usar un aceite de sabor más o menos pronunciado (una lechuga, por ejemplo, exige un aceite bastante afrutado). Para aliñar las ensaladas, las *crudités* o las verduras cocidas puede incorporar fácilmente al aceite el aroma de algunas hierbas picadas (albahaca, cebollino, cilantro, estragón o perejil), o bien condimentos picados (ajo, alcaparras, pepinillos, chalotas o echalots, o cebollas). En cambio, aromatizar una vinagreta de aceite de oliva con una especia resulta más delicado.

Una buena vinagreta

La vinagreta es una de las preparaciones básicas en las que se emplea el aceite de oliva. Para elaborar una vinagreta sencilla hay que calcular unas 3 cucharadas de aceite por 1 cucharada de vinagre de vino. Para una vinagreta con mostaza, añada 1 cucharada de aceite de más.

Verduras

El bicarbonato tiene su lugar en la cocina, y no solo para fregar el suelo y el fregadero. También es muy útil para la limpieza y la cocción de frutas y verduras. En este caso se emplea bicarbonato de calidad alimentaria. El vinagre y la miel también pueden ser muy útiles para preparar verduras.

Limpiar la fruta y la verdura

Esta cuestión no se plantea, evidentemente, si usted pela la fruta y las verduras o si las compra ecológicas u orgánicas. Por el contrario, aunque las frutas y las verduras le parezcan limpias (como en el caso de las envasadas en bandejas o en bolsas, en grandes superficies o supermercados), han estado sometidas a tratamientos fito-sanitarios (pesticidas, conservantes y ceras protectoras). Ponga en remojo las verduras de hoja y las que no vaya a pelar durante 5 o 10 minutos en el fregadero con 2 cucharadas de bicar-

bonato, y enjuáguelas. Haga lo mismo con la fruta de piel delicada no ecológica u orgánica (cerezas, fresas, uva…). Si desea comer melocotones o duraznos, manzanas o peras sin pelarlas, también puede frotarlas con un paño espolvoreado con bicarbonato y luego enjuagarlas. Debe saber, sin embargo, que con un remojo demasiado prolongado se pierden las vitaminas hidrosolubles.

Lavar y refrescar las verduras de hoja

Se ha terminado la tarea de lavar hoja por hoja las lechugas del jardín. Para las personas que desean ganar tiempo, enjuagar la ensalada o unas espinacas en agua con vinagre presenta muchas ventajas. Basta una cucharada de vinagre en el agua fría, 1 o 2 minutos en remojo y todos los bichos molestos caerán muertos al fondo del fregadero. Al mismo tiempo, las hojas un poco mustias recuperan el frescor y vuelven a tener un aspecto más presentable. Este método es sobre todo útil con las verduras de hoja, pero toda la fruta y verdura fresca se puede lavar

del mismo modo con el fin de eliminar los posibles parásitos.

Para que las verduras y las legumbres resulten más digestivas

Las legumbres, como las alubias o frijoles, las habas o las lentejas, son célebres por sus múltiples beneficios y… por sus propiedades flatulentas. Lo mismo ocurre con verduras como las coles (de todo tipo), los puerros o poros y los nabos. Para consumirlos sin preocuparse por las consecuencias, la solución es sencilla: basta con añadir una pizca de bicarbonato por cada litro de agua al comienzo de la cocción. Además, este polvo multiusos acelera la cocción, hace que las verduras estén más tiernas y les da un color hermoso. También hay que destacar una propiedad importante: elimina los olores desagradables durante la cocción. También podrá beneficiarse de esta ventaja en una olla vaporera si añade una cucharadita colmada de bicarbonato en el agua del recipiente.

Bicarbonato sódico o de sodio y vitaminas

A veces leemos que agregar bicarbonato hace que desaparezcan las vitaminas. Sabemos que, de todos modos, al poner a hervir las verduras en agua eliminamos una parte de los nutrientes. Por tanto, se puede aconsejar limitar al máximo el tiempo de cocción y reservar este tratamiento a las verduras y legumbres difíciles de digerir. La cocción al vapor es una buena alternativa, pero no es apropiada para todas las verduras.

Condimentar, glasear o brasear con miel

La miel, al igual que el azúcar, puede mezclarse con las verduras, en particular con las zanahorias, los guisantes o chícharos, las habas, las alcachofas violetas y la calabaza. Sin embargo, en estos casos se trata más de condimentar que de auténticas preparaciones a base de miel.

Varias recetas tradicionales contienen azúcar, que se puede reemplazar fácilmente por miel. Las habas o las verduras a la jardinera también pueden condimentarse durante la cocción con un poco de miel. Lo mismo se puede decir de los guisantes o chícharos a la francesa, que se cuecen en muy poca agua con un corazón de lechuga, cebollas y un manojo de hierbas aromáticas. Nada impide, asimismo, glasear las zanahorias con miel de salvia, ni ligar el jugo de cocción de las endivias braseadas con una pizca de miel… Pero hay otras preparaciones posibles.

Marinar las hortalizas a la asiática

Las verduras menudas marinadas al estilo japonés, menos agrias y avinagradas que los *pickles* ingleses, quizás se adecúan más a nuestro gusto. No contienen solamente vinagre de arroz, sino también vino de arroz (*mirin*), que se puede sustituir por un vino dulce de tipo moscatel. De esta alianza de lo agrio con lo dulce surge su sabor particular.

Corte en rodajas 250 g de hortalizas (zanahorias, cebollas tiernas, pepino…). Dispóngalas en capas en una ensaladera, sale cada capa y compacte bien. Tape y déjelos una noche en el refrigerador. Al día siguiente, enjuague las hortalizas, séquelas y póngalas en un tarro esterilizado. Agregue 15 cl (150 ml) de vinagre de arroz, 5 cucharadas de moscatel y 5 cm de jengibre fresco pelado. Cierre y deje que repose durante 1 mes.

Miel y azúcar

La miel, más digestible y más rica en vitaminas y minerales, puede sustituir la sacarosa en un gran número de circunstancias. Añadir miel en lugar de azúcar al té o a las tisanas, al yogur o al queso blanco, en una copa de fresas o en las compotas caseras solo es cuestión de costumbre.

Incluso se puede llevar este juego más lejos y sustituir el azúcar por miel en el pan o la repostería. En este caso, deberán disminuir un poco las cantidades, al igual que con el líquido, ya que la miel también contiene agua. Con un poco de práctica, sus pasteles se conservarán tiernos durante más tiempo… e igual de sabrosos.

Repostería con miel

A excepción del pan de especias (ver página 294), pocas especialidades de repostería contienen una cantidad considerable de miel. Los bollos y pasteles se pueden mojar en miel una vez listos, para empapar bien la pasta: es el caso de algunas rosquillas o de ciertos productos orientales. En el caso de las tartas, las manzanas, las peras o las nueces, a veces se caramelizan previamente en un poco de miel y mantequilla. Más raramente, la miel se usa para elaborar la masa, como en las magdalenas, los pasteles de nueces o los florentinos.

Una receta de florentinos (sin chocolate)

Caliente la nata o crema para batir fresca (200 ml) e incorpore la miel (80 g) y el azúcar (120 g). Remueva bien y mantenga en ebullición durante 5 minutos. Cuando esté fuera

Derretir la miel

Para que una miel pase del estado sólido al líquido, basta con calentarla unos instantes al baño María, o simplemente poner el tarro sobre un radiador o calentador. Pero sepa que después no recuperará un aspecto sólido y homogéneo.

del fuego, agregue unas frutas confitadas e incorpore poco a poco un poco de harina (60 g). Vierta la mezcla en moldes de tartaletas o sobre una bandeja de horno y cubra con almendras fileteadas, caramelizadas previamente en un poco de miel. Hornee unos 10 minutos.

Frutos rojos con miel

La miel combina bien con las frambuesas, los arándanos y otros frutos rojos. Para que este postre sea aún más perfumado, deje que la preparación se macere en el refrigerador durante unas horas antes de servirla. ¡El frío realza los aromas de la miel! Al natural es perfecto, pero hay quien prefiere añadirle queso blanco.

Miel, carnes y aves

A excepción del buey (¡pero no la ternera!), todas las carnes, aves y piezas de caza en ocasiones se aderezan en parte con miel. A continuación se presenta las principales formas de preparación posibles.

Para marinar antes de cocer

La miel se emplea en la elaboración de un gran número de marinadas, en general asociada a la salsa de soja o soya. El pato lacado, por ejemplo, se introduce unas horas en una mezcla con miel, al igual que las costillas de cerdo. Después, la marinada sirve para untar la carne o el ave durante la cocción al horno, en la parrilla, la barbacoa o el asador, etc.

Para recubrir durante la cocción

Excepto las carnes previamente marinadas, la miel por sí sola puede recubrir durante la cocción diversas carnes de caza o aves, como las codornices al horno o unas porciones de jabalí salteadas en la sartén. A veces, junto con otros ingredientes, no se unta hasta el último cuarto de hora, con una capa gruesa, para que forme una apetitosa capa crujiente dorada en un asado de cerdo, por ejemplo. Por último, para aquellos que deseen cocinar con menos grasa, la miel puede sustituir la mantequilla o el aceite en una sartén antiadherente.

Para espesar y ligar una salsa

En las carnes cocinadas a fuego lento, la miel permite espesar y ligar el caldo, igual que lo hacen el concentrado de tomate o jitomate o la maicena. Cuando se incorpora a media cocción o en los últimos minutos, proporciona salsas cremosas si se deja reducir bien el jugo. Patos, conejos y salteados de ternera se prestan a esta forma de preparación.

Para desglasar los jugos

Disuelta previamente en zumo o jugo de un cítrico (mandarina, limón, etc.) o en vinagre, la miel permite, asimismo, desglasar los jugos de un magret o de un hígado de ternera, y con la salsa obtenida se puede rociar la carne, para gozo de las papilas gustativas.

Acuérdese de remover bien

Debe saber que la miel no es un buen conductor del calor, de ahí la importancia de removerla bien cuando la incorporamos a una salsa. No obstante, si está sólida, el calor no tardará en disolverla.

Pan de especias de larga conservación

El pan de especias es una de las pocas especialidades pasteleras en que la miel figura como ingrediente principal. Tradicionalmente se preparaba mezclando a partes iguales harina y miel. Se trabajaba estos dos alimentos para formar una pasta, que se dejaba levar y reposar durante varios meses, antes de volver a amasarla añadiéndole especias, cortarla de la forma deseada y hornear.

El sabor del pan de especias variaba de una región a otra según el origen de la harina (trigo, sarraceno, etc.), el aroma de la miel y las especias empleadas.

Desconfiar de los productos comerciales

En nuestra época, tomarse tanto tiempo para elaborar un simple pan dulce es casi inconcebible, de modo que se utilizan levaduras para hacer levar la masa. Aunque existe una tendencia a la homogeneización de los

sabores, los panes de especias presentan distintos tipos de calidad, según los ingredientes y el modo de preparación, ya sea artesanal o industrial. Incluso encontramos muchos panes de especias sin miel, lo cual es el colmo, así que es mejor comprobar la lista de ingredientes y sus proporciones, que siempre aparecen en el envoltorio.

Una receta de apicultor

La receta que presentamos proviene de un apicultor que la ha elaborado muchas veces. Esta receta, próxima al saber tradicional, no contiene leche ni huevos, a fin de que el pan de especias se pueda conservar unas tres semanas.

☞ **PREPARACIÓN:** caliente unos 250 g de miel con el equivalente a un vaso de agua sin llevar a ebullición. ✽ Mezcle unos 500 g de harina batiendo con un batidor de varillas o de globo (o usando una batidora). ✽ Cuando la preparación esté bien homogénea, añada la canela, el anís, una pizca de pimienta y 1 cucharadita de bicarbonato sódico o de sodio. ✽ Vierta en un molde y hornee a fuego suave (90 °C) durante por lo menos 2 horas. → En caso de una cocción más rápida, a fuego fuerte, la corteza se quemaría antes de que el interior del pan de especias estuviese a punto para ser saboreado…

Es útil saber

En una preparación compacta y sin leche, la levadura de panadería no basta para que la masa leve, sino que es preciso añadir bicarbonato sódico o de sodio.

Masa de pan

La receta básica de la masa de pan es muy fácil, pero requiere tiempo para elaborarla, tanto para amasar bien la masa como para dejarla levar.

La levadura utilizada puede ser comprada en forma de bloque en la panadería o deshidratada, de venta en bolsitas en supermercados (que no debe confundirse con la levadura química o polvo para hornear, no apropiada para este uso). Las dos funcionan igual de bien pero, evidentemente, las dosis no serán las mismas. El sabor del pan será distinto según la harina que emplee: blanca, integral, ecológica u orgánica, etc. La tasa de tamizado (separación de la harina y el salvado) que se considera ideal para el pan de hogaza es el tipo 65.

Para un pan de hogaza grande

Ingredientes: • 500 g de harina • 20 g de levadura fresca o 1 bolsita de levadura en polvo • 300 ml de agua • 1 cucharadita de sal.

☞ **PREPARACIÓN:** diluya la levadura en agua tibia, añada la harina y luego la sal. ✽ Amase la pasta: estírela, dóblela, trabájela y después póngala sobre una superficie enharinada varias veces, hasta que esté flexible y no se pegue. Añada un poco de harina si es preciso.

✽ Forme una bola, póngala en una ensaladera, cúbrala con un paño húmedo y deje que leve durante 2 horas en un lugar caliente. El volumen de la masa debe duplicarse. ✽ Precaliente el horno a 240 °C. ✽ Vuelva a amasar la pasta unos minutos sobre una superficie enharinada. ✽ Con un cuchillo, practique varias incisiones, paralelas o en cruz (a su gusto) en la superficie de la bola. ✽ Hornee el pan durante 40 o 45 minutos, vigilando la cocción.

Para obtener un mejor resultado

Tenga todos los ingredientes, sobre todo el agua, a temperatura ambiente, alrededor de 19 o 20 °C como mínimo. Recuerde que un agua demasiado fría puede impedir una buena fermentación.

No mezcle directamente la levadura con la sal, ya que impediría a la primera actuar. Si usa una levadura en polvo un poco vieja, compruebe si todavía sigue activa diluyéndola en un poco de agua tibia y añadiendo una cucharada de harina; la mezcla debe fermentar con rapidez, produciendo burbujas. Y cuidado con la levadura fresca, ya que solo se conserva unos días en el refrigerador.

Múltiples sabores

A partir de esta base, se puede agregar todo tipo de ingredientes. Por ejemplo, se puede sustituir 70 g de harina por harina de castaña (receta corsa), o la mitad por harina de centeno (esta sola no fermenta). Una vez la masa haya levado, usted podrá crear panes originales incorporándole trocitos de nueces y otros frutos secos, de chalota o echalot, cebolla o ajo finamente picado, dados de tocino, semillas (amapola, sésamo, girasol, etc.).

Repostería sin levadura

Para que la masa leve se necesita levadura, aunque muchos pasteles no la precisan. ¿El bicarbonato sódico o de sodio puede actuar a modo de levadura? Por supuesto, ¡pero es preciso saber que en el pequeño mundo de los agentes leudantes están la masa madre y la levadura química o polvo para hornear!

La masa madre, o fermento, está viva y consta de microorganismos que, una vez expuestos al aire y al calor, fermentan y hacen que leve poco a poco la masa de pan. Estos fermentos se pueden cultivar en casa (mezclando harina y agua), o se puede comprar levadura de panadero fresca, en bloque prensado o deshidratada. Sirve para elaborar la masa de pan, de pizza o de brioche… Ni la levadura química o polvo para hornear, ni el bicarbonato contienen organismos vivos, pero hacen que la masa leve con rapidez, sin ningún tiempo de reposo, solo con el calor del horno.

¿Cómo actúa la levadura?

Esta levadura sirve sobre todo para elaborar pasteles y repostería. La masa no sube gracias a la fermentación producida por las bacterias, sino por una reacción química de tipo ácido-base. Este producto está compuesto por bicarbonato o fosfatos (base), crémor tártaro (ácido) y fécula o almidón para estabilizar la mezcla. En contacto con un elemento húmedo y calor, el bicarbonato y el crémor tártaro

liberan unas burbujas de dióxido de carbono que airean la masa y hacen que aumente de volumen. El pastel no leva antes, sino durante la cocción.

¿Por qué elegir el bicarbonato sódico o de sodio?

Es un producto puro, sin coadyuvantes químicos, y hace que los bollos y los pasteles resulten más digestivos. El inconveniente es que no se puede emplear en cualquier receta. La preparación debe incluir un ingrediente ácido en la cantidad suficiente para que se produzca la reacción leudante. Este ingrediente puede ser leche fresca o fermentada, yogur, miel, azúcar

moreno o limón. También se puede emplear levadura química o polvo para hornear y bicarbonato para aunar volumen y digestibilidad.

Sea moderado con el bicarbonato, ya que este polvo alcalino puede dar un regusto desagradable a sus pasteles.

Elaborar una levadura casera

Para escapar al regusto del bicarbonato y evitar a la vez los coadyuvantes químicos de los productos comerciales, prepare su propia levadura. Mezcle el bicarbonato con un elemento ácido y un estabilizante, por ejemplo, 1 cucharadita de bicarbonato, 1 cucharada de crémor tártaro (en farmacias o tiendas de materias primas, o por Internet) y 1 cucharada de fécula de maíz. El inconveniente es que esta levadura casera no se conserva tanto tiempo como su versión comercial. Otra posibilidad, que deberá utilizarse de inmediato, es la siguiente: 1/2 cucharadita de bicarbonato, 1 cucharadita de zumo o jugo de limón y 15 cl (150 ml) de leche.

Salsas

Existe un gran número de marinadas y varias mezclas con miel destinadas a recubrir la carne durante la cocción. Inspiradas en la salsa de lacar china o en las salsas agridulces de Luisiana, todas tienen una base de miel (3 cucharadas) y de salsa de soja o soya (5 cucharadas), y los demás ingredientes se incorporan en menor cantidad.

Para el pescado y los crustáceos, las marinadas con miel son bastante escasas, excepto en la cocina asiática. Estas recetas combinan la miel con la salsa de soja o soya, el vinagre y el jengibre. Esté atento con el uso de la sal cuando emplee salsa de soja o soya, ya que esta es bastante salada por naturaleza.

Para marinar

Carnes de sabor fuerte: prepare una salsa de lacar china mezclando miel, salsa de soja o soya, vinagre, alcohol de arroz, aceite de guindilla o pimentón, ajo, jengibre y polvo de cinco especias (canela, anís estrellado o badiana, pimienta de Sichuan, clavo de olor y semillas de hinojo).

Costillas de cerdo: mezcle miel, salsa de soja o soya, concentrado de tomate o jitomate, ajo, cebolla, citronela y polvo de cinco especias.

Pechuga de ave: mezcle miel, salsa de soja o soya, aceite de sésamo y tomillo.

Bocadillos de pato: mezcle la misma cantidad de miel y de vinagre de jerez, y pimienta molida.

Las especias que combinan con la miel

Algunas especias aparecen a menudo en las recetas con miel, ya sean saladas o dulces, y son: la canela, el clavo de especia, el anís, la nuez moscada, la vainilla, la pimienta, la guindilla o el pimentón, el jengibre, el cardamomo, el cúrcuma, el cilantro y el polvo de cinco especias (pimienta de Sichuan, anís estrellado o badiana, canela, clavos de especia y semillas de hinojo). En cuanto a hierbas aromáticas, opte por el tomillo y el romero.

Para recubrir aves durante la cocción y jamones cocidos

Elabore una Honey Curry Sauce (Illinois) mezclando miel, ketchup o cátsup, salsa de soja o soya, mostaza, salsa Tabasco, curry, cebolla y jengibre.

Para untar el cerdo

Mezcle miel, salsa de soja o soya, cilantro picado, ralladura de limón o miel, zumo o jugo de piña, sal y pimienta.

Tajines con miel

El tajín, un plato tradicional marroquí, es emblemático de la cocina del norte de África y combina con éxito la carne y las aves con sabores más dulces. No todos los tajines contienen miel, pero el valioso néctar a menudo está presente en las preparaciones que combinan fruta dulce y frutos secos. La miel proporciona cremosidad a la salsa y confita los diversos ingredientes.

El método tradicional

Según las antiguas reglas del arte culinario, el tajín debe cocerse a fuego lento dentro del utensilio del mismo nombre, dotado de una tapa cónica. En general, la carne se marina previamente, y a veces se recubre con miel. Luego se cuece a fuego lento, estofada, humedecida por el vapor de agua, con aceite de oliva y muy poco líquido. Una vez se han añadido todos los ingredientes, entre ellos las especias (jengibre, pimienta, azafrán y cilantro, y también canela, si el plato es dulce), la tapa se coloca hasta el final de la cocción. Las frutas o verduras que requieren una cocción más breve o que deben caramelizarse se preparan aparte. Aunque no lo parezca, esta técnica requiere mucha práctica para que el plato salga bien.

Las recetas actuales

En general, encontrará tajines para prepararse en una olla de hierro colado. Las etapas más o menos son las mismas.

☞ **PREPARACIÓN:** rehogue la carne con los condimentos (cebollas o chalotas o echalots). ✿ Deje cocer a fuego lento con la olla tapada, con las especias y poco líquido. ✿ Una vez la carne esté casi hecha, incorpore al jugo la miel y los frutos secos. ✿ Deje que reduzca y, para terminar, incorpore los últimos ingredientes (uvas, por ejemplo).

La miel de los oasis

En los oasis existe una miel de dátiles que las abejas elaboran libando los frutos que se han puesto a secar al sol. En cambio, las abejas libadoras no pueden obtener el jugo dulce de los dátiles del árbol, ya que son incapaces de atravesar la piel de los frutos, sean cuales sean.

Los acompañamientos ideales

Los tajines con miel pueden tener como base cordero o aves. Por lo general incluyen frutos secos: pasas de Corinto, higos, albaricoques o chabacanos, dátiles o ciruelas pasas, a los que al final de la cocción se puede añadir fruta fresca (mezclando higos secos e higos frescos, por ejemplo). Almendras o nueces tostadas con miel a menudo dan el toque final, ya que se esparcen en el momento de servir.

Carnes marinadas

El vinagre, al actuar sobre las materias con más rapidez que el vino, puede ablandar todas las carnes. Los vinagres de vino de calidad, si es preciso aromatizados con salvia o tomillo, el vinagre de sidra y los vinagres de arroz son los que se emplean más a menudo en este caso.

Para que la marinada surta efecto, calcule por lo menos 3 horas si se trata de una carne que desea freír o hacer a la parrilla o en la barbacoa o el asador, y por lo menos un día si se trata de una pieza de buey o de carne de caza, que se cocinará a fuego lento en una salsa (pero si dispone de tiempo, no dude en prolongar estos tiempos mínimos).

Marinada a base de vinagre

Con vinagre diluido: si utiliza solo vinagre para la marinada, tendrá que mezclarlo con agua, a razón de 1 cucharada por vaso de agua. Su calidad

y su sabor deberán ser del mismo nivel que si se tratase de un vino.

Con vino y vinagre: si combina los dos productos, calcule unos 10 cl (100 ml) de vinagre de vino o de sidra por 75 cl (750 ml) de vino tinto o blanco.

Con otros ingredientes: en ambos casos, añada como mínimo a la marinada, por cada litro de líquido, 2 zanahorias en rodajas, 1 cebolla, 2 chalotas o echalots y 1 ramita de tomillo, pero no agregue sal.

La marinada griega

Mezcle 8 cucharadas de aceite de oliva, 3 cucharadas de vinagre de vino tinto, 1/2 cucharadita de ajo picado, 1/2 cucharadita de orégano seco y una pizca de guindilla o pimentón rojo seco y picado.

Marinada con cítricos/estragón

Mezcle 4 cucharadas de aceite de oliva, 1 ramita de estragón picado, la piel y el zumo o jugo de una naranja y de un limón, 2 cucharadas de vina-

Consejo

Se aconseja poner siempre las carnes más duras a marinar durante unas horas en vinagre diluido antes de cocerlas. El ácido del vinagre ablanda más la carne que el vino.

gre de jerez, 2 cucharaditas de sal gorda, 1 cucharadita de ajo picado, 1 cucharadita de jengibre fresco rallado, 1/2 cucharadita de chile en polvo y 1/2 cucharadita de pimienta negra recién molida.

Marinada con tomates o jitomates confitados y plantas aromáticas

Mezcle 5 tomates o jitomates confitados en rodajas, 3 cucharadas de aceite de oliva, 250 g de tomates o jitomates cherry, 2 dientes de ajo picados, 2 cucharadas de vinagre balsámico, una pizca de hierbas aromáticas, sal y pimienta. Esta marinada, que usará para napar los alimentos calientes y asados, es más apropiada para carnes rojas, aves y carnes blancas.

Vinagre aromatizado

Todos los vinagres se pueden utilizar para preparar un vinagre aromatizado. Ni siquiera hay que descartar el vinagre de vino blanco, o vinagre de alcohol, utilizado para fines domésticos. Este último, para que el sabor satisfaga sus papilas, en general debe permanecer en maceración dos o tres meses, mientras que para obtener un vinagre perfumado con una base de vinagre de vino o de sidra dos o tres semanas son suficientes.

Sea cual sea su elección, es conveniente que las plantas, frutas o especias destinadas a aromatizar estén totalmente sumergidas en el líquido, y que el recipiente esté bien cerrado y protegido de la luz, como cualquier conserva.

Aromatizado con hierbas

Escoja unas hierbas frescas y pique las hojas para que desprendan más aromas. Calcule un volumen de plantas equivalente a un tercio del recipiente. Vierta el vinagre encima, llenando hasta el borde. Espere 3 semanas, pruebe y, si está a su gusto, cuele el líquido (si es preciso, con un filtro de café).

El tomillo y el romero en principio combinan mejor con el vinagre de vino tinto; el estragón y el cebollino, con el vinagre de sidra.

Aromatizado con frutas

Con unas pieles de cítricos, proceda del mismo modo que con las hierbas, pero durante la primera semana agite el recipiente todos los días. Con frutos rojos es mejor que emplee un vinagre que haya llevado a ebullición durante 2 minutos. Reduzca la fruta a puré, llene la mitad del recipiente con ella y vierta encima el vinagre cuando esté tibio. Agregue albahaca con las grosellas o una ramita de canela con los arándanos. Espere 2 semanas, removiendo de vez en cuando, antes de colar y conservar en un recipiente hermético.

Aromatizado con especias

Puede aromatizar el vinagre de dos formas: con aromas fuertes, como el ajo, por ejemplo, que en este caso deberá calentar el vinagre para extraer el máximo de aromas posibles; para fragancias más suaves, ponga las especias a macerar en el vinagre frío durante 15 días. Pruébelo siempre antes de utilizarlo. **Para un vinagre con guindilla o pimentón**, por ejemplo, ponga 25 g de guindillas o pimentones en un tarro, caliente 60 cl (600 ml) de vinagre de vino tinto o de jerez y viértalo en el tarro. Deje que se enfríe cerrado herméticamente, y deje reposar 2 semanas, removiendo el recipiente de vez en cuando. No se olvide de colar el vinagre antes de usarlo, y pasarlo a una botella limpia. Su aroma se intensificará con el paso del tiempo.

Vinagre y agua de cocción

El vinagre, ya sea de vino o de sidra, no solo puede reemplazar la sal en el agua de cocción para dar más sabor, sino que, además, tiene sus propias cualidades. A continuación presentamos algunas de ellas...

Con los huevos

Un hilillo de vinagre en el agua hirviendo limita el riesgo de que la cáscara de los huevos pasados por agua se agriete. El mismo truco ayuda a mantener enteros los huevos escalfados.

Con las verduras y las legumbres

Cuando se cuecen con un poco de vinagre, las alubias o frijoles, las lentejas y otras leguminosas se ponen más tiernas y se digieren con más facilidad. Lo mismo sucede con la col, la remolacha o el betabel y el apio. De hecho, el vinagre rompe la celulosa que se encuentra en la pared de las células y las fibras de todos los vegetales, suavizando así las que contienen mayor cantidad. Produce el mismo efecto cuando aliña las *crudités*.

Con las coliflores

Estas verduras, una vez descongeladas, adquieren un feo color marrón. Un poco de vinagre en el agua de cocción resuelve el problema. El vinagre también atenúa el olor fuerte de todas las coles, así como la distensión

Conservar bien el vinagre

Ya sea de elaboración casera o industrial, el vinagre debe conservarse en un lugar cuya temperatura oscile entre los 20 y los 25 °C, alejado de cualquier producto doméstico o químico, y protegido de la luz, ya que esta favorece la formación de posos o sedimentos. Sepa, no obstante, que un fino poso o sedimento no es nocivo ni altera el sabor del vinagre. Debido a su acidez, el vinagre posee unas excelentes propiedades de conservación, y se considera un producto no perecedero. Es por ello por lo que no aparece ninguna fecha de consumo preferente en su etiqueta. El vinagre conserva todas sus propiedades gustativas mientras no se ha abierto la botella.

abdominal que causan después de comerlas...

Con las pastas

Los espaguetis y otras pastas no tenderán tanto a aglutinarse si echa un poco de vinagre en la cacerola.

Vinagre y pescado

Junto con las verduras, el pescado es, sin duda, el alimento que combina mejor con el vinagre. Solo hay que fijarse en los japoneses, para quienes un sushi o un sashimi (pescados crudos) no se pueden preparar sin utilizar vinagre de arroz. Pero este valioso líquido también está presente en las tradiciones culinarias europeas.

En las marinadas

El vinagre ablanda particularmente el salmón, el bogavante y las ostras, pero en realidad es adecuado para todos los pescados. Entre las recetas tradicionales, sin lugar a dudas la más conocida es la caballa marinada, que se pone a marinar 4 días en vinagre con estragón (1/2 litro por 6 caballas), acompañado de un poco de aceite, cebollas, chalotas o echalots, zanahorias, laurel, clavos de especia, perejil y pimienta. En este caso, la marinada se hace después de la cocción de los ingredientes. En las recetas más contemporáneas, cocinadas a la barbacoa o en el asador, la marinada se elabora primero. Con los lomos de salmón o las gambas o camarones grandes, puede probar la mezcla siguiente: el zumo o jugo de un limón, el zumo o jugo de una naranja, 1 cucharadita de miel, 2 cucharadas de vinagre de sidra, 2 cucharadas de aceite, jengibre, sal y pimienta.

En caldo corto

Al evitar que el pescado se deshaga, el vinagre de vino constituye, asimismo, un ingrediente esencial en los caldos de pescado. Calcule para el caldo un vaso de vinagre por 2 litros de agua, aromatizados con zanahorias, cebollas y tomillo. Cuando el agua hierva, añada porciones grandes de trucha, salmón y rape, y detenga la cocción en cuanto estén tiernos.

Es útil en todas las etapas

El vinagre es un ingrediente esencial en la preparación de los pescados. Si frota el pescado con vinagre y espera unos minutos, podrá quitar las escamas con mayor facilidad. Diluido en mucha agua, el vinagre favorece el desalado del bacalao, ya que elimina mejor el sabor a sal. Si se moja con vinagre el pescado antes de asarlo, evita que la piel se pegue a la rejilla de la barbacoa o el asador. O también puede añadirlo durante la cocción, y así atenuará de forma duradera el olor intenso del pescado.

JARDÍN

Información útil

El jardín es una fuente de bienestar cuando sabemos arreglárnoslas para eludir las tareas pesadas. Nuestras abuelas jardineras ya habían puesto en práctica un sinfín de trucos que les facilitaban el trabajo. Los acompañaban con observaciones reiteradas sobre el terreno, que las llevaban a mejorar su forma de trabajar el jardín. Estos secretos se han transmitido de boca en boca de un jardín a otro, con ciertas diferencias según las zonas, los suelos y los climas existentes. Pero existe un fondo común a todos los jardineros, que se mantiene vivo hoy en día gracias al interés renovado por prácticas sostenibles respetuosas con el entorno.

LAS PRÁCTICAS BÁSICAS

La lucha contra los parásitos y las enfermedades forma parte de este fondo común; sin embargo, no hay un único modo de hacer las cosas. A lo largo del tiempo se han probado muchísimas recetas de purines: combinaciones entre plantas y materiales diversos que se dejan fermentar y resultan eficaces para controlar las plagas. Pero antes que nada hay que saber abonar y proteger el suelo de cultivo a fin de limitar de raíz los problemas de crecimiento y de parásitos. Acolchado, compost o composta y riego selectivo son algunos de los trucos que hay que poner en práctica para garanti-

zar el éxito de nuestro trabajo. Cuidar de las herramientas va en el mismo sentido, ¡ya que un jardinero ordenado y ahorrador vale por dos!

PACIENCIA Y OBSERVACIÓN

La paciencia es, asimismo, una regla que debe aplicarse sin moderación. Haga como nuestras abuelas: dedique tiempo a recorrer el jardín para saber qué es lo que funciona o lo que no en los macizos florales, para observar las sombras proyectadas por las paredes, los setos y pequeñas construcciones del jardín, o para disponer mejor las plantas según sus necesidades. Componer los macizos florales poco a poco, procurando que cada especie esté en el lugar adecuado para su desarrollo, es algo que solo puede hacerse reflexionando después de detenidas observaciones. Este es uno de los secretos más antiguos que debemos refrescar en nuestra memoria. También hay que mimar los planteles o pies y las plantas jóvenes, y más tarde desquejar y recoger las semillas cuando llega el momento, para poder renovar el jardín sin grandes gastos. Para ello tampoco faltan trucos. En un segundo momento podrá aplicar los trucos de composición que permiten crear macizos florales opulentos y bellas borduras, siempre cuidando cómodamente del jardín.

Jardín

Arcilla

Evidentemente, la arcilla tiene un lugar en el jardín, y no solo como componente de la tierra de cultivo. Las bolas de arcilla son bien conocidas, pero en general no se suele saber que las cataplasmas, los emplastos o la leche también forman parte del material del jardinero perfecto.

Utilizar bolas de arcilla dilatada

Estas bolas se obtienen mediante un calentamiento intenso de la arcilla cruda, que expulsa de manera brusca el agua, provocando así una dilatación de su volumen. Las bolas son ligeras y sólidas, de modo que airean y drenan la tierra. Con ellas se cubre el fondo de las macetas para facilitar la salida del agua, se mezclan con el mantillo o se esparcen al pie de las plantas para proteger el suelo y conservar la humedad.

Las bolas de arcilla sirven, asimismo, como aislante ecológico u orgánico

Y también

Puede espolvorear el pie de las plantas verdes con arcilla, ya que aporta oligoelementos que ellas agradecen, y permite espaciar los riegos manteniendo un índice de humedad correcto.

cuando se crean suelos de hormigón o enlosados.

Proteger los troncos

¡A las plantas también les gusta la leche de arcilla! A comienzos de invierno, para proteger los troncos de los frutales jóvenes del frío, de las plagas o los hongos, úntelos con una mezcla a base de arcilla, caldo bordelés o azufre en polvo, aceite de neem y agua.

📖 *Ingredientes:* • *5 dosis de arcilla triturada* • *1 dosis de caldo bordelés o de azufre en polvo (1 cucharada por 100 g de arcilla)* • *1 tapón de aceite de neem (un insecticida vegetal natural)* • *agua*

Cómo proceder: mezcle los ingredientes con suficiente agua como para obtener la

consistencia de una pasta de crêpes. ✱ Cepille el tronco. ✱ Luego dé una mano abundante con esta preparación, desde el nacimiento de las ramas hasta el suelo.

La leche de arcilla también permite fijar mejor las pulverizaciones sobre las hojas. El día anterior al tratamiento, agregue 2 cucharadas de arcilla verde triturada a un vaso de agua. Al día siguiente, mezcle el agua superficial y el líquido de tratamiento, a razón de 10 cl (100 ml) por litro, y pulverice todo el árbol.

Aplicar emplastos para cuidar y proteger

Podadores y jardineros usan este método para curar una herida o para impedir que el agua penetre en los agujeros que se forman en los troncos. La solución consiste en aplicar un emplasto grueso de arcilla y sujetarlo bien en su sitio. Sobre una herida, se aconseja renovar el emplasto en cuanto se seque. Algunos libros antiguos de horticultura incluso recomiendan incorporar excrementos de vaca. A diferencia de la masilla o el cemento, la arcilla vive con el árbol, deja respirar la madera a la vez que la protege del agua, los insectos y los hongos.

Riego inteligente

Es preferible regar las plantas pronto por la mañana o al atardecer,
ya que la evaporación del agua es mucho menor que en pleno día,
bajo el calor del sol. Pero, además de estas buenas prácticas, recuperar
el agua y organizar las reservas también permite mejorar el riego.

Recuperar el agua

En casa: recuperar el agua donde se han lavado las verduras para regar era lo habitual en el pasado, porque había que ir a buscar el agua al pozo. Vuelva a usar esta agua para regar las jardineras y parterres que rodean su casa. Será un ahorro considerable, y siempre tendrá con qué regar las plantas en épocas de sequía, cuando el riego de los jardines está regulado. Del mismo modo, recupere el agua de la secadora.

En el balcón: recuperar agua es igual de fácil en el balcón y, además, permite tener agua para las plantas de interior sensibles a la cal o al agua calcárea, como las orquídeas. Coloque un embudo sobre una garrafa o un recipiente grande si no tiene espacio para instalar un recuperador de agua comercial.

Reducir la frecuencia del riego

Al plantar: forme una cubeta alrededor del pie de las plantas de seto, vivaces y arbustos ornamentales para retener el agua de riego. Basta con formar una barrera circular alrededor de cada pie, con un diámetro de 40 a 60 cm, según el tamaño de la planta. Estas cubetas son útiles sobre todo el primer año de vida de la planta, para que el agua se dirija a las raíces y haga que la planta arraigue y crezca bien. Las cubetas se mantienen varios meses; cuando se alisen, fórmelas de nuevo.

Para el mantenimiento habitual: si riega manualmente el huerto, use un truco que le permitirá reducir la frecuencia de riego: al pie de las plantas, clave unas botellas de plástico boca abajo hasta un tercio de su altura después de cortarles el fondo y llénelas de agua. Las de agua mineral son poco estéticas pero muy prácticas, ya que pueden contener una gran cantidad de agua. También puede conseguir recipientes cónicos con la punta abierta, para que pase el agua, o bien recipientes de cerámica, que son porosos y se venden para este uso.

Asociación de plantas

Los conocimientos más elementales transmitidos por los antiguos jardineros incluyen las asociaciones de plantas. Pero están tan arraigados a la tradición oral que nunca se han efectuado verdaderos estudios científicos sobre la cuestión. Pero no importa, ya que nuestras abuelas sabían qué era lo que crecía mejor en cada rincón del jardín o del huerto.

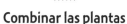

Combinar las plantas adecuadas

En el huerto: las asociaciones entre verdura de hoja y verdura de raíz funcionan con toda seguridad, y el sentido común de antaño las ponía en práctica de manera sistemática en el huerto.

En un espacio pequeño, rábanos y lechugas se llevan muy bien, ya que el rábano crece por debajo de la superficie del suelo, y la lechuga hacia arriba. Además, el rábano goza de la protección de las lechugas, que ocultan sus hojas a las pulguillas parásitas.

Zanahoria y puerro o poro es la asociación más conocida, y funciona en todas las zonas. A lo largo de los siglos se ha observado que estos compañeros no solo ocupan poco espacio si se cultivan juntos, sino que también se protegen mutuamente de los parásitos: la zanahoria aleja a la polilla y los trips o tysanos del puerro o poro, y este ahuyenta a la mosca de la zanahoria.

En los macizos florales ornamentales: todas las asociaciones de plantas viva-

ces cubresuelos con arbustos funcionan bien; las primeras protegen el suelo en la base de los segundos. El pie de león, la milenrama, el orégano, la artemisa, la calaminta y las saxífragas se cuentan entre las más fáciles de implantar. Y no se olvide de asociar las anuales de flor con los frutales plantándolas a su pie, ya que atraen a los insectos útiles para la polinización.

Acordarse de las aromáticas

Las plantas aromáticas de fragancias intensas, útiles a diario, ahuyentan también a los insectos parásitos de los cultivos. Acuérdese de asociarlas a las hileras del huerto, y de mezclar-

las en los macizos florales ornamentales. Entre las combinaciones más eficaces, pruebe la salvia con la col, o la lavanda con los rosales.

Separar algunas plantas

¿Las fresas no dan fruto, o los frutos no maduran? ¡Compruebe si las coles crecen a su lado! No se soportan, y la col también detesta a todas las plantas de la familia de la cebolla (cebollino, ajo o puerro o poro). Del mismo modo, aleje el ajo de las judías o ejotes, puesto que no hacen buena pareja, y no plante zanahorias cerca de la menta, la melisa o la salvia. En cuanto a la patata o papa, hay que evitar a toda costa que esté cerca de los calabacines y las calabazas.

Esquejes

No hay nada como los esquejes caseros para multiplicar las plantas y hacer más densos los macizos a un coste mínimo. En la mayoría de los casos solo hace falta dedicarles un poco de tiempo. Para lograr un alto índice de éxito hay que elegir plantas que se presten y utilizar las técnicas más sencillas.

Fijarse en la Luna para lograr mejores resultados

En luna descendente (cuando baja en el cielo), la sabia es menos activa y vuelve a las raíces. El crecimiento de estas se produce, pues, con más rapidez, y las plantas se desarrollan antes. Esta es la razón por la que todos los jardineros coinciden al considerar esta fase como la de plantación, trasplante y multiplicación por esquejes.

Tener rosales en abundancia

A finales de agosto, corte unos trozos de tallos de 30 cm de largo en sus rosales más hermosos. Seccione la base de los tallos al bies y clávelos hasta la mitad en una maceta grande llena de tierra de jardín, disponiéndolos en paralelo a la pared de la maceta, a 3 cm unos de otros. Humedezca y ponga la maceta a la sombra, en un rincón del jardín. Riegue regularmente, y en invierno resguarde del frío, en el garaje o cochera o en un invernadero frío. En primavera trasplante sus esquejes en el jardín.

Setos más tupidos

Acode los cornejos, los viburnos, las bolas de nieve y las deutzias para tener unos setos campestres muy espesos. Es una técnica sencilla. Consiste en elegir unas ramas flexibles (las más jóvenes) del contorno de la planta y bajarlas hasta el suelo en verano. Deshoje la parte que toca al suelo, a lo largo de unos 30 cm, húndala a 3 cm bajo el suelo, dejando el extremo del tallo fuera, atado a un pequeño tutor o guía. Sujete la parte enterrada con unas horquillas o un lazo, o una piedra grande. Riegue a menudo y espere hasta la primavera siguiente para cortar el tallo que unía el pie nuevo al viejo. Plántelo un poco más lejos o déjelo en el mismo lugar.

Favorecer el enraizado

En ocasiones, los esquejes necesitan un pequeño empujón para arraigar con rapidez. Para ofrecerles las máximas posibilidades, se aconseja aportarles hormonas para esquejes, pero aún es mejor preparar un bálsamo para enraizar con materia orgánica completamente natural: estiércol de vaca. Mézclelo con un poco de agua y tierra y obtendrá un barro para untar que estimulará la planta a echar raíces.

Con el mismo objetivo, prepare un excelente mantillo para esquejes mezclando estiércol, ortigas (ricas en nitrógeno) y consuelda (rica en potasio) troceados y unas paladas o palas de tierra. Deje que la preparación se descomponga durante 6 meses en un rincón del jardín. Para los esquejes, añada un 50 % de arena a este mantillo.

Comodidad y jardinería

Usar ropa vieja en el jardín siempre ha sido el truco... de las jardineras.
En cambio, los hombres prefieren un auténtico traje de jardinero,
en general un mono o un overol repleto de bolsillos. Pero tanto
si se prefiere aprovechar ropa como si se opta por un mono u overol,
para trabajar en el jardín hay que ir cómodo. Algunos trucos adicionales
ayudan a proteger la espalda y las rodillas, y a trabajar con tranquilidad.

Protegerse las rodillas

Unas rodilleras en forma de grandes bolsillos con una abertura por arriba y cosidos al pantalón por fuera permiten arrodillarse cómodamente, introduciendo en el bolsillo un relleno o cualquier materia blanda y gruesa, que se pueda quitar fácilmente a la hora de lavar.

Utilizar un banco portátil

El regreso a las tareas manuales, más ecologistas, nos remite a los objetos ingeniosos creados hace unos años, y que vuelven a estar de moda: un reposarrodillas dotado de dos asas que ayuda a levantarse, y que también puede usarse al revés, como un práctico banquillo para podar arbustos, cortar las flores marchitas de las vivaces o tutorar o acomodar guías.

Mejor arrastrar que llevar

Los restos vegetales terminan por ser pesados, y es poco práctico transportar un canasto en la espalda cuando se poda. La solución más económica y práctica consiste en extender una lona de jardín en el suelo y arrastrarla de un lado a otro mientras uno se desplaza. Esto es particularmente útil cuando se poda un pequeño seto como el boj, por ejemplo.

Colgarse las herramientas para no perderlas

¿Qué jardinero no ha perdido las tijeras de podar en el jardín? Cuando uno hace varias tareas a la vez, deja una herramienta, luego se olvida de ella y esta desaparece entre la vegetación. Pero eso no le sucederá si ata al mango de las tijeras un cordel largo, que colgará, a su vez, en uno de sus bolsillos.

Poda y Luna

Las operaciones de poda se realizan en luna descendente a finales de invierno. Es el periodo lunar más propicio, ya que la savia entonces está concentrada a nivel de las raíces, y la poda siempre se soporta mejor.

Evitar las insolaciones

Nuestras abuelas jardineras nunca trabajaban en el jardín sin un sombrero de paja sobre la cabeza. Adopte esta costumbre para evitar las insolaciones. Estas se suelen producir cuando uno está absorto delante de un macizo, o cuando realiza un trabajo de precisión y le pasa el tiempo sin darse cuenta. No importa de qué estilo sea el sombrero, siempre y cuando tenga el ala ancha y le cubra también la nuca, la zona siempre más expuesta al sol cuando nos inclinamos hacia delante.

Es útil saber...

Es mejor posponer todos los trabajos de jardinería durante los dos días en que la Tierra y la Luna están más cerca (perigeo) y durante los días en que están más distanciadas (apogeo). ¡No haga nada, limítese a descansar! Las tareas de mantenimiento del huerto deben hacerse en luna descendente, que es el momento propicio para realizar las labores de la tierra.

Crecimiento de las plantas

La ortiga es la planta ideal para estimular el desarrollo inicial de las plantas que necesitan nitrógeno, como algunas de la familia *Cucurbitaceae*. También se recomienda para inducir el crecimiento de los tomates o jitomates, los pimientos o incluso las berenjenas, y asimismo refuerza el desarrollo de las coles. Sin embargo, no es la única que tiene influencia en el crecimiento de las plantas: la Luna también desempeña un papel importante.

Estimular el arranque

Antes de plantar las verduras, agregue dos puñados de hojas frescas de ortiga al hoyo donde va a plantar. Asegúrese de que estas no toquen directamente las raíces de la nueva planta. La descomposición tendrá lugar poco a poco, y extenderá las sustancias nutritivas.

Fijarse en la Luna

Las plantas reaccionan de formas distintas según las constelaciones por las que pasa la Luna. Estas reacciones

han sido estudiadas sobre todo por investigadores en biodinámica, y registradas para elaborar una clasificación de las plantas según cada constelación. Hoy en día es fácil seguir esta clasificación para saber qué días son favorables para los trabajos dedicados a cada tipo o a cada parte de las plantas. Los ciclos lunares se dividen en días hojas, días flores, días frutos y días raíces.

Las raíces se desarrollan mejor en las constelaciones de Tauro, Virgo y Capricornio, es decir, en los signos de tierra.

Las hojas y los tallos crecen mejor en las constelaciones de Cáncer, Escorpio y Piscis, los signos de agua.

Las flores son más bonitas y abundantes en las constelaciones de Libra, Géminis y Acuario, los signos de aire.

Los frutos y las semillas resultan muy beneficiados en las constelaciones de Aries, Leo y Sagitario, los signos de fuego.

Es útil saber

Evite pulverizar directamente purín de ortiga sobre las hojas de *Solanaceae* (tomates o jitomates, berenjenas, pimientos…).

Fertilizar los arbustos todos los años

Fertilizar los arbustos todos los años en otoño o primavera, sobre todo en luna descendente, les permite proseguir antes su ciclo de crecimiento. Extienda sobre el suelo una gruesa capa de hojas mezcladas con madera triturada fina, en una superficie equivalente al contorno de las ramas en el caso de arbustos aislados, o en una franja de 50 a 80 cm a lo largo de los setos. Sin embargo, deje 20 cm alrededor del tronco sin fertilizante. Las magnolias, que necesitan mucho alimento, al igual que las camelias, son muy receptivas a este trato de favor.

Desherbado

Las plantas adventicias compiten con las especies hortícolas, colonizando los macizos. Aprenda a interpretarlas: le señalan las carencias del suelo, y llevan a cabo una función de regulación, ya que aportan los elementos que les faltan. Elija sus objetivos según los lugares, y no toque las demás. Así se ahorrará mucho trabajo.

Cuidar de los macizos

Donde cultive sus plantas preferidas y en las macetas, evite la competencia desherbando únicamente a mano. Actúe cuando las plantas sean pequeñas, limpie con cuidado y luego acolche el suelo con una capa gruesa de un material orgánico.

Deshacerse de las adventicias

En las zonas de grava, elimine las adventicias pulverizando sobre las hojas con una mezcla de agua y vinagre de vino blanco a partes iguales. Tenga cuidado de no mojar las hojas de otras plantas de su alrededor. Repita la operación otra vez al cabo de 3 días. El vinagre se diluirá rápidamente en el suelo, y su acidez se neutralizará.

Mantener la terraza limpia

En la terraza, para mantener el suelo limpio, vierta el agua donde coció las patatas o las papas o la pasta sobre el enlosado, en particular en las juntas donde las semillas de las ad-

venticias consiguen introducirse. El calor destruye las hierbas y las semillas poco hundidas, y la sal del agua las intoxica. Procure no echar mucha sal a esta agua, ya que ello es tan malo para sus arterias como para el suelo y las capas freáticas.

No deshierbe

Un césped tipo prado: no hace falta desherbar un césped rústico. Las adventicias se mezclan con las gramí-

neas y, una vez cortadas, ni siquiera se ven. Además, desempeñan una función en relación con los insectos del jardín: les ofrecen un lugar donde vivir y alimento a principios de temporada, antes de la primera siega.

Un jardín campestre: en los macizos campestres, las adventicias en flor son casi tan bonitas como las especies cultivadas. No se canse arrancándolas, tan solo córteles la cabeza antes de que se marchiten del todo, para que sus semillas no se diseminen.

Ahorro de agua

Sin agua nada crece, o casi nada. Pero el agua hoy en día es un recurso escaso. Resista a lo largo de las sequías reiteradas y soporte los veranos caniculares siendo previsor.

Recuperar el agua de lluvia

Es la mejor forma de tener agua cuando la sequía es más intensa. Desde el comienzo de la primavera, coloque recuperadores de agua bajo los canalones de su casa, del garaje o cochera, del cobertizo o terraza, de la caseta del jardín… Los recuperadores de agua poseen unos filtros que evitan las impurezas. Disponga también recipientes en diferentes puntos del jardín para recoger el agua de lluvia. Coloque una rejilla encima (tela de gallinero sujetada con una piedra) para evitar que los pequeños animales se ahoguen en ellos. Cuanta más agua recupere, más podrá redistribuir a lo largo de la temporada de vegetación.

Planificar el riego

Regar demasiado a menudo hace que las plantas se encuentren en una situación de escasez cuando usted no puede mantener ese ritmo. En cambio, habituarlas a un riego poco frecuente pero copioso las obliga a que sus raíces penetren a mayor profundidad en busca del frescor y las fortalece. Un riego semanal es del todo suficiente, o incluso puede probar a regar cada 10 días si el suelo está constituido por una buena mezcla arcillo-húmica (tierra franca), que se hincha para retener el agua que se aporta.

Endurecer las plantas

Cuanto más mimada haya estado una planta joven dentro de un invernadero o una cajonera, más cuidado exigirá después, una vez se haya trasplantado al jardín. Antes de trasplantar, reduzca drásticamente el riego, lo cual favorece la producción de una masa radicular más importante. Algunos jardineros también practican con éxito un método drástico: dejar las plantas al sol, en el suelo, durante 2 días antes de trasplantarlas. Las que resisten requerirán menos agua en lo sucesivo.

Guantes de jardín

No todas las labores del jardín requieren unos guantes de cuero;
no obstante, estos son la mejor protección para las manos. Finos o gruesos,
cómprelos de su talla, nunca demasiado grandes, para que sean
como una segunda piel y le permitan trabajar con precisión.
Y cuídelos, así le durarán mucho más tiempo.

Lavar con cuidado

Cuando estén llenos de tierra, límpielos con un cepillo suave, sin quitárselos. También puede frotarlos rápidamente bajo el agua, sin dejar que se empapen. Si la humedad y la tierra adherida los deforma, no espere a que se sequen y se agrieten: lávelos con un cepillo y agua con jabón. Escúrralos a mano y, para secarlos, póngalos planos sobre una toalla y luego plánchelos a temperatura baja para devolverles la flexibilidad.

Proteger sus manos

Unos guantes flexibles son más agradables de llevar y también son los mejores aliados para la jardinería. Úntelos por fuera con aceite de ricino, que es muy cremoso y nutritivo. Cuando se mezcla con aceite de almendras dulces también puede servir para masajearse las manos y evitar así las rampas o los calambres. Espolvoréelos por dentro con talco. El talco de bebé, ligeramente perfumado, le ahorrará ampollas y le permitirá ponerse mejor los guantes.

Es útil saber

Los guantes de tela son preferibles para pequeñas tareas, por ejemplo, cambiar las plantas de maceta o plantar bulbos. Pero también hay guantes de cuero fino, que una vez adaptados a su mano no dejará nunca, y le resultarán muy eficaces en muchas situaciones.

Guardar bien

Después de trabajar en el jardín, introduzca los guantes en el mango de las herramientas que guarda o que cuelga de una barra. De este modo los encontrará siempre. Pero cuidado, sacúdalos cuando los recoja al cabo de unos días. Es posible que alberguen a algún animalillo que ha encontrado en ellos un buen refugio.

Semillas y recolección

El jardín esconde tesoros cuando permitimos que las flores fructifiquen.
No se trata de dejar que todas las flores se marchiten sin cortar ninguna,
sino de que una parte de los macizos florales se dedique a producir semillas.
También las recuperamos en el huerto cuando cultivamos variedades antiguas.

Introducir las semillas en bolsas

Todas las umbelíferas, y en particular las del huerto, como las zanahorias, el hinojo y el cilantro, son muy productivas y proporcionan millares de pequeñas semillas cuando las recolectamos. Estas se caen con mucha facilidad cuando están maduras. Introduzca las umbelas marchitas directamente de la planta en una bolsa de papel antes de cortarlas para recoger las semillas. Así perderá muchas menos.

Es útil saber

Toda recolección se efectúa en luna ascendente. Aproveche, pues, la fase creciente de la Luna si arranca bulbos de flores para conservarlos hasta la próxima temporada de plantación.

Colocar cartones y otros materiales en el suelo

Muchas semillas de las plantas anuales se dispersan con celeridad con el viento y, por desgracia, no siempre es fácil conocer exactamente su grado de madurez para poder recolectarlas antes de que se caigan. En este caso, déjelo en manos de la naturaleza, pero disponga cartones bajo las plantas, en el suelo, o bien pequeñas lonas donde las semillas caerán y permanecerán por lo menos un día antes de que se las coman los pájaros o se las lleve el viento. Aproveche este lapso de tiempo, y acuérdese de pasar todos los días a recoger las semillas que hayan caído.

Colgar ramilletes

Para asegurarse de que dispondrá de semillas de las flores de los macizos sin tener que comprobar todos los días si están maduras, corte unos ramilletes una vez estén bien marchitas, póngalos en bolsitas de tela o en bolsas de papel fino y cuélguelas en el sótano. Las semillas caerán por sí solas en la bolsa cuando estén secas.

Antes de conservarlas

Deje que las semillas se sequen sobre un tamiz a la sombra, en un lugar bien ventilado, y luego selecciónelas, apartando los restos vegetales, las cáscaras o los envoltorios que las protegen. Luego etiquete las cajas, indicando el nombre de la planta y el año de recolección. Algunas semillas se conservan varios años, mientras que otras deben utilizarse más pronto. Sepa que cuanto más espere, menos semillas germinarán. Al recolectar las semillas podrá renovar sus cultivos al año siguiente sin tener que invertir mucho dinero.

Plantas jóvenes

Cuando se puede preparar un semillero y hacer crecer las plántulas,
el ahorro es muy interesante. La segunda ventaja reside en la precocidad
de los cultivos que se trasplantarán al jardín una vez lleguen las temperaturas
adecuadas. A partir de entonces, protegerlas del viento, de las últimas heladas
y del sol es imprescindible. Se trata de una gran ventaja para
tener las plantas en buena forma.

Realizar una cajonera con una tapa de cristal

Si no dispone de una, pero es amante del buen vino, recupere las cajas de madera en las que viene el vino. Colóquelas en el garaje o cochera, en un lugar iluminado, y guarde las cajitas con los semilleros en su interior. La madera las aislará del frío. Cúbralas con plástico o con una placa de cristal, si es posible.

Mantener los semilleros calientes

Algunos semilleros son más fructíferos sobre una capa caliente. Si no dispone de un invernadero, extienda césped segado bajo las macetas y las cajitas de los semilleros, dentro de una simple cajonera. Así podrá aumentar la temperatura ambiente gracias a la fermentación de estas briznas de hierba cortadas. Al mismo tiempo, esta capa gruesa de césped aislará a las cajitas del frío que asciende del suelo.

Trasplantes logrados gracias a la Luna

Durante los trasplantes, la zanja que es preciso cavar alrededor del terrón para poder sacar la planta sin que se rompa requiere, asimismo, una atención particular.

En días raíces y luna descendente, cave bajo la vertical del perímetro de las ramas, seis meses antes en el caso de un arbusto, con el fin de que las raíces se concentren de nuevo en el interior del terrón.

En el caso de las vivaces no es necesario hacerlo con antelación, pero si el terrón tiene el tamaño suficiente, aumentarán las posibilidades de que la vivaz arraigue allí donde se trasplante. Los bulbos también se plantan siempre en luna descendente, en días raíces en el caso de las verduras y en días flores los bulbos decorativos.

Adaptar los hoyos de plantación

El hecho de mullir los hoyos donde se va a plantar tiene una especial importancia, puesto que los vegetales pasan un periodo en el cual las raíces tendrán que desarrollarse en el nuevo entorno que se les ofrece. Cuanto más blando sea el suelo alrededor del terrón original, con más rapidez podrán crecer las raíces. Por ello es necesario cavar hoyos dos veces más grandes y profundos de lo que el tamaño del terrón requeriría. En suelos compactos o pobres, la aportación de mantillo aligera, además, la estructura de la tierra.

Combatir los cambios de temperatura

Heladas y calor en el huerto: las plantas que se trasplantan demasiado pronto pueden perecer a causa de las heladas tardías, y a veces incluso alguna nevada inesperada puede hacer bajar bruscamente la temperatura y acabar con todas sus ilusiones.

Para paliar estos inconvenientes climáticos, lo cual no siempre resulta fácil, cubra con un plástico protector sus plantas jóvenes hasta que estos riesgos hayan pasado. Sujételo con unos piquetes o estacas o unas ramas secas pero robustas clavadas en el suelo, para que no aplaste las plántulas. En épocas de mucho calor, haga lo mismo para proteger las plántulas del sol, pero con una lona que dé sombra sujeta a unos piquetes o estacas un poco más altos, para que dejen circular el aire por debajo.

Paravientos a discreción: en los jardines azotados por el viento, puede plantar en cubetas, o bien rodear de muros las parcelas de cultivo.

Otra solución consiste en proteger las hileras enterrando unos manojos de paja a lo largo de ellas. Tome un puñado de paja o de heno, dóblelo por la mitad y húndalo en la tierra a ese nivel con una laya, hasta un tercio de su altura.

Es útil saber

Formar montículos de tierra de 20 a 30 cm durante la luna descendente puede proteger, asimismo, del viento a algunas plantas sensibles. En este caso, los montículos pueden rodear varios cultivos, de modo que los más sensibles queden en los lados y los más rústicos en lo alto de los montículos.

Babosas

Babosas y caracoles encabezan la lista de las principales plagas del jardín. Y combatirlos a veces resulta difícil, aunque los pájaros, los lagartos o lagartijas y los erizos los devoren en cantidades considerables. Una sus esfuerzos a los de esta fauna auxiliar, de forma ecológica, para no ahuyentarla y sin arriesgarse a perjudicar a ningún animal de la casa. Olvídese, pues, de las trampas diversas, y utilice los viejos trucos que han demostrado su eficacia en el campo.

Acolchar con helechos

Una capa gruesa de helechos águila los ahuyenta. Pero es preciso renovarlos con regularidad. Corte los tallos finamente, o tritúrelos si tiene trituradora, ya que es todavía mejor. La consistencia del helecho impide sus movimientos, pero sobre todo esta planta desprende una sustancia tóxica, incluso cuando está seca, que envenena a las babosas y los caracoles. El purín de helecho refuerza esta acción y mata los huevos de las babosas que están enterrados en el suelo.

Acolchar con ceniza

Formar un cordón de ceniza de madera alrededor de las plantas preferidas por las babosas da excelentes resultados, ya que estas no pueden deslizarse sobre la ceniza, que se pega a su mucosidad. Hay que volver a hacer este cordón después de que llueva, y cuando el rocío es muy abundante en primavera.

Pulverizar

En caso de que haya un gran número de babosas, la pulverización de sulfato de magnesio diluido en agua (50 g en 2 litros de agua) sobre las hojas de lechuga o de hosta las protege debido al sabor amargo y salado de esta solución. El sulfato de magnesio en polvo cuando se extiende al pie de las plantas jóvenes también es muy eficaz. Este compuesto químico no supone ningún inconveniente para los cultivos, e incluso se emplea en los abonos para el crecimiento de las plantas. Y se disuelve con rapidez bajo la lluvia.

Soltar las gallinas

Si tiene un gallinero, aunque solo sea de 3 o 4 gallinas, suéltelas al atardecer, antes de que caiga la noche, en el momento en que las babosas comienzan a estar activas. Las gallinas devoran tanto las babosas como las orugas y las hormigas. Luego volverán ellas solas por la noche al gallinero.

Recuperar

La última ventaja del jardinero: ¡la paciencia! Si vuelve boca abajo algunas macetas de cerámica alrededor de las plantaciones, o si dispone una hilera de pequeñas tablas en el suelo, le será fácil encontrar las babosas, pues se adherirán en la cara inferior de estas. Allí creerán que están protegidas y no buscarán otro escondrijo. Aprovéchese de su ingenuidad, recójalas y échelas en un campo yermo cercano.

Enfermedades

No todos los tratamientos naturales son iguales, pero al menos tienen la ventaja de mantener el jardín libre de pesticidas y, por tanto, muy vivo. El mejor modo de preservarlo de las enfermedades es el simple hecho de cultivar especies adaptadas al suelo existente y en una disposición adecuada.

Proteger los frutales de las enfermedades

El encalado con cal apagada (1 kg de flor de cal por 2 litros de agua) se efectúa con un pincel grande desde otoño hasta primavera. Protege de musgos, líquenes y hongos ocultos dentro o bajo la corteza y transmisores de diversas enfermedades. Este encalado se puede sustituir por otro también eficaz, compuesto de arcilla, agua y estiércol fresco de vaca. Cepille los troncos antes de aplicarlo.

Combatir el oídio y la mancha negra de los rosales

Como medida preventiva, plante ajo ornamental al pie de las plantas de macizo y ajo alimentario al pie de los frutales. Los dientes de ajo machacados y enterrados en los hoyos de plantación también son muy eficaces.

Como medida curativa, ponga en infusión un diente de ajo en 1 litro de leche semidescremada y 1/4 de litro de agua; luego pulverice sobre las hojas y repita la operación al cabo de 15 días. La infusión de ajo contiene compuestos azufrados que actúan

Es útil saber

Cuando la Luna está en fase creciente (de la luna nueva a la luna llena), las plantas resisten mejor las enfermedades. Esté atento, pues, a los ataques de los animales dañinos en luna menguante, y cuente con los insectos auxiliares depredadores para ayudarle en esta tarea.

sobre los hongos, y la leche posee propiedades antifúngicas, además de actuar como agente adherente en las hojas.

Combatir el mildiu

Actúe pronto, en cuanto el sol primaveral haga subir las temperaturas sobre un suelo demasiado seco que no ha recibido suficientes lluvias. Mezcle 1 cucharada de bicarbonato sódico o de sodio en 1 litro de agua y pulverice las hojas de las plantas sensibles a este parásito microscópico. Si tiene tomates o jitomates en su huerto, plante lavanda a su pie para evitar el mildiu.

Erradicar todas las enfermedades criptogámicas

Utilice el purín de cola de caballo, el mejor tratamiento fungicida natural. Ponga en remojo 200 g de cola de caballo seca en 10 litros de agua hirviendo, deje en infusión y luego deje que fermente durante 24 horas. Cuele y luego pulverice las plantas y el suelo con esta solución.

Eliminar la podredumbre gris

El acolchado de helechos también resulta antifúngico, y se emplea contra la podredumbre gris, que ataca a las especies sensibles a la humedad a nivel del cuello. Triture los helechos antes de crear el acolchado.

Macizos florales y borduras

Decídase de una vez por todas a bordear sus macizos. No tendrá que quejarse
más de que el césped está comido por los lados, de que los senderos están
invadidos por las plantas que acampan a sus anchas, ni de que se difuminan
las lindes. Es una práctica antigua, pero los materiales han evolucionado.
Elíjalos a su gusto, combinando el estilo de las borduras con el tipo
de jardín y de su mobiliario.

Hacer convivir el césped con los macizos

Allí donde al césped le cuesta crecer
y se pudre bajo el follaje de las plantas, forme una hilera de losas, o dos
hileras de adoquines, o incluso dos de
ladrillos. Esta bordura restará espacio al césped y hará que retroceda su
margen lo suficiente como para que
los follajes suspendidos dejen de afectar el crecimiento de la hierba. Estas
losas no deben necesariamente tocar-
se, de esta forma permiten que el
césped aparezca entre las juntas, si lo

consigue. Además, usted podrá andar por esta bordura los días de lluvia y recorrer el jardín sin mojarse
los pies.

Facilitar el mantenimiento de macizos y senderos

Instale borduras que retengan la
tierra para facilitar el mantenimiento en ambos lados. Existen numerosos modelos en los comercios,
aunque también puede hacerlas con
guijarros o piedras de río, adoqui-

nes, losas finas colocadas en vertical, rollos de troncos de madera, o
bien, optar por placas de madera
o láminas de acero que encajen entre
sí. Estas últimas también son una
solución eficaz para restablecer lí-
mites perennes entre el césped y los
senderos.

Bordear con plantas

Plante vivaces cobertoras muy tupidas que no deban podarse, como ce-
rastio, aubrieta, campanilla dálmata,
clavelinas, aliso o clavelina de mar.
Crecen en matas tupidas y forman
espléndidas borduras fijas cuando se
desea mantener un aire campestre en
el jardín.

Estanques y cursos de agua

Si tiene un estanque, límpielo en luna descendente, momento en que se
reduce la actividad animal. Si tiene que capturar peces, hágalo en el
momento en que la luminosidad de la Luna sea más baja, en el último
cuarto. Y para devolverlos al estanque, opte por el primer cuarto
de la luna ascendente, ya que se adaptarán mejor
a su nuevo entorno. Y si va a plantar vegetales
acuáticos, hágalo en el primer cuarto
de Luna, y sobre todo en luna
descendente.

Multiplicaciones económicas

Emplear la dinámica vegetal para multiplicar las plantas equivale a aprovechar
lo que nos proporciona la naturaleza. ¡El jardinero avispado lo aprovecha todo!
Tanto en el jardín como con las plantas de interior, lo que quiere crecer
y reproducirse en profusión merece nuestro interés.

Plantar esquejes con campana

Con un pie de lavanda, se obtiene fácilmente toda una bordura si se multiplica los tallos con campana.

CÓMO PROCEDER: corte unos trozos de tallos tiernos de 15 cm de longitud y clávelos en el suelo hasta la mitad, allí donde quiere que crezcan. ✱ Riéguelos y cúbralos con una campana o una botella de plástico, a la que habrá cortado del fondo. ✱ Siga regándolos de manera regular y levante la campana o quite el tapón al cabo de un mes. → Como los esquejes arraigan en 2 meses, empiece en junio o julio.

Replantar albahaca

No hay nada más dinámico que la albahaca, incluso cuando se corta para la cocina. Si tiene demasiada, o ha traído del mercado un manojo grande, póngalo en un vaso grande con agua. Utilice las hojas a medida que las necesite, pero añada agua de vez en cuando. Los tallos que queden terminarán por producir raíces. Bastará con trasplantarlos a unas pequeñas macetas de plástico con mantillo y arena para disponer de pies nuevos.

Obtener más fresas

Los estolones de las fresas crecen rápido y en gran cantidad. Como se aconseja cortarlos para tener una buena producción de fresas, aproveche para plantarlos un poco más lejos. ¡Tendrá más fresas!

Desarrollar las raíces para multiplicar las plántulas

Si le gustan las cintas (o clorofito), que descontaminan el ambiente, aproveche los numerosos retoños que crecen de los pies madre al florecer. Corte estos tallos cuando observe inicios de raíces en los retoños. Despréndalos para sumergirlos hasta un tercio de su altura en agua, y espere a que se formen raíces. Luego trasplántelos a otras macetas. Un **truco** similar sirve para multiplicar los papiros sin esfuerzo y gratis: corte una cabeza de cada tres y sumérjala boca abajo en un recipiente lleno de agua. Aparecerán raíces a nivel de las hojas; vuelva a plantar cada cabeza en un sustrato muy húmedo cuando tenga suficientes raíces.

Herramientas y su mantenimiento

Las herramientas del jardín deben cuidarse y no dejarse a la intemperie para que duren y resistan las tareas del jardín. Compre herramientas de calidad, dedíqueles algunos cuidados y se lo compensarán con creces.

Limpiar con rapidez

Una caja de arena gruesa de 45 o 50 cm de altura es suficiente para limpiar palas, layas, horcas, rastrillos y plantadores… Hínquelos varias veces en la arena, la cual rasca la tierra adherida y hace que salgan limpios. De vez en cuando, pase un trapo untado de aceite por las partes metálicas que están en contacto con la tierra. La caja de arena debe estar en la caseta del jardín o en el garaje o cochera, y si es lo bastante grande, incluso puede dejar las herramientas clavadas dentro cuando entre del jardín. De este modo, una vez limpias, ya estarán en su sitio.

Combatir el óxido y los parásitos

¿Cómo quitar las marcas de óxido en las hojas de las tijeras de podar y de las cizallas? Frotándolas con una cebolla cortada por la mitad. De este modo, al mismo tiempo las limpiará. Entre poda y poda, desinfecte también las hojas con alcohol de quemar para evitar la propagación de enfermedades o de parásitos. El alcohol de quemar ayuda a la vez a que se desprendan los residuos resinosos. No se olvide de ponerse los guantes de cuero antes de realizar estos trabajos de mantenimiento.

Cuidar y proteger la madera

Para evitar las astillas que aparecen en los mangos de madera nueva, o en los mangos viejos de herramientas que no se han cuidado, aplique el truco siguiente: alíselos con una lija fina y luego úntelos con aceite de parafina. Este penetra en la madera y suaviza la superficie. La parafina también crea una capa impermeable cobertora que permite conservar los mangos de las herramientas durante más tiempo. Utilice el mismo sistema para sus rótulos de madera: escriba el nombre de las plantas con rotulador, después sumerja los rótulos en un baño de parafina y deje secar.

Reparar

¿El mango de la pala se ha desgastado y se mueve en el cerco de metal a pesar de que usted ha apretado el tornillo al máximo? Sumerja la pala y el comienzo del mango en agua caliente y déjela dentro toda la noche. La madera aumentará de tamaño y el mango aguantará un poco más.

Parásitos

La lucha contra los parásitos sigue numerosos caminos, y con frecuencia los más ingeniosos son los más económicos. Evite los tratamientos químicos, ya que envenenan el jardín en su conjunto, y cuente con la ayuda de las plantas olorosas y de los remedios naturales.

Combatir el pulgón

Rodee los pies de los rosales de plantas aromáticas, ya que de este modo evitará los ataques del pulgón. Entre los follajes aromáticos más repulsivos para estos insectos, tenga presente la lavanda, la milenrama, la ruda y el ajo ornamental. Alrededor de las hileras o los rectángulos, esta función la pueden desempeñar el tomillo o el cebollino.

También puede pulverizar las hojas de sus plantaciones con una infusión de ortigas, ya que ahuyenta de manera natural el pulgón y los ácaros.

CÓMO PROCEDER: ponga 1 kg de hojas frescas de ortiga en una olla grande. ✽ Cúbralas con 2 litros de agua y lleve a ebullición. ✽ Retire del fuego y deje en infusión durante 20 minutos. ✽ Cuélelo y luego pase la infusión obtenida a una regadera o a un pulverizador.

Ahuyentar a los nematodos

Si los nematodos atacan a sus tomates o jitomates, la manera de ahuyentarlos más ecológica consiste simplemente en plantar un pie de clavel de Indias junto a cada tomatera o jitomatera. El clavel da un bello colorido a las hileras y, sobre todo, libera en el suelo una sustancia que ahuyenta o mata a los nematodos, que suelen atacar a los tomates o jitomates.

Alejar a las hormigas

A las hormigas les encanta saquear las frutas maduras que aún están en el árbol. Para mantenerlas alejadas de la fruta e impedir que instalen sus colonias de pulgón en sus frutales, trace una franja con pegamento alrededor de su tronco. Estas trampas son muy disuasivas: las hormigas ven enseguida el peligro y prefieren irse a colonizar otro lado.

Si observa un hormiguero en su jardín, a escasa distancia de sus plantas preferidas, simplemente vierta agua hirviendo en el interior o coloque unas ramitas de lavanda, tomillo, perifollo o mejorana, que las ahuyentan y se ven obligadas a trasladarse. Mantenga las plantas de lavanda cerca de las plantas infestadas por el pulgón, ya que, en realidad, las hormigas no atacan directamente a las plantas, sino que crían a los pulgones debido a la sustancia dulce que segregan, que les encanta.

∞∞∞∞∞∞∞

Vencer a las cochinillas

El caparazón de las cochinillas es resistente a los tratamientos insecticidas, pero estos parásitos se eliminan cuando los asfixiamos pulverizándolos con una mezcla de jabón (o lavavajillas) y aceite vegetal. Caen al cabo de 2 o 3 pulverizaciones, efectuadas cada 3 días.

∞∞∞∞∞∞∞

Utilizar purín de helechos

El purín de helechos es eficaz contra el pulgón lanígero, el gusano alambre y la chicharrita de la vid. Ponga a macerar 1 dosis de helecho águila en 10 dosis de agua, diluya en 10 veces su volumen de agua y pulverice.

Engañar al enemigo

En el huerto, combine verduras de tamaño grande con plantas bajas, por ejemplo, ponga espárragos entre las hileras de coles. O bien alterne flores como las dalias con las cucurbitáceas. Este truco sencillo engaña al enemigo ocultándole la planta que quiere parasitar.

Plantas hermosas

¿Cuál es el secreto de un jardín hermoso y sano? Emplee los trucos de los jardines de antaño, donde cada planta ocupaba un lugar en función del contexto. La observación del terreno y de sus limitaciones conduce a escoger opciones que resultan las más acertadas en cuanto a exposición, localización y composición de los macizos.

Cubrir el suelo

Hay que saber a qué es preciso dedicarse más. Evite el trabajo duro de laboreo y desherbado en una zona que desee remodelar y transformar en un macizo floral. Simplemente cubra el suelo con cartones para reuso (sin letras impresas) y eche encima unas paladas o palas de tierra, césped cortado y ramas (restos de poda) trituradas. Esta capa opaca destruirá las adventicias y la cobertura herbosa, si la hay; además, ablandará el suelo al descomponerse y poco a poco se irá integrando en la tierra. Puede plantar directamente encima y crear su propio macizo.

tituir la grava por pizarra troceada o puzolana granulada. Este tipo de jardín puede ser tan hermoso como uno solo de tierra.

Por el contrario: aproveche también las zonas húmedas (bajo los canalones, en las zanjas, al pie de paredes que reciben la lluvia de pleno y canalizan esta agua hacia su base) para plantar especies que precisen mucha agua. Los helechos, las hostas, las ligularias, las lismaquias, las prímulas y otras plantas de entornos frescos se desarrollan bien por sí solas en estos lugares.

Tener paciencia

Plantar ejemplares pequeños casi es algo inimaginable en nuestro tiempo, en que lo queremos todo, enseguida y obligando a la naturaleza a seguir nuestras condiciones. En el jardín, cuesta más trabajo que las plantas ya crecidas arraiguen y crezcan bien, y a menudo se producen pérdidas. En cambio, la aclimatación progresiva garantizaba un resultado satisfactorio. Recupere el saber de antaño, y consiga plantas todavía jóvenes. Estas se adaptarán mejor al suelo, ya que desarrollarán raíces, y más adelante crecerán bien y con mayor rapidez.

Adaptar o adaptarse

En las zonas húmedas: aligere el tipo de suelo añadiendo grava a 10 o 15 cm de profundidad y plante en esta capa. Las gramíneas encontrarán sustento hundiendo las raíces a mayor profundidad. Para las vivaces, que requieren bastante agua, cree pequeñas bolsas de mantillo entre la grava. El suelo se secará pronto después de llover, y los cuellos no sufrirán la podredumbre gris. También puede sus-

Plantas en maceta

En el balcón, en la terraza o en el interior, las plantas cultivadas en maceta solo disponen de un reducido volumen de tierra para vivir. Y esta tierra a menudo se seca demasiado rápido. Mantenga una humedad suficiente alrededor de las plantas, incluso durante las vacaciones, y pruebe las floraciones de bulbos escalonadas, un truco que existe desde antaño.

Crear humedad

Casi todas las especies de interior necesitan una humedad atmosférica muy superior a la que hay en nuestros hogares. Para ello, ponga la maceta dentro de otra más grande (o un macetero), cuyo fondo llenará de bolas de arcilla o bien de tapones de corcho cortados. Mantenga este doble fondo húmedo vertiendo agua dentro de manera regular, pero sin superar la altura de las bolas o los tapones. Este método mejorado también funciona muy bien con los helechos, que gustan en particular de los ambientes frescos: en lugar de bolas de arcilla, llene el macetero de turba hasta el borde, después de introducir la primera maceta dentro, y manténgala húmeda.

Regar incluso en vacaciones

Cuando poseemos dos jardineras y tres macetas, pocas veces tenemos un riego programado mediante goteo. En este caso, utilice el viejo método del barreño o bandeja. Reúna todas las macetas y jardineras en el rincón menos soleado del balcón. Coloque un barreño o bandeja llena de agua en el centro y conecte cada maceta con el barreño o bandeja mediante una mecha de algodón que sumergirá en el agua. Hunda el otro

extremo de la mecha en la tierra de la maceta. Este riego por capilaridad funciona de maravilla durante 1 o 2 semanas, según la temperatura exterior. Proceda del mismo modo con las plantas de interior.

Plantar varios bulbos

Desde finales de invierno hasta comienzos de primavera, es posible tener bulbos en flor en la misma maceta. Basta con plantarlos por capas sucesivas en otoño, colocando los más grandes en el fondo (tulipanes, narcisos y jacintos en el fondo, y encima nazarenos, escilas y crocus). Pero no los alinee, dispóngalos escalonados.

Cambiar de maceta según la Luna

Elija el periodo de luna descendente para dedicarse a cambiar las plantas de maceta que tiene en la terraza y el balcón, así como las de interior. En el exterior, espere a que las heladas nocturnas hayan terminado, y escoja también un momento en que no llueva todos los días, o tendrá que añadir fertilizante a sus plantas muy pronto, ya que el agua lavará la tierra con rapidez.

Macetas hundidas en el suelo

Plantar directamente en el suelo está bien, pero a veces las macetas tienen ventajas, como cuando hay que controlar la situación. Juegue con las macetas en los macizos, o utilícelas como un elemento adicional para adornar ciertos lugares.

Evitar invasiones

Su menta ha crecido demasiado, la melisa ha colonizado todo el huerto, o ya no sabe cómo detener el avance de los nazarenos por el sendero… Su progreso será imparable si no tenemos mano para las plantas, pero es mejor saber controlar desde el principio estas plantas prolíficas para evitar que se desborden. Si las plantamos en macetas grandes hundidas en la tierra del huerto o de los macizos, podremos controlar cómo se extien-

den. Cuando les falte espacio, las sacaremos de la maceta, dividiremos los pies (o los bulbos, en el caso de los nazarenos) y plantaremos las partes en varias macetas.

Ampliar la gama

¿Por qué no mejorar los macizos durante el buen tiempo con plantas en maceta? De esta forma tendremos más elección en cuanto a la variedad de plantas, puesto que esta puede in-

cluir tanto cactáceas y suculentas como plantas exóticas, de colección o simplemente de clima suave, que en invierno reservaremos en la terraza (o en un invernadero). En las zonas frías, es una excelente manera de animar las borduras con agapantos, que tendremos que introducir en el interior para protegerlos del frío a partir de finales de otoño.

Crear troncos con flores

Al pie de los árboles, la competencia entre raíces es férrea, y pocas plantas consiguen encontrar suficiente alimento para desarrollarse. A menudo la tierra también está muy seca, ya que a la lluvia le cuesta atravesar el follaje y las raíces de los árboles absorben la poca humedad que se filtra. Plantar en maceta especies estacionales y vivaces y luego hundir estas macetas a su vez en la tierra alrededor de los troncos es una buena manera de tener flores, pese a todo, alrededor de los árboles. Solo hay que regar estas macetas para mantener la floración. Ahora bien, es aconsejable elegir especies que soporten la sombra, como la sanícula, la lengua de buey, el eléboro, la fucsia, el corazón sangrante o los geranios vivaces.

Purines, decocciones e infusiones

Los remedios a base de plantas son los mejores en el jardín para luchar de forma preventiva; también para cuidar y reforzar la resistencia de las plantas cultivadas. Estos remedios naturales se conocen desde hace generaciones, y fueron los mayores aliados de los jardineros mucho antes de la aparición de los productos químicos.

La cola de caballo

Para luchar contra el oídio del calabacín y del pepino, o contra el mildiu del tomate o jitomate, haga una decocción de cola de caballo (200 g de tallos en 10 litros de agua hirviendo) o un extracto fermentado, que dejará macerar durante 24 horas. Este remedio dinamiza el crecimiento, es un insectífugo contra las arañas rojas y el gusano del puerro o poro, y, sobre todo, actúa como un excelente fungicida preventivo y curativo.

La consuelda

El purín de consuelda favorece la germinación de las semillas y ahuyenta tanto al pulgón como a la mosca blanca en los cultivos de invernadero. Macere 1 kg de hojas en 10 litros de agua durante una semana, cuélelo y viértalo en el suelo o pulverícelo. Las hojas secas cortadas activan el compost o la composta, y compactadas al pie de las plantas aportan nitrógeno y potasa al suelo.

La bardana

El purín de bardana estimula la vida del suelo y, como consecuencia de ello, el crecimiento vegetal. También ha demostrado ser un buen fungicida contra el mildiu de la patata o papa y en los cultivos de remolacha o betabel. Macere 1 kg de hojas en 10 litros de agua durante 5 días y vierta el purín en el suelo, al pie de los cultivos. Atención, utilice el purín enseguida, ya que desprende un olor muy fuerte.

El diente de león, el saúco y el tanaceto

El diente de león reducido a purín estimula el crecimiento de las verduras. Arranque algunos de su césped y déjelos macerar (flores, hojas y raíces) durante 3 días en 10 litros de agua, y luego dilúyalo de nuevo en otros 10 litros, antes de rociar con este purín.

El saúco en extracto fermentado (1 kg de hojas picadas en 10 litros de

La importancia del agua

Para todas las preparaciones caseras que se elaboran por maceración, infusión o decocción, utilice agua no calcárea a temperatura ambiente. Se recomienda en particular el agua de lluvia.

agua, cuélelo y pulverice) actúa como fungicida y ahuyenta los trips o tysanos, las alticas y los alacranes cebolleros de los cultivos de huerta.

Por último, el tanaceto es un buen insectífugo contra las hormigas y las doríforas. Macere 500 g de hojas y tallos troceados en 10 litros de agua durante 5 días, cuélelo y pulverice sin diluir.

◇◇◇◇◇◇

La ortiga

El purín de ortiga constituye el mejor de los fortificantes para los cultivos. Recoja, con guantes, 1 kg de hojas. Córtelas en trozos y déjelas macerar durante 3 días en 10 litros de agua.

Conservación del purín de ortiga

Puede conservar el purín de ortiga (o extracto fermentado) durante un año si se encuentra en una botella opaca de plástico o de cristal que cierre herméticamente y si la conserva protegida de la luz, en un lugar ventilado y fresco (evite en la medida de lo posible los calores intensos y las heladas).

Cuele el líquido, eche las hojas en el compost o composta y diluya el líquido (1 litro de purín por 10 litros de agua) antes de rociar el suelo en el momento de plantar y una vez por semana durante el primer mes. Conserve el contenido en un frasco hermético, pero no más de un mes.

Sumerja también sus semillas del huerto en este purín de ortiga durante una noche antes de sembrarlas. Germinarán mejor y con más rapidez, y las plantas jóvenes serán más fuertes.

Unas ortigas frescas colocadas en el fondo de los hoyos de plantación se descomponen favoreciendo el desarrollo radicular y proporcionan una mayor resistencia a las plantas.

La pulverización de una infusión de ortiga ahuyenta a los insectos parásitos, como el pulgón y los ácaros. Ponga en infusión 1 kg de hojas en 10 litros de agua, cuele el líquido y pulverice.

Buenos semilleros

El semillero es la base del trabajo en el jardín y, en mayor medida, en el huerto.
Es un procedimiento económico, pero requiere tiempo y conocer ciertas reglas
para que todo no acabe en un fiasco. Los jardineros principiantes adquirirán
confianza si estos experimentos dan un resultado positivo.

Fijarse en la Luna para conseguir mejores resultados

En luna ascendente (cuando sube en el cielo), la savia se activa y sube por la planta. Todo lo relativo a las partes aéreas de los vegetales, y que, por tanto, está por encima del suelo, mejora, lo cual favorece la germinación, el crecimiento de los tallos y los injertos. Todos los semilleros se plantan en estos periodos.

El semillero de una planta aromática de la que se utilizarán las hojas, como el perejil, la menta y el cebollino, dará mejores resultados en luna ascendente y días hojas en las constelaciones de agua. Si prefiere los macizos de flores, en luna ascendente plante los semilleros (pero plante en vasitos en luna descendente) de flores anuales y vivaces, desde primavera hasta principios de verano. Los cosmos, las capu-

chinas, las valerianas, las gallardías y las amapolas se preparan en un invernadero a partir de mediados de invierno, o se siembran directamente en el jardín a partir de primavera.

Dedíquese a plantar patatas o papas, rábanos, remolachas o betabeles y zanahorias en los signos de tierra.

Poner las semillas en remojo

Algunas semillas están recubiertas por una capa muy dura destinada a resistir los jugos gástricos de los pájaros y los pequeños animales, para asegurar la conservación de su especie. Otras se van endureciendo a medida que se van secando, y también les cuesta germinar en ese estado. Sumérjalas en agua caliente durante varias horas o una noche entera. Las que asciendan a la superficie no germinarán, así que deséchelas. Siembre las demás enseguida al sacarlas del agua, y germinarán mejor y más pronto. Es el caso, por ejemplo, de las semillas de perejil, el guisante de olor, el perifollo, la judía o ejote, el guisante o chícharo y el tomate o jitomate.

Trasplantar fácilmente

La preparación de las plantas jóvenes en invernadero o en cajonera con tapa de cristal requiere habilidad en la fase del trasplante, cuando hay que separar cada terrón sin tocar la plántula de al lado. Siembre en un primer momento en hueveras, en el caso de los semilleros que germinan con rapidez. Luego se individualizarán los terrones, y las plántulas se trasladarán a vasitos individuales antes de trasplantarse en el jardín en el momento adecuado.

de los prados en flor; en lugar de arena se puede añadir vainas de alforfón para sembrar al voleo.

Compactar sin hundir

Las semillas finas nacen mejor si están a la luz, de modo que no hay que cubrirlas con tierra, o con muy poca. Sin embargo, deben adherirse a ella, ya que solo germinan si notan la humedad en contacto con la tierra. Riegue antes de hacer el semillero, y también después; compacte con una tablilla de madera lisa para que las semillas permanezcan en su sitio y se adhieran a la tierra. Luego riegue en forma de lluvia muy fina, de ser posible con una alcachofa o atomizador puesto en posición «pulverizar» a fin de evitar que se formen regueros.

Aclarar las plántulas

Cuando se empieza, se tiende a ser generoso, sobre todo si las semillas son menudas. Pero mezclando sistemáticamente arena gruesa o grava fina con ellas, la concentración es mucho menor por puñado. Este sencillo truco tiene la gran ventaja de limitar el aclareo de las plántulas una vez las semillas hayan germinado. En lugar de tres plantas de cada cuatro, solo se quita una de cada dos. No hay que aclarar, por ejemplo, en el caso

Suelo y abono

Un suelo bien alimentado permite que las plantas gocen de buena salud
y les aporta todos los elementos que necesitan para crecer, florecer y dar frutos.
Por tanto, no sirve de nada fertilizar las plantas de manera artificial si antes
no se ha cuidado el suelo. Como es de sentido común, empiece por enriquecer
el sustrato de cultivo con algunas ideas sencillas.

Preparar su propio compost o composta

En el fondo del jardín, el compost o composta es indispensable. A lo largo de las semanas y los meses, debe apilar los restos vegetales procedentes de la cocina y el jardín cortados en trozos pequeños, además del césped segado y las hojas muertas. En 6 u 8 meses obtendrá una materia orgánica de calidad y un mantillo muy rico si espera 1 año. Es el alimento ideal para el suelo. Unas paladas de este compost o composta ya bien descompuesto, esparcidas en otoño por todos los macizos y el huerto, se incorporarán al suelo durante el invierno. Acuérdese de remover el montón de vez en cuando, y de alternar capas de materias verdes con capas de materias secas.

Sacar partido de los posos o residuos de café y las hojas de té

No tire los posos o residuos de café molido a la basura; espolvoree la base de sus macizos con ellos. Son un excelente abono natural, rico en nitrógeno, fósforo y potasio. Añádales, asimismo, las hojas de té (sin las bolsitas), ya que también son una materia vegetal rica en elementos nutritivos.

Los posos o residuos de café molido tienen otra ventaja: actúan como activador de la descomposición cuando se añaden al compost o composta; se dice que ahuyentan a ciertos tipos de pulgón, las moscas, las hormigas y los nematodos. Pero no abuse de ellos, ¡ya que en dosis excesivas también pueden inhibir el crecimiento de las plantas!

Sacar partido de las buenas adventicias

Las malas hierbas toman del suelo el alimento, como cualquier otra planta que crezca en él. En lugar de tirarlas cuando deshierbe, córtelas en trozos y déjelas secar en el suelo para luego incorporarlas a un acolchado. Al descomponerse devolverán al suelo lo que han tomado de él.

Mejorar la calidad del suelo

Recoja helechos águila en los caminos del campo. Luego córtelos en trozos pequeños; si tiene un triturador, páselos por él. Después, extiéndalos formando una capa compactada de 5 cm en la base de los macizos y en el huerto, por ejemplo, sobre las fresas y los calabacines. Este acolchado es un antibabosas probado; cuando se descompone mejora la calidad del suelo y modifica su grado de acidez gracias a su alto contenido en calcio. También ayuda a las plantas a desarrollar un importante sistema radicular.

Fijarse en la Luna para obtener mejores resultados

En luna descendente resulta provechoso trabajar el suelo. Mullir la tierra beneficia a las raíces de las plantas que se instalarán en la zona, y a las de las que ya crecen en ella. Elija también los días raíces, más propicios para la tierra y para todo lo que sucede en ella. La fertilización la absorberá mejor el suelo y los microorganismos, que más adelante podrán restituir estos elementos a las raíces de las plantas.

Mullir la tierra con suavidad

La mejor manera de mullir un suelo consiste en pasar la horca de doble mango con el fin de no alterar las distintas capas del mismo. Cada una contiene unos microorganismos específicos que desempeñan un papel preciso. El hecho de respetar su distribución en el suelo permite no destruirlos, ya que algunos viven en un entorno aeróbico (con oxígeno) y otros no. La horca de doble mango es una herramienta de jardinería ecológica, y que todo el mundo maneja con facilidad sin terminar con dolor de espalda: está constituida por unos dientes metálicos dispuestos entre dos mangos largos, que se accionan de detrás hacia delante.

Para los terrenos difíciles, pesados, que llevan mucho tiempo sin trabajarse, al principio no basta con la horca de doble mango. En este caso hay que voltear los 20 cm superficiales del suelo, o practicar un laboreo doble, que consiste en retirar la primera capa del suelo y conservarla, y luego ablandar la capa siguiente con una horca, añadirle materiales drenantes, si es preciso, para aligerarla y luego devolver a su sitio la capa superior.

Suelo y protección

La protección del suelo evita su erosión por el viento y las lluvias intensas.
También reduce su cuidado: deja de ser necesario romper la corteza
superficial mediante labrados regulares, puesto que esta deja de formarse.
Por último, la protege del frío. ¿Pero cómo hacerlo?

Acolchar los macizos

Con las hojas del jardín: todas las hojas muertas rastrilladas cubrirán el suelo de los macizos. ¡Es el primer material de protección invernal gratuito! Reúnalas al pie de las plantas y formarán una capa que se descompondrá en unos meses.

Con gramíneas: las gramíneas caducas se cortan a ras del suelo a finales de invierno para permitir un crecimiento vigoroso de los tallos jóvenes. Aproveche esta materia seca: córtela en trozos pequeños para acolchar los macizos. Se descompone poco a poco, y ahuyenta a las babosas, ya que no les gusta la textura fina de este acolchado.

La excepción a la regla

El acolchado tiene enormes ventajas; ahora bien, también puede albergar a insectos parásitos y mantener el suelo húmedo más tiempo del necesario. Utilícelos en todas partes, pero procurando que no se acerquen demasiado a los troncos de las plantas sensibles a la podredumbre gris, y no los extienda alrededor de los frutales. Al pie de estos, es mejor que cubra el suelo con cultivos de anuales y vivaces melíferas.

Esperar el calentamiento

En el huerto, el acolchado orgánico es la protección ideal de los suelos desnudos. A finales de invierno ya está del todo descompuesto, y debe incorporarse al suelo para enrique-

cerlos de nuevo. Después espere a que el sol caliente más para sembrar y empezar a acolchar de nuevo. Hágalo una vez que las plántulas sobresalgan del suelo.

Recuperar el serrín

¿Vive cerca de un taller de carpintería? Tiene suerte. Podrá recuperar el serrín, que constituirá una excelente materia seca para el compost o composta y un material para acolchar que podrá mezclar con otros restos vegetales procedentes de su jardín. Si no tiene ningún taller de carpintería cerca, utilice las astillas de la leña que corte para la chimenea o para la estufa de leña.

Tomateras o jitomateras

No hay nada más fácil que hacer crecer una tomatera o jitomatera y, sin embargo, se sufren grandes desilusiones cuando llega la hora de la recolección. Enfermedades, parásitos, heladas tardías, sequía o unas lluvias excesivas a menudo reducen los cultivos a nada. Pero no se desanime, la próxima temporada siga estos consejos.

Evitar el mildiu y las enfermedades

Para evitar el mildiu y numerosas enfermedades, algunas de las cuales se transmiten por las salpicaduras cuando llueve, basta con quitar todas las hojas inferiores que estén en contacto con el suelo. Al regar, también hay que procurar no mojar las hojas. Conserve las hojas cortadas, déjelas macerar en agua durante 15 días y riegue los tomates o jitomates con esta agua.

Reforzar y proteger

Al plantar, si estruja un puñado de ortigas y las introduce en el hoyo, tendrán un efecto beneficioso en el crecimiento de los tomates o jitomates, y más tarde estimularán sus defensas. A continuación, rodee el pie de la tomatera o jitomatera con albahaca y un clavel de Indias. Estas plantas aromáticas tienen un efecto protector, ya que ahuyentan a las pulguillas, el pulgón, las hormigas y los nematodos.

Paliar la falta de sol

Maduración tardía: si tienen poco sol, los últimos tomates o jitomates no llegan a madurar. Retire las hojas que tapan los frutos para que el sol incida directamente desde finales del verano.

En zonas frescas: en las regiones donde el sol no calienta mucho en verano, cultive los tomates o jitomates en un invernadero frío. Abra completamente el invernadero los días que haga buen tiempo a fin de ventilar y evitar que adentro la temperatura ascienda demasiado. Así evitará también la aparición de la mosca blanca parásita.

Multiplicar y coleccionar

Para volver a sembrar las variedades que más le gustan, es fácil recuperar las semillas: corte un tomate o jitomate por la mitad y extraiga las semillas, que dejará secar en un cuenco durante 3 días. A continuación hay que lavarlas varias veces para retirar toda la pulpa y luego ponerlas a secar sobre un tamiz a la sombra. Después no hay más que conservarlas en un tarro bien seco hasta la temporada siguiente.

Tutores o guías estéticos

Los tubos de plástico y las varillas metálicas empleados como tutores o guías quizás sean prácticos, pero la estética de la composición del jardín se resiente con ellos. Recupere las costumbres ancestrales: recolecte materiales naturales con los que podrá realizar usted mismo sus tutores o guías.

Utilizar avellano

Las ramas de avellano constituyen un material ideal para hacer tutores o guías para sostener las plantas vivaces. Su madera oscura forma parte de la vegetación. Los tallos más grandes se clavan en el suelo, alrededor de las plantas, y se unen a tallos más finos atados con rafia. Con varios tallos de la misma longitud, se pueden crear unos tipis atándolos por el extremo superior. Estos sirven de apoyo a todas las anuales volubles, como la capuchina, el dondiego de día y el ayocote. Para tutorar o guiar a las peonías que se desploman bajo el peso de sus flores se pueden cortar unos tallos de avellano muy ramificados y

clavarlos alrededor de la planta, mezclándolos con el follaje.

Adaptarse a las plantas

A la altura adecuada: las grandes vivaces, como las espuelas de caballero, necesitan ser tutoradas o guiadas en los lugares donde hace mucho viento. Es bastante difícil ocultar los tutores o las guías, ya que estos suben junto a los altos tallos. Empiece por colocarlos lo más cerca posible de los tallos, y no deje que el extremo superior llegue a las flores, que forman grandes espigas. Así se parecerán a los tallos que

sostienen las flores. Átelos con rafia de color natural, con un nudo en ocho, e introduciendo las puntas entre el tutor o la guía y el tallo. O, por el contrario, haga nudos en forma de roseta para conferir un estilo déco al macizo.

Para las trepadoras: para sostener de forma invisible las trepadoras, condúzcalas por un hilo vertical. Estas se enrollarán a su alrededor y harán que desaparezca con rapidez. Los rosales también pueden aprovechar esta técnica, cuando crecen en una fachada, pero lo ideal es hacerlos trepar por un árbol viejo poco poblado de hojas, al que envolverán con un follaje tupido y con flores.

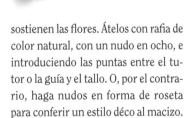

Larga duración

Para que los tutores o las guías de madera aguanten mucho tiempo sin pudrirse, pase la punta que va a clavar por una llama para chamuscarla, pero sin llegar a quemarla. Terminada la temporada, desinfecte los tutores o las guías sumergiendo la base en caldo bordelés o caldo de azufre en polvo.

Índice temático

Salud

Índice por productos

❧

Créditos fotográficos

Abreviaturas utilizadas: b = abajo, d = derecha, f = fondo, i = izquierda, a = arriba, c = centro

Cubierta: (ai, ad, bi y bd) © col. iStockphoto/ Thinkstock; (ac) © col. Zoonar/ Thinkstock; (ci) © col. Hemera/Thinkstock; (cd) © col. Creatas/Thinkstock; (bc) © col. Digital Vision/ Thinkstock • Gardes: © Kortisa/ Shutterstock • p. 4: © Brooke Becker/ Shutterstock • p. 5: (a) © Heike Brauer/ Shutterstock; (b) © col. iStockphoto/Thinkstock • p. 6: (a) © col. iStockphoto/Thinkstock; (b) © col. Hemera/ Thinkstock • p. 7: (a) © Bombaert Patrick/ Shutterstock; (c) © col. iStockphoto/Thinkstock; (b) © eAlisa/Shutterstock • p. 8: (ai) © Jenny Lilly/Shutterstock; (ad) © pearl7/Shutterstock; (cd) © Pavla Zakova/Fotolia; (bi) © col. Hemera/ Thinktsock; (bd) © col. iStockphoto/Thinkstock • p. 9: (a) © Andrey Zyk/Shutterstock; (b) © Vasaleks/Shutterstock • p. 10: (f) © Andrey Zyk/Shutterstock; (ai) © alarich/Shutterstock; (ad, bi y bc) © col. iStockphoto/Thinkstock; (bd) © col. Hemera/Thinkstock • p. 11: (f) © Andrey Zyk/Shutterstock; (ai, ad y ci) © col. iStockphoto/ Thinkstock; (cd) © col. Hemera/Thinkstock; (bi) © col. Monkey Business/Thinkstock; (bc) © col. Brand X Pictures/Thinkstock; (bd) © vaivirga/ Shutterstock • p. 12: © picturepartners/ Shutterstock • p. 13: © bonchan/Shutterstock • p. 14: (a) © margouillat photo/Shutterstock; (bi) © Foodpictures/Shutterstock; (bd) © bitt24/ Shutterstock • p. 15: (a) © Rossa di sera/ Shutterstock; (b) © col. iStockphoto/Thinkstock • p. 16: © NinaM/Shutterstock • p. 17: © col. iStockphoto/Thinkstock • p. 18: (bi) © col. Hemera/Thinkstock; (bd) © col. iStockphoto/ Thinkstock • p. 19: (a) © col. Hemera/ Thinkstock; (b) © col. iStockphoto/Thinkstock • p. 20: (a) © JPC-PROD/Fotolia; (bi) © Nizzam/ Shutterstock; (bd) © Thirteen/Shutterstock • p. 21: © JPC-PROD/Fotolia • p. 22: © col. iStockphoto/Thinkstock • p. 23: (a) © JPCPROD/ Fotolia; (b) © Poznyakov/Shutterstock • p. 24: (a) © jordache/Shutterstock; (b) © col. iStockphoto/Thinkstock • p. 25: © col. iStockphoto/Thinkstock • p. 26: (a) © Vladir09/ Shutterstock; (b) © Wiktory/Shutterstock • p. 27: © col. iStockphoto/Thinkstock • p. 28: (a) © Unclesam/Fotolia; (b) © col. Hemera/ Thinkstock • p. 29: © igor/Fotolia • p. 30: (i) © col. iStockphoto/Thinkstock; (d) © Barbara Pheby/Fotolia • p. 31: (a) © Regien Paassen/ Shutterstock; (b) © col. Digital Vision/ Thinkstock; (bd) © Olivier Le Queinec/ Shutterstock • p. 32: (a) © ANCH/Shutterstock; (b) © col. iStockphoto/Thinkstock • p. 33: © col. iStockphoto/Thinkstock • p. 34: (a) © Kostiantyn Ablazov/Shutterstock; (b) © Katia Vasileva/ Shutterstock • p. 35: (i) © Wiktory/Shutterstock; (d) © Lilyana Vynogradova/Shutterstock • p. 36: (i) © gourmetphotography/Shutterstock; (d) © bonchan/Shutterstock • p. 37, 38: © col. iStockphoto/Thinkstock • p. 39: © Apollofoto/

Shutterstock • p. 40: (a) © col. iStockphoto/ Thinkstock; (b) © cobra1983/Fotolia • p. 41: © visuall2/Shutterstock • p. 42: (i) © Karen Kaspar/Shutterstock; (d) © Aprilphoto/ Shutterstock • p. 43: (ai) © Lionel Conflant/ Fotolia; (ad) © Valentyn Volkov/Shutterstock; (b) © AntonioGravante/Shutterstock • p. 44: (a) © col. iStockphoto/Thinkstock; (bi) © JIL Photo/Shutterstock; (bd) coll. Purestock/ Thinkstock • p. 45: © Africa Studio/Shutterstock • p. 46: © col. iStockphoto/Thinkstock • p. 47: © skywing/Shutterstock • p. 48: (a) © ANCH/ Shutterstock; (b) © Goodluz/Shutterstock • p. 49: © col. iStockphoto/Thinkstock • p. 50, 51: © col. iStockphoto/Thinkstock • p. 52: (a) © Kesu/Shutterstock; (b) © col. iStockphoto/ Thinkstock • p. 53: © col. Hemera/Thinkstock • p. 54: (a) © BeTa-Artworks/Fotolia; (b) © Edith Frincu/Shutterstock • p. 55: (a) © Christian Jung/Shutterstock; (bi) © col. iStockphoto/ Thinkstock; (bd) © Brent Hofacker/Shutterstock • p. 56: © Imageman/Shutterstock • p. 57: (i) © PhotoSGH/Shutterstock; (d) © ChantalS/ Fotolia • p. 58: © col. iStockphoto/Thinkstock • p. 59: © Suppakij1017/Shutterstock • p. 60: (a) © col. iStockphoto/Thinkstock; (b) © exsodus/ Fotolia • p. 62: © col. iStockphoto/Thinkstock • p. 63: © Studio 37/Shutterstock • p. 64: © Relax Friday/Shutterstock • p. 65: © col. iStockphoto/Thinkstock • p. 66: (a) © Eldin Muratovic/Fotolia; (b) © col. iStockphoto/ Thinkstock • p. 67: © col. iStockphoto/ Thinkstock • p. 68: (i) © Rina Lyubavina/ Shutterstock; (d) © col. iStockphoto/Thinkstock • p. 69: © col. iStockphoto/Thinkstock • p. 70: (a y bi) © col. iStockphoto/Thinkstock; (bd) © Stefano Neri/Fotolia • p. 71: © col. Photos. com/Thinkstock • p. 72: (a) © col. iStockphoto/ Thinkstock; (b) © AR Images/Shutterstock • p. 73: (i) © Handmade Pictures/Fotolia; (d) © col. Digital Vision/Thinkstock • p. 74: (ai) © Chursina Viktoriia/Shutterstock; (ad) © vesna cvorovic/Shutterstock; (cd) © col. iStockphoto/ Thinkstock; (bi) Jiri Hera/Shutterstock; (bd) © Robyn Mackenzie/Shutterstock • p. 75: (a) © Andrey Zyk/Shutterstock; (b) © col. iStockphoto/Thinkstock • p. 76: (f) © Andrey Zyk/Shutterstock; (a) © col. iStockphoto/ Thinkstock • p. 77: (f) © Andrey Zyk/ Shutterstock; (a) © col. iStockphoto/Thinkstock; (b) © matka_Wariatka/Shutterstock • p. 78: (a) © Sergej Razvodovskij/Shutterstock; (b) © JPC-PROD/Fotolia • p. 79: (a) © col. iStockphoto/ Thinkstock; (b) © Europhoton/Fotolia • p. 80: (a) © Madlen/Shutterstock; (b) © Freerk Brouwer/ Shutterstock • p. 81: © Yutilova Elena/ Shutterstock • p. 82: (a) © Oliver Hoffmann/ Shutterstock; (bi) © Evgeniya Uvarova/ Shutterstock; (bd) © grafvision/Shutterstock • p. 83: (i) © cdrin/Shutterstock; (d) © Olga

Miltsova/Shutterstock • p. 84: (a) © Serg64/ Shutterstock; (ci) © matka_Wariatka/Shutterstock; (b) © Yury Stroykin/Shutterstock • p. 85: (a) © qingqing/ Shutterstock; (b) © mady70/Shutterstock • p. 86: (i) © Christopher Elwell/Shutterstock; (d) © Silberkorn/Shutterstock • p. 87: (a) © col. iStockphoto/Thinkstock; (bi) © JPC-PROD/ Fotolia; (bd) © Dennis Bolwin/Shutterstock • p. 88: (i) © grafvision/Shutterstock; (d) © vesna cvorovic/Shutterstock • p. 89: (a) © ra3rn/ Shutterstock; (b) © col. iStockphoto/Thinkstock • p. 90: (i) © col. iStockphoto/Thinkstock; (d) © Ekkachai/Shutterstock • p. 91: (a) © col. iStockphoto/Thinkstock; (bi) © Drozdowski/ Shutterstock; (bd) © col. iStockphoto/Thinkstock • p. 92: (i) © col. Zoonar/Thinkstock; (d) © Tim UR/Shutterstock • p. 93: (a) © col. iStockphoto/ Thinkstock; (bi) © LiliGraphie/Shutterstock; (bd) © Oxana Denezhkina/Shutterstock • p. 94: (a) © Oleg Mikhaylov/Shutterstock; (b) © col. iStockphoto/Thinkstock • p. 95: © Wiktory/ Shutterstock • p. 96: (a) © matka_Wariatka/ Shutterstock; (b) © Pojoslaw/Shutterstock • p. 97: (a) © ANCH/Shutterstock; (b) © col. iStockphoto/Thinkstock • p. 98: (i) © Justyna Kaminska/Shutterstock; (d) © FOOD-images/ Fotolia • p. 99: (a) © col. iStockphoto/ Thinkstock; (b) © Subbotina Anna/Shutterstock • p. 100: (a) © Anna Kucherova/Shutterstock; (b) © Sophie McAulay/Shutterstock • p. 101: (a) © Valentyn Volkov/Shutterstock; (b) © Liv friis-larsen/Shutterstock • p. 102: (a) © Valentyn Volkov/Shutterstock; (b) © col. iStockphoto/ Thinkstock • p. 103: © col. iStockphoto/ Thinkstock • p. 104: (a) © col. Hemera/ Thinkstock; (b) © zoryanchik/Shutterstock • p. 105: (i) © Foodpictures/Shutterstock; (d) © col. iStockphoto/Thinkstock • p. 106: (a) © Montenegro/Shutterstock; (bi) © col. iStockphoto/Thinkstock; (bd) © Andreja Donko/ Shutterstock • p. 107: (a) © mradlgruber/ Shutterstock; (bi) © andreasnikolas/ Shutterstock; (bd) © minadezhda/Shutterstock • p. 108: (a) © Irena Misevic/Shutterstock; (c) © matka_ Wariatka/Shutterstock; (b) © lefebvre_ jonathan/Fotolia • p. 109: (a) © LianeM/ Shutterstock; (b) © Chamille White/Shutterstock • p. 110: © Silberkorn/Shutterstock • p. 111: (i) © Violeta pasat/Shutterstock; (d) © oksix/ Shutterstock • p. 112: (a) © col. iStockphoto/ Thinkstock; (b) © IngridHS/Shutterstock • p. 113: (a) © Mau Horng/Shutterstock; (bi) © Andrelix/Shutterstock; (bd) © Piccia Neri/ Shutterstock © salpics32/Shutterstock • p. 115: © Sea Wave/Shutterstock • p. 116: (a) © marilyn barbone/Shutterstock; (b) © Sunny Forest/ Shutterstock • p. 117: (a) © bergamont/ Shutterstock; (bi) © Sunny Forest/Shutterstock; (bd) © Subbotina Anna/Shutterstock • p. 118:

Shutterstock; (cd) © marco mayer/Shutterstock; (bd) © Subbotina Anna/Shutterstock • p. 249: (a) © Elena Elisseeva/Shutterstock; (c) © Ed Isaacs/Shutterstock; (b) © Joe Belanger/Shutterstock • p. 250: (a) © marilyn barbone/Shutterstock; (b) © straga/Shutterstock • p. 251: (a) © Kerry Garvey/Shutterstock; (ci) © hsagencia/Shutterstock; (cd) © xfox01/Shutterstock; (b) © Jacques Palut/Shutterstock • p. 252: (a) © col. iStockphoto/Thinkstock; (bi) © Linda Bucklin/Shutterstock; (bd) © Sergey Peterman/Shutterstock • p. 253: © D. Ott/Fotolia • p. 254: (a) © Szasz-Fabian Jozsef/Shutterstock; (b) © Nestor Brandivskyy/Shutterstock • p. 255: (i) © illustrart/Shutterstock; (c) © dutourdumonde/Shutterstock; (d) © col. Hemera/Thinkstock • p. 256: (i) © col. Polka Dot/Thinkstock; (d) © ambrozinio/Shutterstock • p. 257: (a) © Andrea Raia/Shutterstock; (b) © vichie81/Shutterstock • p. 258: (a) © Africa Studio/Shutterstock; (b) © HamsterMan/Shutterstock • p. 259: © Anna-Mari West/Shutterstock • p. 260: (a) © Angela Luchianiuc/Shutterstock; (bi) © Milkovasa/Shutterstock; (bd) © rSnapshotPhotos/Shutterstock • p. 261: (a) © Anneka/Shutterstock; (c) © Carlos Caetano/Shutterstock • p. 262: (a) © Karramba Production/Shutterstock; (bi) © Fotokostic/Shutterstock; (bd) © michele91/Shutterstock • p. 263: (a) © Ilya Shapovalov/Shutterstock; (c) © Judy Tejero/Shutterstock; (b) © terekhov igor/Shutterstock • p. 264: (a) © BW Folsom/Shutterstock; (b) © Rohit Seth/Shutterstock • p. 265: (a) © Kletr/Shutterstock; (bi) © Elena Elisseeva /Shutterstock; (bd) © nool/Fotolia • p. 266: (ai) © col. iStockphoto/Thinkstock; (ad) © Carmen Steiner/Shutterstock; (cd) © Liv friis-larsen/Shutterstock; (bi) © stockcreations/Shutterstock; (bd) © Candace Hartley/Shutterstock • p. 277: (a) © Andrey Zyk/Shutterstock; (b) © Dream79/Shutterstock • p. 268: (f) © Andrey Zyk/Shutterstock • p. 269: (f) © Andrey Zyk/Shutterstock; (b) © Brooke Becker/Shutterstock • p. 270: (a) © Bombaert Patrick/Shutterstock; (b) © matka_Wariatka/Shutterstock • p. 271: (i) © DUSAN ZIDAR/Shutterstock; (d) © col. iStockphoto/Thinkstock • p. 272: (a) © col. iStockphoto/Thinkstock; (b) © col. iStockphoto/Thinkstock • p. 273: © Christian Jung/Shutterstock • p. 274: (ai) © margouillat photo/Shutterstock; (ad) © col. iStockphoto/Thinkstock; (b) © Mariusz Szczygiel/Shutterstock • p. 275: (i) © Yeko Photo Studio/Shutterstock; (d) © al1962/Shutterstock • p. 276: (a) © Sally Scott/Shutterstock; (bi) © Lilyana Vynogradova/Shutterstock; (bd) © Elena Schweitzer/Shutterstock • p. 277: (ai) © pearl7/Shutterstock; (ad) © Yeko Photo Studio/Shutterstock; (b) © Monkey Business Images/Shutterstock • p. 278: (ai) © homydesign/Shutterstock; (ad) © LesPalenik/

Shutterstock; (b) © Handmade Pictures/Shutterstock • p. 279: (a) © infografick/Shutterstock; (b) © Zadorozhnyi Viktor/Shutterstock • p. 280: (ai) © Daniel Taeger/Shutterstock; (ad) © titelio/Shutterstock; (b) © Foodpictures/Shutterstock • p. 281: (a) © Serhiy Shullye/Shutterstock; (bi) © Foodpictures/Shutterstock; (bd) © Sea Wave/Shutterstock • p. 282: (ai) © Wiktory/Shutterstock; (ad) © Teresa Kasprzycka/Shutterstock • P. 283: (a) © Dasha Petrenko/Shutterstock; (bi) © zoryanchik/Shutterstock; (bd) © Africa Studio/Shutterstock • p. 284: (ai) © Valentyn Volkov/Shutterstock; (ad) © Dream79/Shutterstock; (b) © Photofollies/Shutterstock • p. 285: © col. iStockphoto/Thinkstock • p. 286: (a) © hsagencia/Shutterstock; (b) © Aprilphoto/Shutterstock • p. 287: (a) © Jovan Nikolic/Shutterstock; (bi) © col. iStockphoto/Thinkstock; (bc) © col. Hemera/Thinkstock; (bd) © HLPhoto/Shutterstock • p. 288: (ai) © Nattika/Shutterstock; (ad) © Christian Jung/Shutterstock; (b) © saddako/Shutterstock • p. 289: (a) © wacpan/Shutterstock; (c) © Susan McKenzie/Shuttertsock; (b) © kazoka/Shutterstock • p. 290: (a) © Monticello/Shutterstock; (b) © col. iStockphoto/Thinkstock • p. 291: © witty food/Shutterstock • p. 292: (a) © eAlisa/Shutterstock; (bi) © matka_Wariatka/Shutterstock; (bd) © Elena Shashkina/Shutterstock • p. 293: (a) © Enshpil/Shutterstock; (b) © B. and E. Dudzinscy/Shutterstock • p. 294: (a) © Michal Kowalski/Shutterstock; (b) © matka_Wariatka/Shutterstock • p. 295: (i) © Piotr Malczyk/Shutterstock; (c) © Photofollies/Shutterstock; (b) © AnjelikaGr/Shutterstock • p. 296: (a) © Evikka/Shutterstock; (b) © Ulga/Shutterstock • p. 297: © AnjelikaGr/Shutterstock • p. 298: (a) © Robyn Mackenzie/Shutterstock; (c) © David P. Smith/Shutterstock; (b) © col. iStockphoto/Thinkstock • p. 299: (a) © Africa Studio/Shutterstock; (bi) © Foodpictures/Shutterstock; (bd) © JOAT/Shutterstock • p. 300: (a) © A&B Photos/Shutterstock; (b) © Elena Elisseeva/Shutterstock • p. 301: (a) © Andrey Starostin/Shutterstock; (bi) © col. iStockphoto/Thinkstock; (bd) © Anneka/Shutterstock • p. 302: (a) © Evgeny Karandaev/Shutterstock; (bi) © Steve Heap/Shutterstock; (bc) © col. iStockphoto/Thinkstock; (bd) © Lestertair/Shutterstock • p. 303: (a) © Maya Morenko/Shutterstock; (bi) © Lilyana Vynogradova/Shutterstock; (bd) © Muzhik/Shutterstock • p. 304: (ai) © KellyNelson/Shutterstock; (ad) © Gyuszko-Photo/Shutterstock; (cd) © Jenny Sturm/Shutterstock; (bi) © col. iStockphoto/Thinkstock; (bd) © tab62/Shutterstock • p. 305: (a) © Andrey Zyk/Shutterstock; (b) © AnjelikaGr/Shutterstock • p. 306: (f) © Andrey Zyk/Shutterstock; (a)

© col. iStockphoto/Thinkstock; (b) © Fotofermer/Shutterstock • p. 307: (f) © Andrey Zyk/Shutterstock; (b) © Mike Flippo/Shutterstock • p. 308: (a) © Imageman/Shutterstock; (b) © Vasilev Evgenii/Shutterstock • p. 309: (a) © AlinaG/Shutterstock; (b) Berislav Kovacevic/Shutterstock; (ci) © bierchen/Shutterstock; (cd) © col. Digital Vision/Thinkstock • p. 310: (a) © Nattika/Shutterstock • p. 311: (a) © col. iStockphoto/Thinkstock; (b) © epsilon_lyrae/Shutterstock • p. 312: © col. PhotoObjects.net/Thinkstock • p. 313: © DUSAN ZIDAR/Shutterstock • p. 314: (a) © Velychko/Shutterstock; (c) © MIMOHE/Shutterstock • p. 315: (a) © Hau Hoang/Shutterstock; (bi) © Phatthanit/Shutterstock; (bd) © col. iStockphoto/Thinkstock • p. 316: © col. iStockphoto/Thinkstock • p. 317: (a) © col. Zoonar/Thinkstock; (b) © alterfalter/Shutterstock • p. 318: (a) © col. iStockphoto/Thinkstock; (b) © Mona Makela/Shutterstock • p. 319: © col. iStockphoto/Thinkstock • p. 320: (i) © sanddebeautheil/Shutterstock; (d) © col. iStockphoto/Thinkstock • p. 321: (a) © Lizard/Shutterstock; (c) © MarinaMariya/Shutterstock; (b) © Amberside/Shutterstock • p. 322: (a) © col. Hemera/Thinkstock; (b) © col. iStockphoto/Thinkstock • p. 323: (a) © col. iStockphoto/Thinkstock; (c) © GS-Photos/Shutterstock; (b) © Vangert/Shutterstock • p. 324: (a) © col. Hemera/Thinkstock; (b) © col. iStockphoto/Thinkstock • p. 325: © Lynn Watson/Shutterstock • p. 326: (a y bd) © col. iStockphoto/Thinkstock; (bi) © Sunny Forest/Shutterstock • p. 327: (a) © Andrey Pavlov/Shutterstock; (b) © AntonioGravante/Shutterstock • p. 328: (i) © Natali Glado/Shutterstock; (d) © DUSAN ZIDAR/Shutterstock • p. 329: (a) © Pekka Nikonen/Shutterstock; (bi) © Captblack76/Shutterstock; (bd) Simon Bratt/Shutterstock • p. 330: (i) © col. iStockphoto/Thinkstock; (d) © Christian Jung/Shutterstock • p. 331: (a) © col. iStockphoto/Thinkstock; (b) © YANGCHAO/Shutterstock • p. 332: (a) © col. iStockphoto/Thinkstock; (b) © col. Hemera/Thinkstock • p. 333: (i) © col. dabjola/Shutterstock; (d) © pavla/Shutterstock • p. 334: (a y bd) © col. iStockphoto/Thinkstock; (b) © Danylo Samiylenko/Shutterstock • p. 335: © zirconicusso/Shutterstock • p. 336: (a y bi) © col. iStockphoto/Thinkstock; (bd) © Nata-Lia/Shutterstock • p. 337: (a) © col. iStockphoto/Thinkstock; (ci) © mitchellsk/Shutterstock; (cd) © Hitdelight/Shutterstock • p. 338: © col. iStockphoto/Thinkstock • p. 339: (a) © Stocksnapper/Shutterstock; (b) © col. iStockphoto/Thinkstock • p. 340: (a) © Aleksey Troshin/Shutterstock; (b) © col. iStockphoto/Thinkstock • p. 341: (a y cd) © col. iStockphoto/Thinkstock; (ci) © Naffarts/Shutterstock

Larousse Editorial utiliza papales compuestos de fibras naturales, renovables,
reciclables y fabricados a partir de maderas procedentes de bosques
que adoptan un sistema de planificación duradero.

Además, Ediciones Larousse espera que sus proveedores de papel se inscriban
en un proceso de certificación medioambiental reconocido.